波多野二三彦 著

カウンセリング読本

信山社

まえがき

今日、働き盛りの中高年は、互いに声を掛け合う時間を失い、底知れぬ不安にさらされています。親と子の、顔と顔や、心とこころの距離は遠くなりました。ありとあらゆる悲惨なトラブルが起こり、みんな人知れず、混乱の極みに立たされています。

この本の第一部、「カウンセリングマインド」は、そのような悩みを抱える人々に、自信と勇気と、希望を与える面接・相談技法について書いた読み物です。

もともとは、「いのちの電話相談員」たちの教育訓練のための読み物として、昭和六〇年七月から、一年一〇カ月にわたり、本書第一部の「カウンセリングマインド」を毎週一章ずつ書き、電話相談員に配布したものです。

カウンセリングの技法の中心は、共感です。共感とは、クライアントのもつ、愛情、美点、長所を的確に認めてあげ、それをさらに伸ばすことです。

今日、クライアントたちは、そんな洞察力のある新しいスタイルのカウンセラーを、熱烈に求めています。第二部の、「リーガルカウンセリングの臨床」は、私が弁護士として扱った刑事被告事件の記録です。これは、カウンセリングそのものではありません。内観法という心理療法を適用した面接技法です。

しかし第二部の内観法という技法も、第一部の、カウンセリング技法の中心部分は同一です。なぜ同一かと申しますと、どちらの技法も、人の愛情・美点・長所を発見するための面接技法を中心に据えているからです。

このような波多野流の面接を行いますと、クライアントの回心は徐々にではなく、ある日忽然として、瞬時に、しかも劇的に発生し、効果はほぼ一生にわたって継続します。

生涯において、傷ついた種々の若者を臨床的に数多く扱う立場に立っている弁護士さんたちも、このような、臨床法学の重要部分を占める読み物に、時折触れる機会を持ってほしいと、著者は熱望しています。

わが国で本格的なカウンセリングの体系的学問が樹立されたのは、ほんの半世紀前、カール・ロジャーズ（昨年は生誕一〇〇年）出現以後のことです。

ですから、カウンセリング理論や臨床実技指導法は、わが国では残念ながらまだまだ暗中模索の時代です。本当に力のあるカウンセラーは、人生の危機に直面したクライエントとの対決の中で育てられるのです。

このカウンセリング読本第一部の各章には、分かりやすさに意を注ぎ、臨床実例を、なるだけ多く挿入しました。カウンセリング技法の要諦を身に付けようとなさる方は、こうした実例に沿い、常に、クライアントの愛情、美点、長所を発見する芯となる技法部分に、特段のご注意を払われ、その技法を、十分会得してくださるよう、お願いいたします。そのことが、とりもなおさず、クライアントに共感したことになるのです。

書かれていることの芯の部分を見逃さない最良のコツは、皆様が、この本を、なるだけ固め読みなさらないことです。心がせかされ、その先をどんどん読みたいお気持ちになられても、決してそうなさらず、常に本書の一章づつを、じっくりお読みくださり、本を閉じて考え、実践に移し、ご自身の実践で合点なさりながら、さらに先へとお読みくださることを、心から願っています。

波多野二三彦

二〇〇三年五月

目次

第一部　カウンセリングマインド

目次

第二部　リーガルカウンセリングの臨床

第一部　カウンセリングマインド

一　鶴山塾物語

六月一六日（日）私は岡山いのちの電話ボランティアの方数名とともに、津山市の鶴山公園にある「教育相談センター鶴山塾」を訪問しました。藤原修己塾長、草地和子先生、相談センターのボランティア約一〇名、それに数人の中学、高校生らしい少女が私たちを迎えてくださいました。タバコを吸っている少女もいました。その少女がタタミの上に寝そべって、画用紙に、スラスラと、こんなことを書きました。

鶴山塾とは、「とまり木」という名である。
きずついた小鳥が、きずをなおして、
またとんでゆくところである。
ひとにはいえないなやみでも、
ここは、うけいれることができる。
ひとにない、あたたかさで、一日がはじまる。
そしておわる。
ここの先生たちは、一人一人のいいところを
ひき出して、それを、またさらに大きくする。

髪を染め、マニキュアをし、タバコを吸っていた少女が、こんなことを書くのです。書いた上で、ボランティアたちの円座の中に入って来て、鶴山塾に初めて来た寒い冬の日のことから、六月一六日までの、塾での生活の感想を逐一話して聞かせてくれました。

少女の書いた右の文章といい、彼女の気どりやかざり気のない感想といい、それらは私たちに、スゴーいインパクト（衝撃）を与えました。

◇

いつかのグループ研修会で、Oさんが、中原実道先生に「共感って何ですか……」と尋ねました。これに対して中原先生は、「むづかしいネー」といっておられました。私は、「共感とは、一人ひとりのいいところに迫り、これを引き出し、大きくすることなのよ」とOさんにあとで書き送ったことがあります。

そんなこともあったりしたので、私は、私の目の前で少女の書いてくれた一枚の画用紙を、カウンセリングの極意の巻物のようにして大事にいただいて帰りました。

◇

それから三日経った六月一九日の山陽新聞には、鶴山塾が灰皿まで備えて少女にタバコを吸わせている、ケシカらん、という趣旨の記事がデカデカと掲載されました。

こんな記事が出ていることは、六月二一日になって、私の友人である岡山大学教育学部教授の木原孝博先生から電話で教えてもらって初めて知ったのです。

実は、私は、六月一六日（日）鶴山塾から帰るとすぐ、感激のあまり、永礼津山市長、藤原塾長のほか、木原先生、金光先生、安芸先生らに、たばこを吸う少女のくれた詩を添え、鶴山塾の教育相談のすばらしさを書き送っていたのです。木原先生は、「恥しいところが新聞に出てしまって困ったことになった。」といいました。私は、「私たちの、まさにやろうとしている教育相談の、自然そのままが公表されたにすぎないんじゃありませんか。

素敵なことですよ。鶴山塾は、人にまねのできないいい教育相談をやってるんだ、という信念を更に強く持てるよう、むしろこの際、藤原塾長や市長を激励してあげようじゃないの」といいました。

私は、六月二一日、さっそく津山に電話して藤原塾長にきくと、この問題について市議会に呼びだされた藤原塾長の、三〇分間にわたる議会答弁で、この問題を新聞にまで書かせたA市議は、「青少年相談事業という極めて困難な問題について、軽々しく口を差しはさみ、申しわけなかった」と、素直に謝り、市議会はその日、全会一致で、市長のこの教育相談事業を支援しようと決議したといいます。

今年一月七日、私が、永礼市長にお会いした時には、市長は、「私は全くの一人ぼっち。助けて下さい。」といっていました。私は、「市長のやろうとしていることはとてもいいこと。とことん信念を貫いてください。いつの日にか花開く時が来る。」と激励して帰りました。市長夫人はその翌日、鶴山塾へ行かれて、「主人は、波多野先生に激励された。うれしい。」といって、涙を浮かべつつ前日のことを塾長に語られたそうです。

市長が市議会にも教育委員会にも相談せず、やむにやまれぬ気持ではじめたこの事業が上に述べたように、最近になって市議会でたたかれ、新聞でたたかれました。しかしこのような災難を乗りこえて、鶴山塾は、今日、津山市議会から強力な支持を得ることになりました。禍を転じて福としたということになりましょうか。

◇

カウンセリングは、九九％の受容からはじまる。そして、多くはそのままで終結する。新村豊教授（『電話カウンセリング』の著者）は、いつか北九州大学研究室で私に、そう教えて下さいました。私は、それをカウンセリングの場で、いつも実践しています。タバコを吸う、無免許運転する、そうした少年たちの現在の、荒れた気持をすべて、残らず受容するところから、一人ひとりの少年たちの背後にかくれている美しい心がくっきり見えてくるのです。カウンセリングは、そこに迫ってゆく。そしてその美しい心を引き出し、大きくするのです。その実践で一日が始まり、そして終る。マニキュアの少女の書いているとおりです。

津山塾は、今年の一月一六日、ボランティア約一〇〇名を集めて市民教育相談活動研修講座開講式を行いました。その日私は、津山市長のご依頼で、開講記念講演として「いま、なぜボランティア相談か」という演題で受講生の方がたにお話ししました。「教育相談」は、ボランティア的カウンセラーの人でなくては、ほとんど効果が上がらないという、この理論は、私の持論です。このことについては、また、別の機会に、おいおいお話ししましょう。

◇

青少年の面接相談に興味のある方は、鶴山塾をゼヒ見学してください。そして感動を皆様の胸に蓄え、心の栄養にして下さることを祈ってやみません。

二　内観法

精神療法としての内観法はまた、ロジャーズ的カウンセリングの本質を、わかり易く説明する方便としても使えそうです。いのちの電話では、ロジャーズのカウンセリングが大変重視されています。ロジャーズのカウンセリングを十分に知ろうと思う人は、内観法を知ってほしいです。

今日は、奥村会長（岡山大学名誉教授）を囲んで、「内観を語る会」をいたします。岡山いのちの電話協会（以下ＴＯＩＤＥと略称）ができて、内観の集会がもたれたのは、初めてのことです。第一期生の講座では、奥村会長が、「内観について」という講座をもたれましたけれども、その後、こういう講座は、廃止されました。ですかすでにお分かりのとおり、今日の集会は、ＯＩＤＥの研修生にとっては、内観という大事なことを学ぶ、いいチャンスです。

今日は、カウンセリングと内観法ということで、思いつくままに、おはなししてみましょう。

◇

一、内観法は、自己洞察のできる人間を作る、「集中自己観察法」です。自己受容のできる人間を作る方法です。他人を受容することがカウンセリングなら、自己受容のできる人、わかりやすくいうと、こころが日本晴で、全身これ、感謝のカタマリのような人でないと、自己受容はできっこない。自分が受容できなくて、カウンセリングはできません。

二、内観法は、カウンセラーに低い姿勢をとらせることを教えます。内観法の開発・創始者吉本先生は、クライエントに、手を合わせて拝みつつ接近されます。なぜそんなことを？
それは、「心の底から、専心、慎んで聴かせていただきます」という、そういう根本の教義を、相手に、はっきり、リクツではなく、態度で示そうとするものにほかなりません。クライエントを木製スツールに座らせ、自分は回転椅子で「診断する」。ドクターと患者とはこういう関係ですが、内観法では、クライエントは、カウンセラーに、ひれ伏して拝まれる位置にあるのです。

三、人は誰でも「反省」とか「自己啓発」とか、「自己洞察」なんて、今スグにでもできると思っています。その上に、各自マボロシのような人生観を作っています。
ところが、神様はちょっと意地が悪い。人間をそんな風に上等に作ってらっしゃらない。少なくとも連続二日半（時間にして四〇時間）、じーっと集中的に自己観察しないことには、誰も「自己という汚物のつまった部屋」の扉に手をかけることはできない。こんなことを教える精神療法は、ほかにありません。内観法は、それを体験的に教えます。

私のまわりには、内観もしないのに「いのちの電話に入ったおかげで、わたし随分変ったワ」という人がたくさんいらっしゃる。それは、たぶん、何かの拍子に幻のように消えるものです。

四、ロジャーズのカウンセリングは、専心傾聴。アドバイスは不可。なぜそういうのでしょう。徹底した献身を尽くしたあとならば、ロジャーズだって、少々のアドバイスがあってもよいというでしょう。普通のカウンセリングには献身なんてないから、アドバイスはするな、ということです。

内観法の創始者の吉本先生は、全身これ献身のひと。その権化。だから傾聴傾聴の最後にちょっぴり、キツーいことをおっしゃっても、クライエントは、その言葉を、自立の杖にできるのです。内観法の学習に行くと、人は、「献身」の何たるかを知る。そうすると、献身の人に切りこまれても、心に反抗心ができず、かえって、クライエントがコロコロと変ってゆく。そういう、カウンセリングにあって、いちばん難しい奥義を学べると思うのです。

五、カウンセリングの要諦の一つに、「忍びまつ心」というのがあると思う。「なんてこの人他罰的で、自己認識の乏しい人だ」と思うと、聴いているうちに、注意の一つもしたくなる。内観させたくなる。しかし、やっては、ダメ。内観は、「自己の悪の歴史」ばかりを一粒ずつたんねんに拾って年代順に並べてゆくしごとです。誰だってそんな仕事などしたくないと思うのが人情。本当にくたばってワラをもつかみたい気持になり、「助ケテーッ」と叫ぶその時まで、忍び待つのでなくてはいけません。誰でも、自己対面することはイヤなんです。

六、「そんなに自分の悪の歴史ばかり知ったら、私は、きっと落ち込んで、浮び上がれなくなるかも」。おっとドッコイ。その考えは、大まちがい。人間は、極めて弁証法的にできている。自分の悪の歴史を知れば知るほど、いかにその自分が人々に支えられ生かされてきたかを如実に知り、感謝の念が湧き出す。物みな輝いて見えてくる。人の美点長所がヤタラと見えてくる。うれしくてうれしくて、滝のように涙が出る。声をあげて泣く人さえいっぱいいいる。刑務所の囚人たちは、だから内観をあざけって「泣き観」と呼んでいるのです。

七、カウンセリングでは、「リピート」（相づち、くりかえし）ということが大変重視されています。しかしそればかりが流行して、それ以上に出ない電話相談を聞いていると、情けないなァーという気持になる。

カウンセリングとは、自立できないクライエントに、自立を与えることなんですから、やっぱり、「気付き」を与えない長電話は、カウンセラーの精力のムダ使いでもあるわけです。さて、じゃあ、リピートの連続をやめて、どうすればよいのか。一つの目標となるべきものを与えるのが内観の手法です。五里霧中の中で右往左往しているクライエントに、いくつかのヒントを与えて内観法的に、古いむかしのできごとを想い出させ、気付きを与える。そういう厳しい愛情を、内観法で学んでほしい。そして、その人その人に有効なカウンセリングができるよう、一歩一歩近づいてほしいですネ。

三　坂本繁二郎画伯

さきおととしは、竹久夢二生誕百年ということで、夢二にちなんだいろんな記念行事があった。岡山で、「夢二といえば両備バスの松田基さん」というくらい、二人の結びつきは強い。ある日、松田さんから、「波多野さんは美術評論家であり夢二の研究家である小倉忠夫さんと、海軍兵学校同期じゃないの」といわれた。調べてみると小倉さんは私の一級下だった。さっそく、国立国際美術館長である小倉さんを岡山に呼んで美術の話を聞く会をもった。いのちの電話第一期生の中の絵の好きな人も、四〜五人お話を聴きに来られた。

その講演の前夜のことだ。小倉さんの宿泊の東急ホテルの特別室に我々十数人の仲間が集まって歓談した。私は、絵かきの中では、坂本繁二郎が一番好きだといった。ワイワイガヤガヤの酒宴の最中の対話だったから、そんなことを小倉さんが覚えて帰るはずもないと思っていた。

◇

ところが、小倉さんが京都に帰って二〜三日たった日、「現代日本美術全集一一、坂本繁二郎」という特大の本が小倉さんから私あてに送り届けられた。その本の著者は小倉忠夫さんだった。

日本を代表する何十人という現代作家全集のうち、小倉さんは、偶然にも、私の大好きだという坂本繁二郎ただ一人を担当しておられたのだった。

その本の一三一ページ以下には、「坂本繁二郎の絵画思想」について書かれている。明治末期から大正初期に書かれた、ちょっとむつかしい文章だが、カウンセリングの真髄に触れるものがあると思うので、以下ところどころを抜すいしてお目にかけたいと思う。

◇

①　物の存在を認めることによって自分も始めて存在する。物の存在を認めることは、自他同存でありながら、意識には物なるただそのことのみである。自分なるものがあっては、それだけ認識の限度が狭くなる。自分を空にして始めて物の存在をよりよく認め、認めて自己の拡大となる。この存在の心は、自然力その脈動する意識であるかも知れない。刹那々々のみを自分たりうる心である。

強いて説明すれば、消滅する心だろう（以下略）。

夏目漱石は、繁二郎の描いた牛をみて、当時、「この牛は、何か考えている」と書いたのは有名なエピソードだが、現代美術洋画界の巨匠No.1は、いまだ三〇歳にもならない明治四四年に、このような絵画論を書き残していた。驚かざるをえない。

「物」という字を「クライエント」と置きかえて、二度三度と読みかえしてみて下さい。

さらに先へと読み進む。

② 根本的に大切なものは、質のいかんである。質は直ちにその人の生き甲斐、描き甲斐のいかんで、画の向上といい、よしあしというも、要するに質において他に何もない。質のいかんはその人の生き甲斐の光明のいかんである。質はただその人と自然との交渉の度合いの正味そのものである。
画が進んだというのは、この質が進みえた時のみ、最上の意義がありうるのである。変化よりも進歩というのは、いっそう難事である。三年の努力で一歩行けるか、一〇年の努力で一歩行けるか分からない（大正三年。繁二郎三二歳）。

「画」という字を、「カウンセリング」に置きかえて、繰り返し読んでみよう。

一・二期生の作った作品を絵にたとえれば、そこに描き出されたものは、すべてカウンセラー自身の自画像である。なるほど、その自画像には、対象の特質は表現されている。だがその中には、縁日の屋台店に並んだ、子供たちのかぶるお面のようなものがある。

繁二郎にかぎらず、巨匠の人体スケッチ等の中には、ほんとうに、数本の線のみで女体の美をとらえ、深い感動を与えるものがある。カウンセラー各自が、自己を空疎にし、対象を十分に受け容れる技法の習得に、不断の向上を試みれば、ムダな問答が減り、質が向上し、生き甲斐が海鳴りのようにカウンセラーを襲う日もくるであろうと思う。

その年繁二郎は、またこんなことも書いている。

③　意識して歩を進める。意識は知的になり易い。知らずしらずにも、本能感得の純を妨げることがあるからである。それかといって意識なしに進むことは、事実できることではない。と。

意識はどうしても、知識の方へ片寄って行く。絵を描くには、新鮮な、いってみれば、知にめくら的な心情、「純」そのものがいるのだという。カウンセリングでは、自分の裸、ありのままの姿、純粋さがクライエントの心にしみ込まないといけないのだ。しかし、どうしてもそこに、出てはいけない知的な意識が出て来る。その自己矛盾的な姿を繁二郎は、「不断に足の裏に火の燃えている悶々の発生」と呼んでいる。

矛盾するこの二つのものが相い争う。その争いが強く深いほど、それの統合は切実になり、鮮度の高い新境地が開けるはずだ。知と盲の争いによる、足の裏に火の燃えるような悶々からの突破口を、繁二郎は、「身を捨てること」に求めている。こざかしい小知、「はからい」を捨てよともいっている。

修業僧による禅問答のような話だ。読むだけで体がカッカとほてってくる。ユングの心理学だって、そういう東洋思想的なものを指向しているのかも知れぬ。

坂本昇一千葉大学教授は、第一期生の開講式の時、「眼で聞け、耳で見よ」といわれた。この坂本繁二郎も、「片眼で見たのと両眼で見たのとは大変感じが違うように、耳や鼻の有無も眼の見え方に影響する」といっている。

④　感激、すべての事はただこの事に尽きる。理屈はない。感激を有する者は、感激ゆえに進む。

去る七月六日に行われた「内観を語る会」の時、武内信子先生の質問に対して、司会者横山茂生先生は、こう答えられた。

「内観法にあっては、自己認識達成の瞬間に、強大な感動（新生体験ともいう）が全身を襲う。こういう感動は、その他のいかなる心理療法、エンカウンターグループにもない。それが内観法の治療効果を高め、自己洞察を深めることにつながるのです」と。

感激は、坂本繁二郎のいうように、理屈抜きに、カウンセラーの質の進歩を急速に高めるもののように思う。

四　子どもに教えられる

〈その一〉

先生、Cさん。今、朝の六時です。ベランダにまいたパンくずを食べに、雀が毎朝やって来ます。その可愛らしい姿にみとれながら、モーニングコーヒーを飲んでいます。

さて、先日息子（小五）が写生大会に行きました。

その日の夕方、息子の友達が遊びに来ました。その友達は、昼ごはんを食べていないというのです。「弁当持って行かなかったの」ときくと、「持っていったョ。ロクなものが入っていなかったから、そのまま捨てた」といいます。息子は平気な顔で「そうかァー捨ててしもうたんかァー」といって、私に、「お母さん、早く何か作って！」といいますので、やきソバを作りますと、息子は、「ボクも腹へってたんだ。一緒に食べよう」といい、友達は、「うまいな」といって喜んで食べて帰りました。

その友達が帰ったあと、息子が部屋で泣いているんです。そして、泣きながらいうのに、友達の弁当は、前日の夜買っておいたホカホカ弁当だったそうです。友達は、手作りの弁当を開いている皆の前でホカホカ弁当を食べられなかったんだ。そして、家に帰っても、そのことを、彼は母親にいうことはできない。（彼は母子家庭で、その母は心臓が悪くて働けない）私は、泣きながらこのようにいう息子の話を聞いて、坂本昇一先生の話された宮古島中学校の女の先生のことを思い出しました。

運動会の日、そっとA君を校外へ逃してやった先生。

「そうか、ロクなものが入っていなかったんか」といい、「やきソバを食べよう」とさそって、その後ひとりで泣いている息子……。「傾聴」も「受容」も何も知らない小さな息子の中に、本物のカウンセリングマインドを見た思いがしました。

今、息子が起きてきました。「雀に悪いことをしたな」って。「なぜ？」「ボクが起きてきたので、ベランダで食べていた雀が驚いて逃げたから」ですって。ではまた。

◇

〈その二〉

コンニチハ。また書きます。勿論、先生も、Cさんも、すでに私が誰だかお分かりだと思います（私、C、異口同音、エーッ？　ワカラナイ）。

先日、次男の学校の春の小運動会がありました。息子はクラス対抗リレーのアンカーだったのです。アンカーだといっても、速さがクラスナンバーワンではなくて、五位なのになぜかアンカーになってしまったのです。そして息子は運動会の当日、他のクラスのアンカーに抜かれてしまいました。彼は、ゴメンネと皆にあやまったそうです。するとクラスの友達が、皆そばに来て、「今日はいつもより速かったゾー」と、口々に言い、クラスで一番速い子が、「ボクと同じ位速かった」といってくれた、というのです。

「敗けて、こんなに嬉しかったことは初めてだ」と、目にいっぱい涙をためて話していました。もし、その日、私がみていたら、息子に何と話しかけたでしょう。「残念だったネ」とか、「一生懸命走ったんだもの、仕方ないョ」とくらいしかいってやれなかったと思います。結局、私にあっては、「過程」ではなく、「結果」だけをみてるからです。

でも子供は違ったのです。真実だけをいっています。「いつもより速かった」きっとそうだったと思います。一生懸命走ったのですもの、いつもより速かったのでしょう。結果でもなく、世辞でもなく、なぐさめでもない、本当のことを、そのままいってくれたのです。そしてその真実は、悲しくつらいことを、嬉しいことにかえてしまいました。ワーッ子供ってスゴイと思いました。息子は抜かれず一番を守って走ったよりも、なんばいも大きな賞讃をクラスの全員からいただきました。

◇

私とCさんは、「?・」としか封筒に書いてよこさない、この「くのいち怪人」は一体誰だろうかと、何日もかかって随分調べたものです。「坂本昇一先生ゼミナールのことを書いていらっしゃるから、多分一期生の方だョ」最初は調査の重点をそちらにしぼりましたが、オットドッコイ、そうではなかったのです。

◇

〈その三〉

ことしの五月、岡山少年院の文化祭を、Iさんの長女Nちゃん（中一）がボランティアと共に見学に参加されました。それから二、三日して、かわいい彼女から、私に感謝のお便りが届きました。

波多野先生、先日は良いお勉強をさせて下さって本当にありがとうございました。

あの日私が少年院でお話した人は、何も悪いことをしていないのに、何かの手違いで入れられているのではないかと思うぐらい、明るくてほがらかでした。

あの人たちの作った文集は、かざり気のない、自分の気持をそのまま文章にしたものでした。私たちの文章のように気どったところはなく、それでいて、人々の心を感動させる……。とてもすばらしいことだと思いました。音楽クラブの演奏を聞いてでなく見て、思ったのですが、あの人たちが音楽活動をやって行くのに最低必要なものは備わっているのですが、心を育てて行くためのものは、まだ不十分なように思いました。政府の方は、そういうことも十分考えてほしいな、と思いました。

◇

これまでに、何十人というボランティアの方が岡山少年院を訪ねて下さいました。その中で、この企画をしている私に、感想文を送って下さった方は、このお嬢さん唯一人です。

またボランティアの人でも、このお嬢さんのように、少年たちの文章までたんねんに読んで下さった方は、おそらくなかったと思います。音楽を聴くのではなく、見て帰った人もあまりなかったのではないでしょうか。私はこのおたよりに、たいへん感動しました。

五　寛大になりたい

先日ＯＩＤＥの機関誌「４３４３」（六月刊行）を一読した。この号は、カウンセラーの自己開示を主題にした内容になっている。

中には、いのちの電話カウンセラーとしての体験に結びつけて、切実に自己を語ったものがある。だが多くは、いってみれば、「４３４３」というショーウインドーに美しく装われた自己が陳列されているといった感じだ。

割りと高級品だけど、ガラスの向うに置いてあるのだから、とてもその裏側までは見せてはもらえない。

◇

いろいろ切実な記事のある中で、ホンネ丸出しのオモシロいのが一つあった。二期生のNさんのもの。前半はなかなかコッケイ。後半とくに最初の四行は、次のように、カウンセラーとしての体験を語ったものである。

クライエント　‥　私、寛大になりたい。
カウンセラー　‥　寛大にならなくったっていいじゃあないの……。

私は習わないことを言っている。しかし、二人はとてもいい関係。

こんな小さな記事が、なぜか私の心をとらえた。私は、その理由を確かめるべく、数人の先生に別々に問いかけてみた。

◇

安芸義雄先生は、こういった。

「そらもう、Nさんが共感してるからだよ。自分は寛大じゃない、というそのクライエントの心に、Nさんは必死で耳を傾けようとしている。だからいい関係が、できてるんだよ。」

武内信子先生は、こういわはった。

「共感があるというより、その前にまず、Nさんのウマい切り込みが、運よくクライエントの悩みの中心に当ったんやネー。」

「運よく」というこの言葉、味わってみればほれぼれする程いい言葉だ。ナイスショット！　この道では、どこまで行っても、成功の花は、たかねの花。技両を超えたところで開花する。

しかしまたこうもいえる。研修生は、電話カウンセリングの中で、「みだりに切り込みをしてはいけない」と教わっている。なぜ切り込んではいけないのか。電話では、相手の顔の表情も何もつかめない。そんな不自由な対話の中で、断定的な態度での寄り添い方は危険だから、というのがその理由だ。

たしかにNさんのいう切り込みは、カウンセリングの初心者にとっては、簡単ではない。しかし、じっと耳を澄ませて傾聴してゆけば、たとえ顔の表情は見えずとも、話題自体とか声の調子や何かで、クライエントが、自分には、こんなに人を許さない狭量さがあるんです。それが悲しいんです。と訴えている霧のようなものが、ことばの外にたゆたいつつ迫ってくるはず。Nさんは、その、迫って来る漠としたものに思わず心ゆさぶられ、寄り添ってゆこうとされたのかも知れない。

理由はともあれ、久しぶりに心を打たれる短文に出会った。

◇

さて、どんなに社会の仕組が合理化されても、他人をねたみ、そしり、うらやむ心、これは万古不変。この部分に、じっと生涯目を向けたニーチェや親鸞は、こういう煩悩や本能的なものの存在こそが、絶対者に引かれて彼岸に到る可能性を示すカギに外ならない、といっている。人によって狭量さは種々違おう。けれども、そのひとそのひとの中に、狭量さを克服し、あるいは、大いなるものに帰依《きえ》して自らを変革しようという向上の心がある。いまのままの姿を、そのままに受容し共感してゆくところに、向上の心が光りだし、人と人との「出会い」が発生する。

◇

昨年奈良で、いのちの電話全国研修会があった。私は、その時第六分科会（青少年）のセッションに加わった。

そこでの討論で私は、「いのちの電話カウンセリングでの出会いは、その姿かたちにおいて、急性激変のものでなく、遅効性のものだから、クライエントの自己変革を、その場でしかとつかむことはできないかも知れない。」と、一つの例を挙げて説明した。そうしたところ、司会者（横浜いのちの電話の武井さん）から、「その言葉にホレました」といって突然指名を受け、まとめ役にされた。

まとめの中で私はいった。

カウンセラーは、ともすると、「しかし、だけど」を連発し、青少年のクライエントに対し、この世間には、君たち若者の知らない倫理、道徳、法律といった規制があるんだよと、暗に若者の行き過ぎをいましめようとする。青少年カウンセリングにとって、この「しかし、だけど」は禁句だ。

「まとめ」が終りかけた頃、奈良いのちの電話の人と思われる一人の熟年の相談員が立ち上がった。この相談員さんは、

「ただ今より私は、五時からの電話当番に出かけて参ります。私は今後、電話相談において、『しかし、だけど』を、一切口にしないことを、今ここに誓います」といった。元軍人さんらしい風ぼうの残った、その朴とつな相談員さんの誓いの言葉に、研修員は大笑いしつつ拍手を送ったことであった。

六　話しあう

前号の「カウンセリングマインド」では、Nさんの扱われた一つのケースについて、私がどのように安芸先生や武内先生と討議して理解を深めたかについて書かせてもらいました。

そのあと、最近さらに奥村会長から手紙をいただきました。それで、Nさんのケースの理解がさらに深められました。奥村先生は、次のようにおっしゃっています。

「カウンセリングマインド六号の「寛大になりたい心」、の件、多く考えさせられます。前後の会話がわかりませんから、あまり断定的には、いえませんが、私は、電話カウンセリングの根本には、相手を、対話の中で次第に内観的な考え方に導くことが大切と思います。なるほどNさんとクライエントの対話の中には共感が生まれています。それだけでよいのか。私は端的にズバリ言えば、このクライエントが、周囲のすべての人々から、「寛大に扱われている自分」を見出すこと、それに気付きを与えてやりたい。そうすればクライエントは自ら寛大になりましょう。初心者のすべてにそれを望むのは無理なことかも知りませんが……」

奥村会長は、カウンセリングの要諦は、クライエントに内観法的気付きを与え、自己洞察のできる人に変えることにある、とお考えです。私も全く同じです。私は奥村先生の驥尾《きび》に付して、内観の道を極めたいと、日夜努力している者の一人ですから。

◇

ところで、それを、一つの対話の中で完遂するのは、時に適当でないこともあり、また、どうしてもやらんといけない場合がある。私の面接カウンセリングを見学なさった何人かのカウンセラーの方は、ナルホドと思われるでしょう。私は、クライエントの各人に、それぞれ気付きを与えるために、なるたけ樹から離れた遠くの方に「気付きの肥料」を与えることにしています。先日、河合隼雄先生の「カウンセリングを語る」を読んでいましたら、そのことが書いてあった。私は、我が意を得たりと、膝を打ってよろこんだのです。

気付きの肥料のことを、私は、「ガラスのカケラ」と表現することもあります。クライエントに気付かれないうちに、彼の自我から遠く離れたところに、円形にガラスのカケラを一杯バラまく、というイタズラをいたします。クライエントは、自分の通り慣れた道をあちこちまた進もうとする。すると、何か今までは気楽に通過できたその道が、いつの間にか通りにくくなっている。オヤ？、少し右に行ってみる。又してもオヤオヤ？。こんなことで元に戻り自己をみつめ自己発見に到る。そういうこともあるわけです。電話カウンセリングは、面接カウンセリングに比べると、何倍も不自由で、一時間位の電話カウンセリングで、相手を内観的気付きの「法座」に座らせることは、まず不可能でしょう。それどころか、「このようにしてやろう」というカウンセラーの、その「はからい」がカウンセラーの心中にただあるというだけで、クライエントは敏感にそれをかぎ分け、あゝこの人は指示的な人だ。と逃げてしまうでしょう。こんなことで奥村会長のおっしゃる奥義を、カウンセリングの初心者が実行することは、とてもじゃないこと、難かしござる。

でも、失敗は成功のもと。逃げられてもともと、と思いつつ、河合先生や私のいうように、離れたところに円形に肥料をやったり、ガラスのカケラをバラまいたりしてごらんなさい。時に自己洞察（内観的効果）が相手に現われることがあるかも知れません。

そうはいっても、ケースによりけりで、電話カウンセリング用の肥料は、特に遅効性の配合になっていますから、私が面接カウンセリングの時に使う肥料のように、翌日パッと効果が現われるというものじゃあありません。

何を書いているのかわからなくなりました。元へ戻って、要するに、Nさんの書かれた、たった四行の小さな言葉でさえ、論じてみれば、これほどの重みのあることば。たくさんの意味が含まれている。ですから、お互いに、小さな小さな問題でも、粗末にせず、ひとつひとつ日常的に、研究討議の材料にして、しっかり語り合ってみましょうという一つの提案をしたつもりです。

七　めぐりあわせ

七月三一日、岡山少年院で、恒例の、院生による意見発表会がありました。犯罪を犯して収容され、日夜厳しい矯正教育を受けている少年たちが、実名で自分の生い立ちから悪の経歴まで、すべてを語って聞かせるという行事ですから、メッタな人は傍聴させてはもらえません。幸いにも、岡山少年院ご当局の特別のおはからいで、わがいのちの電話ボランティアは、毎度、マイクロバスの送迎まで付いてこの行事傍聴に参加させていただいています。審査員になって下さるボランティアの方も毎回三人ばかりあります。富田輝司先生のように、講評して下さった先生もありました。

今回は、岡山地検の大槻検事正が講評役を引受けられましたが、「涙で私のハンカチはグショグショになりました」と、感動をこめて少年に感謝の言葉を述べられました。

岡山いのちの電話を代表して私にも講評を、ということでしたが、私はたまたま当日、県教委の指導主事、山県武之先生（私の高校の後輩）をお連れしていましたので、山県先生に頼んで、私の代りに講評をしてもらいました。山県先生はいいました。最初に発表したM君の意見に大感激。つい一〇〇点をつけてしまって、あとは胸が一杯。採点は一六人とも全員一〇〇点。特に、二時間余りの間、全生徒が背筋をキチーンと伸ばして仲間の発表を静かに聴くその態度の持続に感嘆。壇上に立たされて少年全員と対面した時、キラキラ輝く少年達の眼の色にも圧倒され、すっかりあがってしまいましたと。

今回ご参加下さった、二十数名の第三期生を主体としたボランティアの方は、院長と共に玄関先で記念写真を撮っていただきましたが、一六人の少年の心の叫びに、それぞれ大きな収穫を得て帰られたことと思います。

「こんなに人間性を育ててくれる所は、日本の一流大学だって絶対にないゾー」と叫んだ少年。泣いて訓してくださった教官の慈愛に、初めて目が醒めたと語る少年。少年院の教育の底流には、いつの時代にも「人間尊重」という伝統がある。それは、院長・教官が代っても、変わることなく伝承され、厳しい矯正教育の背後に、つねに温かいカウンセリングの心が裏打ちされている。少年たちの叫びの裏に、そういう尊いものを感じて下さったボランティアの方は多かったと思います。

◇

数年前、私は、広島刑務所にいる受刑者を見舞に行きました。その帰りに、勉強家で有名な分類審議室長の有沢さんにお会いしました。「私は十数年も前から、論文で知った波多野先生にあこがれていたのです」と、私との出会いを心から喜ばれ、約一時間、「カウンセリングの心」を、よどみなく話してくださいました。有沢さんは、「カウンセリングとはネ、先生、ある日家へ帰ってみたら、いろりの火が燃えていた、こんなものではないでしょうか」と語ってくれました。その、一寸ナゾめいた有沢さんの言葉に、私は深い共感を覚え、今でも有沢さんのこの時のこの言葉が私の脳裏に焼きついています。

有沢さんの言葉で思い出すのは、ユングや河合隼雄先生のいう、「めぐりあわせ」とか「出会い」といったもの。そうなんです。私たちは、よいめぐりあわせが来るまで忍び待つ心を持たないことには、美しい、感動的なカウンセリングは、見えてこないような気がするのです。

クライエントが立ち直るには、「天の時」がある。天の時は、神のみぞ知る。ある日電話の向うの人と、かすかな出会いが生じる。しかし、電話カウンセリングのことですからの人が果して、しっかり立ち直ってくれたやら落ち込んでしまったやら、すべて漠として分らない。天の時が来ればその人は立ち直るはず。そうとしかいえません。

二カ月程も前のこと。高木さんは自殺したいというある少女の電話を受けた。「死んじゃあいけない！」高木さんはこう叫んでいる。しかし、高木さんの叫びかけにもかかわらず、少女は睡眠薬が利いたのか、公衆電話に入れる一〇円玉が切れたのか、三〇分たらずでその電話は切れたのです。だがその五日後、大塚さんが電話当番の時、その少女は大塚さんに対し、「私の命はあの時いのちの電話からいただいた命。今後大事にします」と、感謝の電話をかけてきました。

受ける大塚さん、感涙が止まらない。彼女の作ったカルテには、その全面に大きな涙のシミが残っています。そして大塚さんのカルテのすみには、小さな字で、

「いのちの電話を作って下さった先生方、有難うございました」

と書かれています。

私は奥村会長とともに、最近そのカルテを見せていただきました。大きなな感動をもって。

◇

さて皆さん、広島刑務所の有沢分類審議室長のいった右の言葉がおわかりでしょうか。まさにカウンセリングとはそんなもの。ある日、家に帰ってみたら、いろりの火が燃えていた。幸いにもそれを目撃したのは大塚さんです。けれども、その火種を作って、じっと忍び待っていた人は高木さんです。おそらく高木さんは、自分の作っておいた火種が、何日か後に燃え出すとも思わず、でも心の中ではこの少女のことを心にかけつつ暮しておられたことでしょう。

こういうカウンセリングの世界における出会いの機微をユングや河合隼雄先生は、めぐりあわせ（むづかしくいうとコンステレーション）といわれるんです。

少年院で面接相談をやっている私は、いつもいつも、その少年に天の時が来ますように、転機（自立の時）が

来ますように、と祈るような気持ちです。いろりの火がそのうち燃え出してほしい。そういうめぐりあわせを、たびごとに信じつつ。

この道は、はるかな道。報われることの少ない困難な道です。あせらず、ゆっくり進みましょう。

八　生き甲斐をつかむ

つい先日、電話室で、カウンセラーのKさんは、こんな話を私に聞かせて下さいました。

「先生、私先だって東京まで行ってアドラー（ユングとともにフロイトの開発した精神分析理論を改革した心理学者）の研究会に参加してきたんです。その研究会で私たちが教わったことは、カウンセリングの技術でもない。心理学の知識でもないんですよ。カウンセリングの極意は、何のことはない、結局その人の人柄、人間性、個性に還元されてしまう、そういうお話でした。まず第一に先生のお話が分かりやすいのヨ。感動がある。本当にお勉強が身についた。ワーッよかった、という気持で帰って来たんです」

私はこの話をきいて、Kさんは、うまい学習、うまい生き方をしているなーと思いました。金をかけて「感動」という「資本の蓄積」を、自分のために（引いては社会のために）してらっしゃる。この心意気はKさんの生きざまそのものなんですね。

◇

話は一変します。カール・ロジャーズの「来談者中心療法」がわが国に紹介されて、やがて三〇年。ロジャーズの考え方が全国の少年院を覆い尽す程の勢いで拡がり始めた昭和四〇年当時、私は一介の、内観法の「信者」

であり「宣伝屋」でありました。そしてただただ何も知らずにロジャーズをあざけっていました。あの頃は、家庭裁判所でも少年院でも田中・ビネー式何とかだの、やれロールシャッハテストだの、内田・クレペリンだのといった方法を駆使して、何やってたかというと、要するに、少年の科学的分類鑑別ばかりをやっていたんです。今の中等教育が、偏差知による生徒の鑑別工場になっているのと同じでした。「科学的処遇」だって？　笑わせるな！　私はいつも、「要は自己洞察＝内観法」、この方程式に溺れていました。最近になってやっと判ったこと――それは、ロジャーズも内観法も、それぞれに本当にすばらしいというそのことです。

全国の少年院では、いつの間にか内観法とロジャーズの方法が少年の処遇に併用的に採用され、非行者矯正技法に大きな変革がもたらされるようになりました。おそらく少年院では、内観の普及が来談者中心療法の隆盛をひき起したのだと思います。

皆さんよくご存知の、北九州大学新村豊教授の「みんなでカウンセリング」の第一章第一節を開いてご覧なさい。おどろいたことに、ここには、内観法について詳しく書いてあるのです。誰だってエッ！　と思います。

◇

次にもう一つ。東北大学の鈴木仁一先生の開発された、「絶食内観療法」というのをご存知ですか。この前、「内観を語る会」に出られた方は、岡大の堀井先生のお話が、全部そうだったことをご記憶でしょう。

つい数年前まで内観法にソッポを向いていた私の親友鈴木仁一君（海兵同期生）が、私のおだてにのってその気になり、アッという間に絶食療法に内観法を加えユニークな「絶食内観療法」を開発したのです。医療の一角でもまた、少年院のように二つの療法の併用による相乗的効果を求めているといえましょう。

◇

さらに話が変わります。

国分康孝先生のスーパーバイザーであった東京理科大学の北見芳雄先生が、昨年私にしみじみ語られた言葉があります。

「私はネ、心理学は科学だという信念に生きていましたからネ、そういう科学者の眼でまずフロイドを勉強しました。やってもやっても納得ゆかないんですネ。こらアカン。さらにユング、アドラーと遍歴してくたくたになっているところへ、明解なものが出てきた。それが内観法だったんです。ヨーシこれだ！　と思ってかじりついたら、これがまた大変なしろもの。結局科学者の眼では、内観法の奥底を見極めることができないんです。今ではネ、吉本先生の内観法は吉本先生の全人格の上に成り立つもの。ロジャーズのカウンセリングは、これまた彼の信念であり信仰だ、それ以外に考えようがないというそういう境地に立たされています」

◇

お話はさらに一転。岡山大学には心理学科はあっても、主流は実験心理学で、人間の悩み悲しみ苦しみをいかにして援助するか、というカウンセリングにつながる学問の教室がまだできていない。おくれてるとオドロくのは早い。今はやりの「心療内科」とか「心身医学」という教室は、実は東大にも京大にもまだないんです。ですからね、国際心身医学会副会長という、東北大学の鈴木仁一先生だって「教室」はまだもたされていない。今もって助教授という身分です。

社会が狂ってるんじゃあない。社会の合理化、高度化の速度が速すぎるんです。今はこういう世の中です。NHKテレビで何回も取り上げられた、かのアルビン・トフラーは、彼の主著「第三の波」でこういっています。「いま、我々にとって、緊急に必要なものは何か。それは人生の相談員とその補助者を作ることだ」この文明批評家は、はっきりそういっています。

かつては、エゴとかイドとか、そういうむずかしい心理学用語を自由に駆使する人が名誉を得ていました。ところが、今では見てごらんなさい。こんなむつかしいことばかり人に教えている心理学の教授たちはいのちの電話のように、ひたすら世の中のニーズに直接こたえようとしているボランティアのカウンセリング活動に、いささかにがーい顔をしています。

◇

さて、今日の「カウンセリングマインド」で、私が何を言いたかったのかおわかりでしょうか。科学者として自然科学たる心理学を探求しようと試みた人々は、遂にヤブの中に入り、あゝ人間は科学ではとらえられないな、という悲嘆に暮れるばかり。着眼点を少し変えて、人の痛みに驚ろき、いま自分は何をすべきかという観点に立つことのできたKさんとか、少年院の教官とか鈴木仁一先生とかいった人々は、とにもかくにも、生き甲斐といったものをしっかりつかんでいる。このように、人をも生かし、自分にも活力を与える生き方のあることを、皆様方にはもちろん、世間の人々にもゼヒ知っていただきたいと思ったのです。

九　ユーモアのあじわい

先日ある小さな、カウンセリングの研修会に参加しました。そのケースは、すごく攻撃的で、人生に絶望している若い女性の訴えを、どう受けるかにかかわる問題です。その対応に当ったカウンセラーは、パニックに陥り、終始一貫、ヘドモドの連続でした。がんらいが素人集団である「いのちの電話カウンセリング」という立場で仕事をしている私は、そのヘドモド立往生のカウンセラーのたたずまいに、深く心をゆさぶられるものがありました。

なぜそうだったのか。私はその理由をじっと考えてみました。

このカウンセラーは、相手の訴えに「誠意と真心」で、体ごとぶつかっていました。非常の多くの場合、カウンセラーにむき出しの誠意と真心があると、相手を傷つけます。それどころか、その前に、弱いクライエントは必ず逃げてゆきます。このカウンセラーの場合、誠意と真心がパニックで、ヘドモド状態の中に現われていたから、弱い攻撃的女性は、安堵感とある程度の満足感を得たようです。

◇

「誠意と真心」この言葉は、日本いのちの電話界で最ももてはやされている、筑波大学助教授稲村博先生の開発した、「心のきずな療法」の根幹を形成する人格態度です。先生がこの人格態度をプロに向かって説くのはまあいいとして、カウンセリングの初心者に説くのは極めて危険だと、私はかつて手紙で稲村先生に書き送ったことがありました。

稲村先生から返事が来た。

この自信作「心のきずな療法」発刊以来、この療法の中心になるところに、堂々と切りこんで来た素人は、波多野という男、アナタが日本でただ一人。まことにおどろきましたとのこと。そして、おおせのとおり、誠意と真心を、カウンセリングの初心者に向かって説くことには、細心の注意が肝要です、と書かれていました。

◇

もし上のケースで、誠意と真心のカウンセラーが、「ヘドモド立往生」でなく、腰をすえて形どおりに対応していたら、あるいは相手の女性は、こいつも信用ならんと、更に牙をむいて襲いかかって来たかも知れません。このヘドモドカウンセラーには、その生まれながらの人格に底礎された、たくまざるユーモアがありました。私のいうユーモアとは……。

それは単に何となく笑いをさそうような軽いダジャレとは違い、人間存在に深くかかわる、もっと本質的な笑いをさそうようなもの、例えば一つの例でいうと、「コップに伏せこまれたハエのような人物」とお考え下さい。コップに伏せこまれたハエは、コップの外に出ようとして、目を血走らせ、全力であえぎもがく。そのバカげた姿をコップの外に立つ第三者の人間からみるその関係の中に、ユーモアがあるというのです。

このハエをカウンセラーにたとえてごらんなさい。私の眼の前にいるくだんのカウンセラーは、このハエと同じように、突如与えられた苦境から、絶対逃げ出すことができない身分でありながら何とか切り抜けようとしてあわてふためいている。そのあわてぶりを眺めていたもう一匹のハエであるクライエントは、思わず心を打たれたもののようです。「そんなバカな……。」と思われる方も中にはありましょう。しかし、先日も、横山茂生先生が、「いのちの電話を考える会」で、そういう素人くさいパニック人間が、カウンセリングの場で、時に思わぬ効果をあげ得ることを示唆されました。

◇

次のものは、以前、坂本昇一先生（千葉大学教授）からきいたお話です。

ある山寺のことである。老師を中心として修業僧たちが本堂で座禅をくんでいた。その時、にわか雨がきて、いたるところで雨もりがしてきた。老師は修業僧たちに向かって、「雨を受けるものをもってこい。」と叫んだ。貧乏寺のことであり、これといって雨をうける器などひとつもない。

誰も動かなかった。その時、一人の若い僧が雨の中にとび出し、ずぶぬれになりながらもどって来た。そして手にしたザル一つを雨もりの所に置いた。周囲の者たちは笑った。

やがて雨がやんだ。老師は修業僧たちを集めて言った。

「ザルをもって来たお前だけここに残れ。他の者はさっさと去れ。」と。

この話は、あるいは作り話かも知れない。ある人は、「ザルで雨もりを受けるなんて、バカげている」といって笑うかも知れない。なるほど、ザルにとらわれてこれを解釈すればバカげていよう。しかし問題は、ザルのことばかりではない。我々の世界では、とかく理くつばかりがやかましくなり、目の前で雨もりがしているにもかかわらず、理くつをいいあっている。そして、ある人がザルなどをもって受けようとしたものなら、冷笑し、アホ呼ばわりする。そのくせ当人は、問題解決のため、なに一つ自分で体を動かそうとしない。
ザルさえ持って来ない人は、仮にオケがあっても、「どうせぬれる。屋根をなおさなくては、何をしてもむだだ。」といて、何もしないだろう。いつも行動できない理由をあげて、自らは動かない人間だ。

◇

この坂本先生の小話を、じっとよく味わって読んで見て下さい。私のいうユーモアが見えて来ませんか。皆さんの中で、老師にいわれてザルを持って来た修業僧を笑える人がありますか。笑った修業僧を、即時寺から追い出した老師の怒りに共感できない方がありますか。

私どもの多くは、いってみれば、カウンセリングというガラスのコップに伏せこまれたハエの立場にある人種なのです。どうしたら悩んでいる人に添いうるか、援助できるか、ということで、厚いガラスのコップに、四六時中頭をぶっつけてもがいている、あわれなハエ集団ではありませんか。現代という矛盾に満ちた社会の屋根を、完ぺきに修理して雨もりがなくなるまで待とうという冷静な考えの修業僧集団を横目で見ながら、雨の中にとび出してザルを抱えて帰る、アホな人間集団ですよ。

こういう一見ばかげてみえるヘドモドのアホな人間の姿に、限りない魅力を感じるのは、私一人ではないと思います。

一〇　別れのときの出会い

「出会い」これは、単に人と人とが会うということとは違います。以前は、「解逅《かいこう》」という、わかり易い表現の言葉がありました。一期一会《いちごいちえ》的な、人と人との感動的出会いをいうのです。

おそらく皆さんには、これだけいっても、出会いという言葉のもつ重みは、分かってもらえないと思いますので、ひとつの例でもって「出会い」とは何か、についてお話をしてみたいと思います。

この八月二〇日に、坂本昇一先生（私と海軍兵学校同期）が岡山市で講演をしました。そのあと同期生の仲間数人が坂本君を囲んで一杯飲んだときのことです。

坂本君は、「出会いは、別れる時に生じる」と、突然そういう話の切り出し方で、次のようなエピソードを語りました。

◇

今から一七～八年前のことだ。スリランカのコロンボ港を出航しようとする客船に一人の日本人の僧が入って来た。「私もあなたと一緒に日本に帰りたい」と、手を握ってそういう。この人は、もう五年も前からスリランカに来て修業しているという。

やがてドラが鳴る。出航間近かにこの修業僧は、船室を出ていった。デッキに出て見る。五色のテープが飛び交う。それぞれに別れを惜しんでいる。私は、さっき別れた黄色い衣の僧の姿を、群集の中に探した。けれどもそれらしい人はいない（毎日、悟りを聞くため激しい修業をしている僧のことだもの、日本に帰りたいなどとは言っていたが、そんな未練なんかすぐ捨てて、今頃は、寺の方へ急いでいることだろう）。そう思いつつしばらくたって港の外から防波堤をみると、先刻別れた僧が、黄色い衣のすそをからげて懸命に走りながら、私の乗った船を追っている。

一般の人はテープで我々と別れたのに、悟りをひらこうと努力しているこの日本人僧は、まことに未練がましく、この船を追える限り遠くまで、走って追ってきて手を振る。その姿を見た時、私はこの修業僧の中に人間的な弱さを見た。その瞬間、彼は私の身近な存在になった。俗人よりも未練がましく、これほどまでに別れを惜しむ彼を見たとき、「人間的ふれあい」とは、そして「出会い」とはまさにこのことだナ、と思った。だけどしかし……、坂本先生は話を続ける。人間的弱さを人に見せることのできる人というのは、並の人にできることではない。たえず自分を高めるべく努力している人にのみ可能なのです。と。

◇

話かわって、私は、二期生と同時に認定を受けて以来、時々受話器を握って、今までにおよそ一五件ぐらいの電話をとっていますが、そのうちの一〇件位は、私にとって忘れることのできない「出会い」の電話でした。そういう電話は、きまってまさに相談電話が終り、電話の切れる瞬間に「出会い」が発生するのですから、坂本先生の上の話が、本当にわかりすぎるくらいの力で迫ってくるわけです。

この八月中に受けた二件の相談電話で、どんな「出会い」があったか、それを皆さんにちょっとご披露してみようと思います。

① バイオリンに打ち込んでいる高一の男子。最近すっかりやる気が起らない。好きなバイオリンを、手に持つ気にさえならないのです。死にたい。自分がいやで仕方がない。音楽愛好者の私と彼は、やがて音楽を通じてのお友達になり、三〇分余りは、モーツァルトやベートーベンの人柄や作品のことに話が集中しました。そのうち彼はコーラスもやっているんです。その先生は尊敬すべき先生で、留学先の〇〇〇から僕に、「悩むことはとってもいいことだよ。逃げてはいかん」とお手紙を下さいます。今日のおじさんも、僕の悩みを、こんなにもわかって下さって嬉しい。ぼくうんと悩んでみます。彼は意欲満々。しょぼくれていた最初の口調から、輝くようなツヤのある声の高校生に変容しました。

モニター電話で傍聴していたH先生も、こんなに二人の気のあった相談電話は、ＯＩＤＥ開局以来のことじゃないでしょうか、とつぶやいていました。

②　四〇歳すぎの攻撃的な女性。世の中に自分ほど不幸せな人間はいない。だまされ通しでメタメタに傷つきました。だから今はすべて損得勘定でやってるんだ。世間に信用できる奴なんて一人でもいるか。親子が何だ夫婦が何だ！　と怒鳴りまくります。私は終始一貫、彼女に対して「オニババちゃん」を連発し、そして「オニババァ、僕と勝負しようか」というと、「負けそー」と弱音を吐くんです。

だって彼女の毒舌の衣の下には、美しい思いやりの心がチラチラとのぞいて見えるのです。「いくら強がりをいったったダメだよ。オニババちゃん。あなたの心はとても美しいもの。もっとワルに徹してから僕にかかって来なくちゃァ」「アッ、やっぱりそれ見えますかァー、だめネェー私は……。本当はわたし優しい女なのョ。」とたんに変身した彼女は、私に対して失礼を詫びました。（オーヤオヤ、四〇歳そこそこの若い女性を、オニババ呼ばわりしたのはこっちなのに……。）「いいえ、どういたしまして」と言いながらも私は少し赤面。彼女は最後に、「私をわかって下さったあなたの心をお慰めしてからお別れしたい。私の大好きなこの曲を聴いては下さいませんか」彼女は、「ある愛の詩」（映画音楽）のオルゴールを受話器のところに近づけて、ひとしきり私を慰め、心を静めてからしみじみとさようならを言ってくれました。

私とこの二人のクライエントとは、何かほのぼのとした心のふれあいのうちに、お別れができたように思います。

「出会い」は大抵別れぎわに発生するもんだ、そういうことが、わかっていただけたらうれしいです。

一一　劇的変容

カウンセリングをやっていますと、クライエント（来談者のこと）に、しばしば劇的な変容が発生します。この突然の劇的変容があるからこそ、カウンセリングがカウンセリングとして治療的な価値をもつのだと思います。何らの変容も発生しないカウンセリングというものは、そもそもカウンセリングとはいえないもので、それは単なる談話、おしゃべり、告白、よろず相談の部類に入れられるものだと思います。一つのカウンセリングで生起した変容を、あとから因果関係のツルをたぐって何とか科学的に意味づけようとする試みを、専門の心理学者の人たちがされることは、私自身何度か経験し、そういう人々の分析力のスバらしさに感心したりします。

法律問題とか医療の問題は、「手当て」と「苦悩解決」の間に、大体誰にでもほぼ常識的に理解できる因果関係がみとめられます。こういう手当をしたからこの問題がうまく片づいたとか、この病気が治ったとか。

ところが、カウンセリングの場では、法律家や医者が味わえるような、結末に対しての学問的評価（因果関係の明確化）というものがほとんど全く出てこないわけです。例えばあるケースで、「先生ありがとうでした。おかげ様で云々……」といわれても、カウンセリングを試みた私の方では、いつの場合でも大抵、狐につままれた心境にならざるをえませんし、「いくら謝礼を差上げたら……」などといわれれば、急に心配になって、（今にまたぶり返すかもなあ……）と、何か薄気味悪く、カウンセリングを依頼した人に、まともに謝礼を請求する気持には、なかなかなれるものではありません。第一期生の開講記念講演の時、坂本昇一先生は、「お医者さんはお中元やお歳暮をいっぱいもらうけど、カウンセラーは、ようかん一本ももらえませんよ」といわれましたが、坂本先生のこのご指摘は、まさにこの間の消息をよく物語っていると思います。

◇

今年三月末、若い女性が、両親に「死にます」という長い書置きを残して家出をしました。八方手を尽くして捜索したところ、○○市の方にいることがわかりました。両親が帰っておいでよ、といっても絶対帰らないと娘さんはいう。そこで両親から、仕事をたのまれたのです。六月○日私は娘さんのところまでいってカウンセリングをしました。娘さんは、七月ころのある日突然両親のもとに帰り、当分はおどろく程の明るさで生活を始めたのです。

八月始めの朝方、この両親から、寝ているところを電話で起されました。「すぐ来てください。夕べ娘の様子がまたおかしくなりました。また家出するといってさわぎ出しました。昼にはきっと出ます！」

私はすぐに出かけてその日の午後まで娘さんの起きるのを待ちました。娘さんは起きたかと思うと紙袋一つをもって、自動車に乗りました。私は、エンジンのかかった車の前に立ち、「出たらいかーん」と押えます。「一一〇番するぞ！　ドケー　この白髪ジジイ！」

私は車から手を放す。娘さんはすごいスピードでどこかへ行ってしまった。

私はしょげ返って、次の日一日中下痢が続きました。（まったく、つまらんことをしたなァ……。このクライエントとはこれで信頼関係の糸が切れた……。）

ところがその日の夕方娘さんは、何事もなかったようにケロッとして家に帰って来た。以来一カ月余り、ごく正常な毎日を送っています、と、お父さんが私のところに娘さんの近況報告に来られたのです。これが私のいう「劇的変容」です。

◇

一〇年程前、一六歳の家出少女が誰の種かわからない子をおなかに宿して一年ぶりに知人の家に立ち寄ったケースがありました。私は少女をひとまず私の友人の産院にお願いし、両親には、赤ちゃんが生まれたら、家に連れて帰った方がいいという話を、そこはかとなくにおわせつつ話しました。両親の家は、社宅密集地のド真中。「そんなこと、近隣の人々に知れたら恥かしくて……。乳児院に預ける以外ない」。といっていましたが、結局家に連れて帰ることに、決心しました。「しかし赤ん坊が泣きわめくと、殺したくなるかもしれないな……」とこぼしながら。

ところが実際に連れて帰った両親は、何日かたってニコニコしながら私のところへ来ました。「先生不思議なことに、赤ちゃんの泣き声が、私たちにはちっともきこえなくなったのです」

不義の子を産んだこの娘は、泣き声のきこえなくなった両親の愛情を、その全身でうけとめ、私宛にくれる手紙は、両親への感謝で、いつも満ち溢れていました（世間態もあろうに、よくまァあんなに平気な顔をして……）。それを思う毎日の一瞬一瞬が少女を急激に変容させたのでしょう。しかし、それにしても、ごく平凡なあの両親が、こわい世間態を逃れるために、二人そろって「にわかツンボ」になったとは……。不思議なことです。

◇

人生の岐路に立った時、選択の道は観念的には無限にあるともいえます。実際にはしかし宿命とか「業」といった目に見えない各自の大きな向上力が働いていて、ただ一つの道しかないそこへ人を追い込むことになる。私どもは、いつもそんな目に見えない向上力に、ドーンとぶつかる体験を、カウンセリングのたびごとに味わいます。そしてその都度、クライエントにそんな向上力があったから、そうなったんだと、いつも思い、そういう思いが私の中で次第に固まりつつあるようです。

そういう自信のない、低い姿勢。手に一つの道具もなく、体の中はピーマンのようにウツロ。それで一生生きられたらとてもしあわせだと思っています。

二　メゾとパラ

九月一四日に石井完一郎先生（龍谷大学教授・京都いのちの電話運営委員長）お話をきく研修会があった。その日研修が終ってから、私は石井先生と夕食を共にした。その時のこと。

来年三月発行される「現代のエスプリ」に、「いのちの電話特集」が掲載されるが、石井先生は東京いのちの電話総主事の斎藤友紀雄先生とともに、その編集を担当され、すでに原稿は東京に送ったといわれた。

さっそく私の悪いくせ、「強いものいじめ」が始まる。

「先生は、我々いのちの電話カウンセラーのことを、パラカウンセラーと書いているんでしょう。」

「そうです。」

「それは、こまります。パラメディカルという、医学の世界でつかわれることばの『パラ』とは、異常、欠陥、副、擬似という接頭語。医師以外の医療従事者は、みんなパラ、パラ、似て非なるもの、パラメディカル。ですからパラなんとかというと、パラメディカルを連想させる差別用語になりかねません。先生もその伝で、ご自分が真正のカウンセラーだけに、そんなバッちいことばを使っていらっしゃると、我々を『パラ』と見くだして言われるように見られますョ。北九州大学の新村豊先生（『いのちの電話カウンセリング』の著者）は、先生のおっしゃるパラカウンセラーを、『メゾカウンセラー』と、こう呼んでいらっしゃる。「メゾ」は元来イタリーの音楽用語で、『適当な』『優しい』の意味です。先生はピアカウンセラー（仲間カウンセラー）の良さを知っていらっしゃる。パラは絶対やめといて下さい。

「まさにそうですナ。急いで原稿を取り戻し、そこのところを書き直しましょう。」

ついでにもうひとつ。皆さんよくご存知の歌劇カルメンの女主人公カルメンは、ソプラノでなくてメゾソプラノ。カルメンはソプラノの人にはとても歌えない。

カウンセリングの世界でも、メゾにはメゾのよさがある。メゾカウンセラーでなくてはできないことがたくさんある。

一三　共感的隠遁術

共感的隠遁術。こんな学問上のことばがあるわけはありません。（毒舌家の私が）いま、にわかに作った言葉です。

一つの事象を人に説明するのに、端的によくわからせるようにするため、便宜上作りました。この「共感的隠遁術」というのは、いまＯＩＤＥでかなり流行している一つの好ましからざる相談スタイルです。

◇

よくクライエントが、ズバリ明確な回答を求めてくるのがあります。先日も、小学校四年生の坊やがかけて来た。

「ボク、毎日いじめにあってるんです。どうしたらいじめられんようになるか、教えてちょうだい。」

これなど気合いの問題。

「よーし。いいか坊や。あした学校に行ったらナ、眼を光らせ、奥歯をかみしめ、下腹に力を入れ、オ尻をグーッとしめて、ノッシ、ノッシと教室を歩くんだ。そしたら誰も君をいじめたりせんよ。やってみろッ。」「ああ、ボクそれやるよ！　ありがと。」

相談はわずか四分間で終った。この子供にとって、電話の向うから神秘的な、まるで神様のお告げのように響いて来るこの指示は、少年の全身に、振い立つほどの力を与えるに違いないのです。

「共感的隠遁の術」というのは、右の例のように、教えて下さい、答をいって下さいという呼びかけに対し、「つらいでしょう……。可愛想ネ……。」と、ひたすら回答を避け、煙幕の中にわが身を隠す、こういう非指示的な、いのちの電話に特有のカウンセリング方式を皮肉っていう言葉です。しかしですネ、右の子供のように弱いクライエントの場合には隠遁の術で身を隠すことはできても、強いクライエントの場合、逃がしてはくれない。どこまでも執念深くつきまとい、遂には逆襲してくる。これがカウンセラーにとってこわーい存在です。

先日「相談の基本姿勢」という印刷物をもらいました。開いてみると、ほとんどがごーく初歩的な対応方法についてのアンケートです。その中に一つだけ私の目を引いたものがありました。それがこの、「共感的隠遁術」に関するもの。私はここで、共感的隠遁の術が基本的傾聴の姿勢でないことをはっきりさせ、どうしたら、今後皆さんが、煙幕の中にわが身をかくさなくてよくなるか、その方策について述べてみようと思います。

◇

今年の春頃、中原実道先生（福山市立女子短大教授）を招いて、研修会をやりました。持ち出すケースは、Kさんと二人で何時間もかけてそれをえらんだのです。テーマは、「共感的隠遁術」を使って女性クライエントの魔手から逃れようとひたすら努力したが、悲しいかな、何回もとっつかまって、キュウキュウいわされた悲劇的事案を使い、こういう「強い質問魔に対し、いかに上手に対応するか、」ということでありました。私はその日、

フロアーから、
一、どんな相談でも、それがカウンセリングである限り、相手に気付を与えなくてはいけない。
二、そのためには、相手に適切な問を発し、より多くの材料を集めよう。
三、そして相手と共にその材料を順序よく整理してあげよう。
四、すると相手はひとりでに自分がわかってきて質問的逆襲をしなくなる。
という意見を出し、中原先生もほぼ私の出した意見にそって、学問的な立場から立派な結論をもってしめくられました。

◇

理屈をいえばこのように至極簡単。しかし、質問攻めでカウンセラーを立往生させるような人というのは、どういうわけか個性、アイデンティティ（独自性）の輪郭の薄ぼんやりした人が多いのです。

例えば昨年一一月から今年三月頃までにかけて私のところに、刑事弁護の依頼に来た（他府県の）大学生がいました。私は彼に手を焼き、三度も集中内観に行かせましたが、それでもなお自分が見えてこない。ウルトラ・モラトリアム人間。私もホトホト呆れ果て、そこで私自らカウンセリングを施し、彼が集中内観で集めた材料を二時間程かけて整理してやりました。とたんに彼はハッとばかり自己洞察の場に降り立つことができ、歓声を発しました。別室で待っていた彼の父母も、思わず嬉し泣きでした。いってみれば、カウンセリング的整理によって銃口がピタリ人間として生きて行く道いかん、という目標に向けられた。引金を引く時期、決断は本人に委ねる、ということです。

まあしかし、ここまで芒洋とした人間もめったにいないことです。が、人生相談を質問室と考えて、いきなり次々質問をしてくる人の中には、これと大体似たりよったりの自己喪失型人間が多いと思って下されば、大きな間違いはないと思います。

およそ、プロフェッショナルというのは、人の秘密部分に深くくい入り、人にいえない恥かしい秘密をさぐり出さないと、正しい診断、法律構成ができないでしょう。メゾカウンセラーとて同様。頭からヤイノヤイノと質問ばかりしてくる軽薄短小チックなクライエントに会ったら、「質問はひとまずおいて」と告げて、相手のかかえている問題の核心に、あせらずじっくりと迫り、これを傾聴することがまず第一に肝要。そして次に、整理能力のない相手に手をかして、出てきた材料を順序よく結び合わせ、その人の「生きざま」という人生のコースにそうて銃口をととのえる、「さあそこで引き金に指をかける、それはアナタご自身です」と明確にアドバイスをして相談をとじる。

◇

相談はこうして、つねに、一人ひとりの問題なり悩みの奥底深くにまで降りて行く必要がありましょう。その降りて行く過程で、我々には相手の美点長所が見えてくる。感動が生れ、相互信頼が生れ、そこに真の意味での「出会い」や「共感」が生れるわけです。

共感的隠遁術にいう共感的というのは、軽薄短小なおためごかしの思いやりという、皮肉です。

一四　十三夜

いま帝国劇場（東京日比谷）で、樋口一葉原作、堀井康明脚色、蜷川幸雄演出による「にごり江」が上演されています。この二幕九場の劇には、一葉の作品のうち、「にごりえ」「十三夜」「たけくらべ」「わかれ道」という代表作四つの作品がたくみにアレンジされて組み込まれています。この四つの作品のうち「わかれ道」以外の三つの作品は、いずれも一葉が今からちょうど九〇年前の明治二八年、二四歳の時に発表したものです。そして彼女はその翌年急逝しました。

いまだかつて一葉の作品を一度も読んだことのない私は、ふと何か気が向いて、去る一〇月三日初演の夜、このお芝居を観に行きました。

このお芝居の中で、私がいちばん心を打たれたのは、第一幕第二場、斉藤主計の座敷で演ぜられた「十三夜」のハイライトの場面です。

◇

その宵は十三夜。斉藤家ではお月見の真似事をしていました。そこへ嫁に行って七年目の娘おせき(三田和代)がふらふらと入って来た。「おとっつぁん、お願いがあって来ました。どうぞおきき下さい。」父(信欣三)は、穏やかならぬ色を動かせ、膝を進めれば、おせきは畳に両手をつき、「このたびは、千度も百度も考え直し、二年も三年も泣き尽して、今日という今日は、我慢ならず、息子太郎を寝かせつけたまま、もうあの子の顔を見ぬ決心で出て参ったのです。どうかとっつぁん、夫原田勇との離婚の話をとりつけて下さいまし。」といい、わっと泣き声をあげます。

このお芝居を一つのカウンセリングの場に見立てれば、クライエントの娘おせきは、両親に向い、いかに長男太郎が生れて以来、夫勇が邪険になったかを長々と話します。「朝起きてから小言は絶えず、召使の前でも不作法無器用を並べたて、ふた言目には「教育のない女よ」です。一日として暖かい日の影を見たことはありません。ご両親様も私の性分はよくご存知。どんなに夫が芸者狂いしようと囲い者をなさろうと、そんなことにヤキモチを焼くような私ではありません。お前のすることは一から十まで気に入らん。今は太郎の乳母として置いてつかわす、などといいます。あの人は鬼。しかし私が離婚しますと太郎はたちまち片親となりますゆえ、辛抱に辛抱してきましたが、もう我慢の緒も切れました。」

母親は娘おせきの言うところをきき、何ということ。こちらからとってくれといったでもないのにせがまれ、今になってこのありさま。ほんにバカバカしい。聞いただけでも腹が立つ。もう黙っているわけにはいかないワ。なァ父さん、一度勇に会って十分油をしぼっておやりよと、猛り狂います。

父主計は、じーっと体を乗り出し、娘おせきのいうことを傾聴に傾聴。先日東北大学の鈴木仁一君が来ましたとき、「波多野よ、きみ、『傾聴』って知ってるか。アレは体を前へ傾けて聴き入ることよ」といいましたが、この父主計は、目を閉じ、じっとこの姿勢を崩さず聴いていました。そして激昂する妻を押え、「ああお袋、ムチャなことをいうてはならぬ。娘よ。お前はよくよくつらくて出て来たのだろう……」とやさしく問いかけます。娘は父の温かな受容と共感にほだされつつ、さらに詳細に事情を話します。

父主計は嘆息しつつ、「無理はない。無理はない。い辛くもあろう。困ったことになったものよ。これから言うことは、決してお前を叱るわけではないのだよ。父の無慈悲と思ってくれるなよ。」とやさしく諭し、「同じ不運に泣くなら、原田の妻として大泣きに泣け。涙はてんでに分けて泣こうぞ」と因果を含めて涙を拭います。この時おせきはわっとばかりに泣き伏し、自分のわがままを深くわび、「お父っつあん、太郎に別れて顔も見られぬようになったら、この世にいてどんな生き甲斐がありましょう。今宵限り私が死んで、魂ひとつがあの子を守るものと思いませば、夫の辛く当るくらい百年も辛抱できますよ。おことば十分に合点ゆきました。いやなことをお聞かせしてご心配かけました。」と挨拶。涙をかくして家を立ち去ります。

信欣三は明治四三年生まれだから、すでに七〇歳を越していますが、昔に変わらぬいい役者。その人のたたずまい全体から、よきカウンセラーとしての力がただよい出て来るようで、私の目も耳も、この時もっぱら信欣三に吸いつけられ、胸を熱くしながら彼の一挙手一投足を眺めました。

◇

皆さんは、来る日も来る日も、名人、名作、名器、名刀、名画、名曲に触れるような感激感動もなく、ごく普通のカウンセラーの、言っては悪いが、二〜三級品ばかりの、ツルリッとした逐語録を教材として、カウンセリングのお勉強をしておられます。日本中のいのちの電話がそれを唯一無二の教育手段と考えて疑うこともなく繰り返している。しかし、一葉の劇をみて感じた私は、皆さんが、そればかりではなく、せめて一生に一度か二度は、こういう名作の中にある「カウンセリングの流れ」というものを眺め、そしていかにカウンセリングが短時間のうちに人を劇的に変容させ、かつまた大きな自発力を持続させるものかを、如実に悟っていただきたいと、心の底から念願しています。

◇

図書室にある「心理臨床の探究」の序文の次に、立教大学、村瀬孝雄教授（日本内観学会々長）が、こうした逐語録による研修が、意外にも人づくりについて無力であったことを、先生の長年にわたるカウンセリング教育のご体験に基づいて書かれています。厳しい自己対決がある限り、いちがいにこの種の研修が無益だとは言えません。が、真に名作といわれるカウンセリングにも自らすすんで接し、出会いのスバらしさを味わって下さることを、ドン欲にも希求している人間が、ここに約一名いるんだということを知っておいて下さい。

一五　夜明け前

皆さんは、いのちの電話という集団に参加（社会参加という）してこられ、メゾカウンセリング（優しいカウンセリング）の中に各自の人生のカナメを設定しようとされています。

しかし世の中の人は、カウンセリングとか「受容」の意義については、その社会的・教育的有用性を、いまだにほとんどお気付きではありません。

　ということは、皆さんは、客観的、社会的には、「たかが素人のすること」という偏見に捉われた低い評価の中に、不幸にも今もって身を置きつつ、各自の道を進んでいらっしゃるということ。いのちの電話とかカウンセリングについてのご自分の主観的評価がそのまま現代社会に通用するなどと想像されていたとすれば、大きな錯覚。この小道はしょせん現代社会では理解も評価もされてはいない。暗く淋しい奥の細道にすぎません。

◇

　いま教育界は重い病に冒されています。これに対する世間の、フツーの人はどのような対応をしているのでしょう。日本中どこの県でも市でも、「少年補導」という言葉に象徴的にあらわれていますように、「コワモテスタイル」オンリー。子どもは小悪魔。ちょっと油断してみろ。シンナー、暴走、不純異性交遊、喫煙そして万引。「えっ、受容だって？　それよりオヤジ、父権を回復せよ。甘やかしは絶対いかん」

　ですから、親も教師も教育・心理専門家も、その外形的行為だけでもって子どもの値打をとらえ、その非行の進度を科学的に測定し、それに応じた懲罰措置をキチンと加える。そこから真実の教育が始まると考えています。ということは、行為の外形から人格形成にとりかかるしくみで、「心に迫る」対応のところが、ポッカリと口を開いたままになっているのです。

◇

　岡山大学教育学部の木原孝博教授といえば、全国の教育界にその名を知られた生徒指導論の大家でいらっしゃる。この先生が先だって、津山鶴山塾のやり方にビックリ仰天なさった。私ども数人がこの六月、現地で、タバコを吸っている少女を目撃し、それに感動して帰岡して間もない日、新聞がこいつをとり上げた。先生はキモをつぶし、「波多野先生！　大変大変」と電話してこられました。私は、鶴山塾の、まさにそこんところがスバらしいと思った少数民族なもんですから、「形よりも心なんですよ」と木原先生を説得して電話を切りました。その四日後に木原先生から再度私に電話があった。

「波多野先生、あなたのいうことには迫力があった。僕はあれから三日間というもの、ずーっとそれだけを考え続けたのよ。考えたあげく、自分の頭や心が、いかに教育委員会的（管理者的）思考に汚染されていたかということを、痛いほど思い知らされました。恐ろしいことでした。波多野先生、本当にありがとう」

木原先生でさえ鶴山塾のやっている「受容」の実践の鮮烈さには舌を巻いた。そして私のいったナゾのようなことを三日間も考えに考えたとおっしゃいました。ナイスボーイ。「人間的弱さを人に見せることのできる人というのは、並の人にできることではない。たえず自分を高めるべく努力している人にのみ可能なのだ」この言葉は、私と木原さんが坂本昇一先生を囲んで一杯やった時、坂本先生の口から出た言葉です。（第一〇章参照）。

「受容」にも深浅程度あり。教育学者木原教授といえどもたじろぐことがある。一般世人ともなれば、「受容イコール甘やかし」とみて、いちずに受容をさげすむそのわけもわかろうというもの。そうではない。受容の力はこんなにも偉大なものですよと、いつ、誰が、県民に向って叫ぶのか。実はほとんど誰も叫んでなんかいないから、いつまでたっても受容イコール甘やかしというオバケが白昼、岡山の町なかをカッ歩しているのです。

◇

学校教育の世界では、今のところ民間人のメゾカウンセリングをとり込む意思は全くありませんけれども、法務省傘下の矯正施設、少年院教育では、民間人によるメゾカウンセリングの有用性をつとに認め、今日大いに活用しています。その一例を、院長のお許を得てお見せしましょう。

◇

「波多野先生と面接して一番先に思ったことは、先生は普通の人達とは考えがちがうと思った。イスに座るにしても、自分の前に座るのではなく、となりに座って話して下さった。面接を受けて自分の思っとることをすべて話した。人に話してもどうすることもできないことだけど、やはり少年院の外の人間だから、話をしていると心が落ちつく。

　去年○月○日に逮捕されて現在まで、いくら孤独好きな俺でも、一回位は本音を誰かに話したいと思った。別に相談というんじゃなくて、ただ聴いてもらうだけでいいと思った。やはり少年院に関係のない人間だと話しやすい。ええかげんノイローゼになると思っていた時に運よく話し相手が面接に来てくれた。非常に助かった。もし今日、誰とも話をせずに一人で昔のことを考えとったら、多分暴れとったと思う。先生が面接に来てくれたのは、とてもグッドタイミングだった。今まで考えていた不満を全部言ったら、本当にスッキリした。これであと一カ月はもちそうだ。一番うれしかったのは、最後になって先生が帰る時、『また会いましょう』と手を握っていわれたことだった。今日は本当に気晴らしになった」

◇

　集団生活を拒否して個室に閉じこもり、死にたい死にたいと繰り返していた問題少年の書いたこの日記は、メゾカウンセリングの有用性を物語る宝物。これを波多野個人の手柄話として読むのでなく、メゾカウンセリングの必要性、有用性を天下に向って叫んでいる孤独な少年の「天の声」として反復熟読していただきたいです。

　犯罪者を収容する矯正施設が、これほど民間のメゾカウンセラーに対して開かれているのに、普通教育が純血死守にあえいでいるのは、考えてみれば気の毒な話です。一般世人、とくに教育指導者層が、このお粗末に気のつく日がくるのは、まだまだずーっと先のこと。山ほどの薪をくべて岡山を燃やし、「燃えろ岡山」の大合唱をしてみたところで、教育界の氷結状態はとてもとても融ける見込なし。いまは教育も青少年対策も「夜明け前」の闇夜の世界。私どもは電話室の中で静かに暁を待ちましょう。

一六　沢内村物語

来たる一一月一六日、一七日には、岡山大学医学部で、中四国心身医学会大会が行われ、第一日目の一六日の午後二時から、東北大学の鈴木仁一先生の記念講演がある。ちょうどいい機会だということで、岡山いのちの電話では一六日の午前一〇時から岡山教会をお借りして鈴木仁一先生を囲む懇談会をやることになった。懇談会のテーマは、「クライエントとの対話から生ずるストレスを、どうしたら防げるか」ということだ。これほど気のきいたテーマは、なかなか思いつけるものではない。実はこれは鈴木先生ご自身の着想であるし、「懇談会」というその形式がまた斬新だ。

◇

私どもＯＩＤＥのカウンセラーは、プロらしいプロの代表選手である医師とは違って、クライエントに、どうしても密着しすぎる。密着しすぎるというのはメゾカウンセラーの一つの長所でもある。「添うて行く」という、いのちの電話運動の主題を貫いて行こうとすれば、根が素人であるメゾカウンセラーは、クライエントの「放射能」を、カウンセリングのたんびに頭から浴びなくてはならない。当番を終えて帰る時には必ずシャワー室に入って放射能チリを落してから家路につくようにしてあげたいと思いながらも、そういう設備は、岡山程度の町ではなかなかできることではない。

こういうことだから、クライエントの放出する悩みの放射能をモロに浴びてボロボロになり、何人ものカウンセラーがＯＩＤＥの戦列から去っていった。現に今でも一～二の人たちが去って行きつつある。これはいのちの電話集団のもつ、一つの大きな宿命のようなものであろうと思う。

こういう宿命について、彼は、「ちっとも嘆くことはないゾ」といった。たとえ戦列を離れて行く人があっても、去って行く人々の全人格の中には、多少なりとも、この運動の中心となる「カウンセリングマインド」の種が植えつけられているはずだ。だからここを去って行く人は、ここを去ってどこに行こうと、我々の新しい人づくりの運動の精神を、あらゆる機会にそれぞれの場所で、広く社会の人々に訴え続けるに違いない。それもまたよきかなだ。彼はそういう、くったくのない楽観的見地に立っている。

◇

前置きが、ばかに長くなった。

やがてＯＩＤＥに姿をあらわすであろう鈴木仁一君が、この三〜四年間に私に二度も同じ話を語って聞かせたことがある。その物語りというのは、岩手県沢内村の元村長であった深沢晟雄氏のことである。

沢内村といえば、あの「沢内甚句」で名高い村。「さわうーううちいいいい三千石、お米の出どおころ……」という歌をきくと、いかにもお米のいっぱいとれる、太陽のさんさんと降り注ぐ南の楽園のように響くけれども、事実はそうでない。日本有数の豪雪の村でもあり、つい二五年ほど前までは、日本一、乳幼児死亡率の高い僻村であった。

この村に、深沢氏が教育長として乗り込み、昭和三二年に村長となって三九年ガンでたおれるまで、彼は次々村政を改革していった。乳幼児死亡率日本一といわれた頃の沢内村の医療といえば次のようなものであったという。

村立病院長の第一号は、八十幾つのじい様で耳もろくに聞えない。それが聴診器で診察する。

「おじいさん、聞けるか」

「聞けねぇ。だど気持いかんべ」

第二号はうつ病患者、第三号は空手好きの医者で、給料上げてけれ、と壁にドカスカと穴をあける猛者だった。第四号は麻薬患者。村民運動会で五〇メートル走ったところで麻薬が切れたァ、でバッタリ倒れた。で警察の手入れを受けた。

深沢村長は、岩手県内には使命感のある医師はいないと悟り、母校である東北大学（彼は法学部卒）の中村内科に行く。中村教授宅の門前でムシロをかぶって二日も三日も「医者をよこしてくれ、医者をくれ」とねばった。中村教授も深沢村長の熱意にほだされ、若くて優秀な医師を村に派遣した。

昭和三七年、深沢が村長になって五年たったその年には、沢内村の乳幼児死亡率はゼロ。まさに日本一となった。彼がそんなヒューマンな金字塔をうち建てたその作業の第一段階は、まず南北に細長い沢内村を縦貫する舗装道路の建設であった。その第二はそのメインストリートまで出る幾多の村道の除雪を完ぺきにやることであった。こうして立派な医師の働く病院というものを、村民の身近に置くことを企てた一連の着想がすばらしい。

それだけではなかった。彼の始めた村民運動は、すぐ結論を出す終着駅型ではなく、途中で降りては反省してまた進むという「途中下車型」の運動であり、指導者は引率型ではなくて、個々人が、主体性を発揮できる「演出型」であった。深沢村長の唱えた〝三せい運動〟とは、「一人ひとりがせい」「話しあってせい」「みんなでせい」ということなのだ。この運動は、考えてみれば、機会あるごとに奥村会長が、いつも我々に呼びかけておられることだ。

深沢村長がこのようにして村民全体をまき込んでやった運動の結末の一つが、いかにも病院らしくない病院の出現ということだった。

私が盛岡地方検察庁検事として岩手県中とびまわっていた昭和三四、五年頃のこと。岩手県の僻村では、人が死ぬと、誰かが死人を背負って町の医院まで行き、翌朝までその門前で死者のわきにそって眠る。朝起きてみると、そのわきには、何組もの村民が同じように死者と共に眠っている。それから死亡診断書を書いてもらい、死者を背負って帰る。こんな話をよく聞いた。

そういう時代に、深沢村長は、岩手県のチベットといわれる僻村で、着々と改革をやっておられたということだ。

◇

去年、私は鈴木君と、信州松本市やあずみ野の野や山を歩きまわった。今回も鈴木君は夫人ご同伴で一五日に岡山に来るという。第一夜は、「イムジチ」の室内楽でくつろいでもらう予定。翌一六日の懇談会では、彼の笑顔を皆さんにみせてもらいたいと思っている。

皆さんは、この沢内村村長の物語りを背景に置きながら、当日また何か温たかいいいものを、鈴木先生との対話の中でつかんで下さい。

一七　予断の目つぶし

今年二月二三日に、児童文学者の灰谷健次郎さんが倉敷市民会館でご講演をされました。皆さんすでにご存知のように、カウンセラーの血となり肉となる栄養物で、いちばん役立つもの、それは児童文学。先日（一〇・二六）岡山におみえになった京大の河合隼雄先生もそういっておられます。特に東京理科大学の国分康孝先生は、カウンセリングを勉強しようとする者の必読書のナンバーワンに、灰谷さんの「兎の眼」をあげておられますし、国分先生の書かれたカウンセリングの書物の第一章第一節が「兎の眼」だったり。思い切ったホレ方です。

倉敷市民会館の灰谷さんのお話は、とても感動的でスバラしいものでした。だから私の眼も「兎の眼」になりました。

灰谷さんはその日のご講演の中で、こんなことをいわれました。

「知識をつめ込む。それが何になる。それは凶器になる。この言葉を比喩だと思って聞く人がある。比喩ではない」

知識のつめ込み教育に耐えられなくて、学校や家からはじき出され、狂ったように次々おかしな行動をし、夜は人知れず泣いている、そんな子供たちの涙は重い涙ですよと灰谷さんは説き、そういう子供のかたわらに寄り添ってゆくことは、教育よりもっともっと大切なことだともいっていらっしゃる。

そういう灰谷さんの優しい生き方の中から生まれた右の言葉は、何日でも寝ずに、真剣に考えてみる値打のある尊い、生きた言葉だといえましょう。

知識のつめ込み教育は、いま学校だけではなく、家の中でも毎日ひそかに拡大再生産されています。特に両親による差別のための偏向教育が。「同和」とか「人権」というのは看板だけで、人々の骨髄の中には、この差別が「健全な社会常識」と紙一重のかたちで浸透していっています。

◇

さて、カウンセリングをやる私どもにとって、知識は敵であり凶器。「相談相手に予断を抱く」ということはなおさらのこと。自分にとっても相手にとっても不幸なことです。

先日私が参加した、あるカウンセリング研究会で、予断の恐ろしさを証明する一種の光景を見ました。びっくりして、以下そのことに関連して述べてみます。

その日、ある人が、「これは作話だ」といいました。そう思った人は、はじめから相談の内容の吟味には入っていけなくなっていました。

おそらく私たちの電話相談でも、予断をもったとたんに、パニックが発生するはずです。

予断は、カウンセラー自身のまちがった思い込みで、クライエントにより近い人（例えば先生や父母）などによってカウンセラーに与えられるものです。

◇

少年院生とか、登校拒否少年少女の面接相談をやりますその際、私は、少年院当局の提出する院生の身上調査書もあまり見ないし、校長とか父母の参考意見もほとんど聴きません。とにかくいきなりズバリ面接に入るのです。

カウンセリングは、彼の経歴とか環境とかパーソナリティ（資質）を知識として知ることよりも、今現在の、荒れているその心をそのままに共感し受容しようとするところから入って行く。そうしているうち、彼の言葉の中にやがて彼自身の心が見え隠れしてくる。「お父さんは？」「自殺した」「お母さんは？」「蒸発したからいないヨ」こういわれた時、もし私が身上調査書を読んでいたとか、校長先生に前もってそれを教えてもらっていたとすると、ごく平静に（あ、そうだったナ）と思う。ところが私にあっては、少年少女の口から直接それを語られて初めて知るのですから、聞いたとたん、内心ビクッ、とする。そしてしばらくは心が揺れ動く。顔にも何らかの表情が走ってしまう。と、そんなところから少年と私の心のふれあいとか対決がググーッとはじまるのです。

◇

前もって一定の人の作った資料を見ておくのは予断にはならないという専門家ももちろんいるわけですが、メゾカウンセラーとしての私は、異論ありです。本人が独自で集めた資料（例えば内観記録）以外は、危険な資料であり、神聖な共感の発生すべき二人だけの対話の中で、カウンセラーがひそかにそれを利用することは、「汚物・毒物を神殿に持ち込むことに等しい」私はこのように考えています。その上、カウンセラーが知っていたのに知らなかったふりをする、そういうウソの態度は、一〇〇％相手に目ざとく見破られるものだと信じています。そして弱いクライエントほどカウンセラーのそういったウソの対応を見抜く力が強いということも申し添えておきます。

ここで私のいいたかったことは、メゾカウンセラーとしての私どもは、まず純粋であり素直な心、物事に絶対とらわれない、いわば心理的にスッ裸の態度でクライエント（来談者）に近づかせていただくということです。そのポイントを厳守しなかったら、カウンセリングに成果は全く期待できません。それどころか、最初から、もしくは中途からパニックが発生し、電話は途端に聴けなくなるでしょう。

先程一種の光景といったのは、予断をもっていた人は、ある中学生のいうことが全く胸にしみ込まなくなり、パニックに陥ってしまった、その状況を指して言ったわけです。

せっかく長々と本気で聞いた電話が、専門家から、「作話だヨ」と笑われたって平気。能力のない素人のやること。少なくとも相手に危害だけは与えていないはず。ということで自らを慰めてやって下さい。

予断は目つぶし弾。あなたを盲目にする。

一八　非常識の重さ

「非常識を平常心で受容できる人がカウンセラーになり切った人」

私の全身は、その言葉で満たされています。

非常識な言葉といえば、例えば第一七章の「予断の目つぶし」に出てくる灰谷健次郎さんの言葉、「知識を詰め込む。それが何になる。それは凶器になる」もそれ。常識のある人々はこれを、「時にはそういうこともあり得る」としてほしいでしょう。だのに灰谷さんにあっては、そういう修飾・限定の言葉がスッポリ抜け落ちている。それでは非常識というもの。だがしかし、知識の詰め込み教育で、健全社会からはじき出されて狂い回っている非健全な問題児に寄り添った地点で、今の詰め込み教育を眺めてごらんなさい。そうすると灰谷さんの非常識語が実感をもって迫ってくる。灰谷健次郎さんの片言隻句に踊らされるなとおっしゃっても、そういうわけにはいかないのです。

◇

去る一〇月二八日、山口県のI市で「青少年健全育成市民大会」があり、私は市長のお招きにあづかり、二時間程講演をいたしました。その日は、小中高校生の作った優秀ポスター、標語、作文の表彰式もありました。最優秀作品となった高校生の作文の題は、「一滴の墨」。他校から転校して来た問題行動の一女生徒は一滴の墨でした。彼女は教室というコップに、一滴の墨をたらしました。教室はまっ暗になってしまいました。私は彼女ともっと闘うべきでした。作文の趣旨内容は、こういうものでした。こういう健康的で常識的な少年少女の考え方は、日本全国どこにいっても賞讃される若者の主張といえるでしょう。しかし、灰谷流に全身ひたされている非常識君の私にいわせれば、これは実は半煮えのお芋のようなもの。牛馬はコリコリ食べて太るけれども、人間はとても口に入れられるしろものではない。その証拠に、この少女の主張に従って、校内で健全少女と問題のあった墨ちゃんを闘わせてごらんなさい。結論は見えています。

いま市民運動をどう展開してゆくべきかとなると、この優良少女を墨ちゃんのわきに連れて来て、墨ちゃんの目線に近づけ、墨ちゃんの心と、それに反応する自分の心をこもごものぞいて見せることから始めなくてはなりません。私はこの作文の発表を別室のスピーカーで聴いて、「ウン、これこれ」と思いました。そしてこの最優秀作文を、当日の私の演題、「青少年健全育成運動の基本課題」の枕にし、荒れる問題児の心が、どうしたら平常心の中に見えてくるか、というお話をさせていただきました。当日市民会館に集まられた数百人の聴衆は、ですから、思いもかけない講師の非常識（色）というえのぐで、各自の心をベタベタに塗られたことはいうまでもありません。幸いなことに、教育長さんや青少年室長さんは、かなり意地悪なこの非常識君に、ともかく感動して下さり、「先生、よかった」と私の手を握って慰めて下さいました。

◇

話はかわって戦時中、広島県の江田島にあった海軍兵学校の教育参考館には、その入口正面二階中央に、東郷平八郎、ネルソン、ジョン・ポール・ジョーンズという、日、英、米の三提督の肖像が掲げてありました（今日でもそのままです）。「鬼畜米英」という狂気に似た国民的常識が日本全土を覆っていた時代、そういう非常識が堂々と通用していた軍の学校が存在したのです。

またその頃、兵学校の教授会で、敵国語である英語教育廃止が多数決で決まりました。ところが時の校長、井上成美中将は、「我々は丁稚《でっち》教育をしているんではない。世界のどこの国に、外国語の一つや二つ話せない海軍軍人がいるか。こんな決議は無効だ」といって終戦時まで英語教育を続けました。

これもまた国民的非常識の典型といえそうです。

同じ頃の一一月、兵学校の厳しい教育訓練に耐えかね、夜中にベッドを抜け出し、裏山の松の枝で首つり自殺をしようとした五百木一郎という私の友人がありました。松の枝が高すぎて目的を果せず、寝巻き姿で寝室に向け、とぼとぼ校庭を歩いているところを、運悪く巡検隊に見つかりました。突き飛ばされる、立ち上る、また突き飛ばされて立ち上る……こういうおしおきを受けているその場を通りかかった私どもの恩師、芳根広雄大佐

（ＯＩＤＥにある冷蔵庫をご寄贈下さった方）は、巡検隊の暴力を制し、たった一言、「五百木よ、今日は寒い。早く帰って寝ろ」といわれました。海軍将校の卵が首つり自殺をするなんて……そんな男は、校則からすれば、即時退校か海軍刑務所行き。それなのに芳根大佐は即座に、五百木一郎のその非常識な外形的行為には目をつむり、その時点における彼の、「死にたいほど辛い心情」を、平常心で受容しようとされました。軍学校の教官としての常識とは、著しくかけ離れた対処の仕方です。

その夜、一晩中、ベッドの中で芳根大佐の恩情に声を殺して泣きに泣いた五百木一郎は、一夜明けたその日から、皆んなの眼が、優しく自分をいたわってくれているように見え、モリモリと元気が湧き、毎日の訓練にも積極的にとり組んでゆけるようになったといい、「こんなに不思議な体験は、わが人生でただの一度。こんにちあるのは、芳根先生のおかげです」。五百木一郎君は、かつて私にしみじみとその話を聞かせてくれました。

◇

この話をある雑誌に載せ、そのコピー（一枚）を三年程前、山陽新聞、論説副主幹の泉本哲夫さんにお届けしました。これを読んだ泉本さんは、「波多野さん、この一枚のコピーの重さは、私がこの数年間に読んだ何百冊かの本の重さに匹敵します。旧海軍の魅力の源泉、それは一体何に由来するのか。私は長年尋ね求めて参りました。この一枚のコピーで、すべてをわからせていただいたような気持です」といわれました。

カウンセリングの世界では、しばしば灰谷健次郎さんや芳根大佐流のような常識を越えた非常識＝人間愛が出現します。その重さは、常識のはかりをもっては測れない。法律や軍律や校則もその前にはかすんでしまいます。その場で生じる感動、これも常識の尺度で測定できることではありません。

一九　対決は魂で

先月二六日、私は河合隼雄先生の「自然と子供」というお話を聞きました。その夜パーティーで、私は河合先生と「受容と対決」ということで、いろいろお話をしました。河合先生は、それについて書いた論文があるから送ってあげてもいいよ、とおっしゃって下さり、数日たってから先生が、「臨床心理事例研究一九七七年第四号」に載せられた「受容と対決」のコピーを私に送って下さいました。

なんで私が今時「受容と対決」を問題にするのかといいますと、ロジャーズ派のカウンセリング教育では、ややもすると受容ばかりが強調される。そして本来それと一体を形成している自己一致とか自己対決という、カウンセラー自身に向けての厳しさが欠落してしまい、カウンセリングがツルリッとした感じになる。私はこういうツルリ形式を「招き猫的」と呼んでいます。一見ツルリッとして美しいが、しかし中は空ッポ。槌でコツンと叩くとすぐこわれる。

受容の裏側にピッタリくっついている「対決」の姿かたちがどんなものか、一つの例で説明してみましょう。次の「少年Mの詩」はMという少年が、P少年院在院中に作ったものです。

少年Mの詩

母のつめてくれた弁当は

おかずのならべ方でわかる。
小さな梅干一つのおき方で。
この上を母の手が
何度往復したであろう。
母の赤くなった手が。

母の二ｍざし
僕は逃げる名人
母はこのさしで殴った。
痛さが懐かしい。
目の中を
涙とともに思い出が
流れてゆく。

会うたびに目立ち
一本一本増えていく母の白髪
会うたびにやせて
服もブカブカになり
やつれて老いてゆく母
こんな姿にしたのは俺だ。

19　対決は魂で

家族が恋しくて
泣いてしまった。
しかし　家には帰れない。
裏切り通うして来た俺だから。

静かに目を閉じる
父、母、妹、社長夫妻。
どんなに会いたくても
会えない。
空想の時が
安らぎ　憩いを与える
熱いものが　こみ上げて来る。
ダメダ。
涙を流しては。
ひとりぼっちの俺だから。

こんな世の中に
なぜ　生れて来たのか。
生れて来なければよかった。

できるなら　死んでしまいたい。
以前自殺しようとしたのに
なぜ　あの時助かったのだ。
今日もどこかで又一人
大切な人が死んでいく。
俺がかわってやりたい。

いつも見栄を張って
強がっているけど
本当は弱い人間なんだ。
小さな困難にも
直ぐくじけ
すぐ誰かに頼ってしまう。

こんなに多くの人間がいるけど、
誰も相談にのってくれない。
生れるべきではなかった。
なぜ　俺一人で
こんなに苦しみ
悲しまねば……

朝食のみそ汁の中
そこには　いつも同じ
醜い僕の顔
やがてそれは　父の顔になり
母、妹の顔になって来る。
途端にあふれる涙
みそ汁の中の顔が
今日も又
泣き出した。

この少年Mは、少年院退院後、もっと大きな犯罪を犯して逮捕されました。両親に何十万円という保釈金を積んでもらい、自由の身にしてもらったMは、刑務所を出たその日から、両親を脅し、社長に背き、手のつけられないほどの暴れん坊になりました。父につぎ母まで家出をするという悲惨な状況になりました。

父母を家出させる程の乱暴を目の前にしますと、「しかし」「だけど」それは行き過ぎだよと、つい言いたくもなる。ところがこのケースでは、少年Mの、死ぬほど辛い心に共感し、私よりはるかに美しいMの心に対面した瞬間、「しかし」を言う常識的尊大さが私から完全に失せてしまったのです。

少年の両親の依頼によってM君の弁護人となった私は、いつの間にか両親の敵となり、メゾカウンセラーの立場に立たされました。それほど少年Mの詩は私に素直さを求め、自己対決を迫る力があったといえます。どんなことがあろうと、自分は最後までMの味方として彼に寄り添わなくては、という決意が、「じねん」に生れて来ました。冒頭に、河合隼雄先生のご講演の題を揚げましたが、これは、「じねんと子供」と読むのであって、しぜんと子供ではない。

「じねんに生まれる」とは、哲学とか心理学とかそんな学問的知識によって生まれるのでなく、人間存在の奥底にある魂から突き上げるようなかたちで出て来る、そういう生れ方です。こうなると私の、少年Mに対する受容は、純粋に素直な受容となって発現いたします。となるとロジャーズのいう「自己一致」もあったといえます。河合先生のご論稿にある「対決」という言葉のもつ、ゴワゴワした硬さとは裏はらに、自覚症状なしの自己対決も、心でなく魂の深みのところにあった。

本書第一七章の冒頭には、「非常識を平常心で受容できる人がカウンセラーだ」という言葉を書いておりますが、私は有難くももったいないそういう境地に、じねんに入らせてもらえました。私をそこへ導いて下さった方は、誰あろう、少年M君に他なりません。

◇

私は津山市の鶴山塾での開講式の時にも、「共感とは、人のいいところを見つけて引き出し、これにしん底ほれ込むことだ」と述べました。このM君のケースでも、私はM君の見せてくれた前掲の詩に盛られた美しい心にほれ込み、じねんに、まことの受容にひたりきる境地へと進むことができたのです。

悪人・罪人・極道と呼ばれる孤立した人々の中にある自立・向上の心の美しさ健気さを、もう一度前の詩によって再確認して下さい。

二〇　泥かぶら

先日、演劇愛好家のIさんが、「泥かぶら」が一一月一一日に岡山市民会館で上演される、観に行きませんか」と誘って下さいました。これは、真山美保の処女作。昭和二七年初演以来、上演一五、〇〇〇回記念という意義ある区切りの時に、やっと観に行けるのかと、期待に胸がはずみました。

◇

ふた目と見られぬみにくい顔をしているために、「泥かぶら」とアダ名をつけられている孤児（少女）が、ことあるごとに友達からイジメにあいます。「ヤーイ、お前のトトもカカも、精神病で死んだんだってサーァ、アハハハハ……」誰も遊んではくれない。今日も彼女は、わけもなく石つぶてを浴びせられ、嘲けられたくやしさで、荒れ狂っています。

そこへ一人の旅の老法師が通りかかる。

「美しくなりたいか。そうか。それならば先ず自分の顔を恥じないこと。二つめ、どんな時にもニッコリ笑うこと。三つめ、人の身になって思うこと。この三つを守れば、お前は村一番の美人になれるぞ」

老法師はそういって立ち去ります。彼女の心は激しく揺れ動きます。貧しさの上に醜くもあるボロボロの孤児が、理由もなくイジメられるのではまだ泣けない。だが彼女はイジメっ子から投げつけられた小石を投げ返すのをじーっとこらえ、その小石を握りしめ、やがてそれを地べたに投げ捨て、流れる涙を拭きもせず、顔をゆがめて笑おうと努力いたします。ああ、何という純真さ。健気さ。その健気な幼ない主人公の純真な向上心に、観客のこころは、魂の底から揺さぶられ、共感と感動が湧然と湧き上るのです。

この老法師のような、児童に対する優しい指示的なアドバイスが、時に子供たちの向上心に点火させることのあることは、前にも一度述べました（第一四章）。老法師の言ったことは、自己受容ができ、人の身になって思う心がわが身を浸さなければ、他人は遂に受容できないよ、という、カール・ロジャーズと同じ教えです。

泥かぶらには、生まれながらにして具わったカウンセラーとしての素質（これをボーン・カウンセラーという）もあったのでしょう。老法師との出会い以後は、村の子どもたちからうけるむごい仕打ちに耐えてはほほえみ、そーっと川の渕をのぞき込んでは自分の顔を写します。老法師の言いつけをいちずに守り、ほほえみのある美しい面立ちへ自分を近づけようと、子供ながらにも必死の努力をいたします。

そうこうするうち、村の美しい娘が、「人買い三郎兵衛」に連れ去られようとします。その時、美しい面立ちになり、自己受容のできるようになっていた泥かぶらは、娘さんの身替わりにといって、三郎兵衛に連れられて行きます。

村人たちは、いかなことにも、天使のような美しい心になった泥かぶらを、恐ろしい人買いには渡せません。「行ってはいけない。」「行かないでおくれ。」と皆泣いてとめます。けれども泥かぶらは、ニッコリ笑いながら、三郎兵衛に手を引かれ、村を離れて行くのです。

その旅の道中のある夜、人買い三郎兵衛は、泥かぶらの、想像を絶した思いやりの心に動転し、翻然とその非を悟り、泥かぶらに、両手をついて謝罪し、自分が人買いの親方から処罰されるのを覚悟の上で、泥かぶらを逃がします。ここはこの劇の山場。胸を圧する静即動の世界が展開してゆきます。

泥かぶらは、単に自分一人を変えただけではありませんでした。彼女の存在自体が村の人々のみならず、鬼の心をした三郎兵衛をも真人間に、瞬時に変えてしまったのです。というより、もっと正しくいえば、舞台に登場したすべての人々が、幼い少女の全身から発散するカウンセリングマインドで、次々に「じねんに」自己変容を遂げてしまったというべきでしょう。

この演劇は、お説教の形でなく、演技者の静かな一挙手一投足でもって、生涯忘れ難いスバらしい人生の真理を私どもに教えてくれました。

◇

この劇の作並びに演出をされた真山美保さんは、戦後諏訪湖の湖畔に立ち、生涯演劇人として生きることを湖に誓ったといいます。私ごとで恐縮ですが、私もまた戦後間もない昭和二〇〜二一年頃、諏訪の町から発行されていた「青年演劇」という雑誌にはぐくまれつつ、広島県の山奥で、演劇を通して青年の文化活動をやっておりました。

◇

だから、この泥かぶらが終ってドンチョウが降りたあと、舞台から、あの人買い三郎兵衛が、「この中のお父さんに、真山美保からの花束を贈呈いたします。さーどなたか」と呼ばわった時、私は恥かしさなど全く忘れてしまい、三郎兵衛の魅力的な演技にひたすら惹かれ、舞台の上にかけ上り、三郎兵衛と握手をし、その手から花束を受けとって席に帰りました。

この時客席の一隅でこの光景を見ていた演劇愛好家の、福永英男県警本部長さんは、劇団本部の人に、「アノ人は青少年カウンセリングに情熱を燃やしている、私の知人の波多野という弁護士だ」と教えたそうです。間もなく東京八王子市の劇団本部の方が私の事務所に次々おいで下さり、私の尊敬してやまない泥かぶらの生みの親である真山美保さんのことを、さらにいろいろ教えて下さいました。

◇

一二月九日（月）の午後一時三〇分と午後五時三〇分には、この名作泥かぶらが、こんどは倉敷市民会館で上演されます。児童文学ほどカウンセラーの血となり肉となるものはありません。当協会の理事でもある、ノートルダム清心女子大学の渡辺和子学長も、「美しい人に」で、泥かぶらを絶賛されています。ひとりでも多くの方が、この、ちかごろ稀な名作劇場に感動のひとときを過して下さるよう、祈ってやみません。

「感激」すべての事はただこの事に尽きる。理屈はない。感激を有する者は、感激故に進む（第三章坂本繁二郎のことば）。

二　自分をいたわる

一一月一七日（土）鈴木仁一先生による全体研修会があった。一～三期生三〇数名が鈴木先生のお話を聴いたあと、懇談をした。

鈴木先生のお話は、相談員が電話相談によってクライエントから受けるストレスから、相談員の心身を守ってゆくにはどうしたらよいか、という問題だった。

今までの研修会は、日々悩む人々に、どこまで我々が援助し添い得るかということ。この一方通行の基本線の上にすべての組織のしくみと研修カリキュラムが組立てられていた。

鈴木先生の研修会のあと奥村会長と対談して、オヤッ、我々は今まで、とっても大事なことを忘れていたぞ、と気付いた。だってそうでしょう。現在、一日にかかってくる平均三〇本の電話のうち、六本に一本がいわゆる常連電話。相談員がこの種の電話にどれくらい振りまわされているか、三期生の方はほとんど想像もつかないこと。例えば先日も、気が付いてみたら、電話当番から帰って三日間というもの、全く飲食物を口にしていない自分に気付いた、という相談員の方があった。

「事例検討専門委員会」がフル回転し、こうした難件にどう対処すべきかが必死で検討されている。それだけやってもカウンセラーの精神的負担は一向に軽減されない。心理専門家の作る処方箋は、一種のつけ焼刃的な「知識」となって相談員たちにインプットされ、心に圧力が加わる。（いけない。言われたとおりにやっていない。シマッタ）と思えばまたそれだけカウンセリングが空転。新種のストレスがそこに発生するように思われる。「常連カウンセリング」の処理は、難中至難の業。

しかも悪いことには、いのちの電話は、相手からかかってきた電話を一方的に切ってはいけないという基本線の上に成り立っている。常連さんにキリキリ痛めつけられて、どんなストレスを心身に受けても、歯をくいしばって耐えに耐える相談員の疲労度の大きさは、筆舌に尽し難いものがあろう。

◇

そういうイヤーなムードが高潮のように、徐々に人々の膝小僧のあたりを浸し始め、不安感が日に日に高まっていた時に鈴木先生が我々の前に現われた。

鈴木先生はいった。「聴けそうにない電話は、こちらからお切りなさい。やめたいと思う人は相談員をおやめなさい。」これほど人間としての愛情のこもった明解なお話は、おそらく鈴木先生以外の何ぴとも口にすることはできまいと思った。組織が進化すると、人間の作った組織が人間性を殺しにかかる。かつてお国の軍隊がそうだった。今、国有鉄道が然り。国の教育が後に続こうとしている。このように人びとの善意の産物が人間性をとって食う病理現象は、あらゆる時代に発症し、その時代の先覚者がこれと闘った。二、三の例を挙げれば、帝政ロシアを倒したレーニンの哲学。ローマ法王庁のうち立てた天動説に立ち向かったコペルニクスの地動説。心理学の世界でいえば、ジグムンド・フロイト。これらはそれぞれの時代にあって「人間尊重」の潮流を作り、それをウネリに変え、圧殺されようとする人々を苦境から解放するという役目を果した。それぞれが「人間性復興」の意義をもつものであった。

◇

いのちの電話運動は、キリスト教的自殺防止の崇高な精神の中で産声をあげた。これは偉大な着想だ。その運動が過去三〇年余りの間に数え切れぬ人を救ったであろうことはよくわかる。ところが、その「組織」という怪物は、やがて内部の人々を病人にし、そうでなくても人間の自由な精神を縛り始める。

そういう時は、必ず到来する。

そのハシリが、現に今、岡山に現われている。だのに私どもにはその危機についての自覚症状はほとんどなかった。

しかし、鈴木仁一先生という名医の指摘されるところを目ざとく感知された奥村会長が事の重大性を認知され、過日事務局に対し、鈴木先生のテープ五本を早速プリントして全講師、スーパーバイザーに発送し、まわし聴きをするようにと指示された。

もとより、いのちの電話の基本線というルールは厳然として存在するのであるから、今心身医学の世界的権威である鈴木仁一先生がどうこういわれたところで、にわかにルールが修正されるものではあるまい。しかし、そういうルールが、「心理療法としての電話カウンセリング」という原理原則に照して、重大な誤謬を犯していると叫ぶ鈴木先生のことばは、けだし福音である。愛と真実以外に何らのきょう雑物も含まれていないという意味で。

◇

七月一三日の全体研修会で、京都大学名誉教授の石井完一郎先生は、自殺危機に直面しているクライエントのかけてきた電話を、ま夜中、コタツに足を突っ込み、寝ころんで聴くといわれた。一生忘れることのできないスバらしいお話だと思う。

スメット神父（一期生）も、鈴木先生との対話の中で、私は両脚を物の上に投げ出して電話を聴くのですといって、鈴木先生の共感を誘った。

私自身も、面接カウンセリングをする時には、畳の上に横になってやることが多い。それは目線を低くするためだけではない。来談者のストレスを、自分を生かす方向に向けるいいストレスに転換しようとする知恵が含まれているのだとみてほしい。

大切なことなのでもう一度繰り返して申しあげたい。今まで、我々は電話の受け手である相談員自身の悩みとか健康には、まるで眼を注がず、もっぱら孤独なクライエントの福祉にのみスポットライトを当てて奉仕をしてきた。メゾカウンセラーの集団がその分限をわきまえず、「地獄の人たち」の救済にまでのめり込む時、仏様ならぬ自分をかいかぶり、自分の存在地点を見失う。それを自覚できる、もう一つのスポットライトを、鈴木先生は我々に与えてくださったのだ。不敏にも、奥村会長のご指摘によって、ようやく私はそのことを知ったにすぎない。

鈴木先生のような、異端の人のことばを恐れてはいけない。正しく服用しさえすれば、決して組織にマイナスの効果を与えたりはしない。かえってその組織の運動原理に厚みをもたせる効果を生ずる。

私どもは、各駅停車で、あたり身辺をゆっくり見回わし、自分をいとおしみ、いたわりつつ進みたいと思う。

三　五星霜

今日は、「岡山いのちの電話」がここまで来るまでの五年間について、そのあらましを語ってみようと思います。

昭和五五年初め頃、奥村二吉先生は、九州大学の後輩である秋山聡平先生ご夫妻を訪ねました。奥村先生は、秋山先生御夫妻が、北九州市でいのちの電話運動に挺身しておられるそのお姿に、いたく感動されました。岡山県精神衛生協会の会長でもあった奥村先生は、昭和五五年秋の同協会主宰の大会で、「いのちの電話」を県民に知らせることを思いつき、理事会にはかり、東京いのちの電話の、斎藤友紀雄総主事を大会に講師として招き「いのちの電話と危機介入」という公開講演会を開催されました。岡山県民がいのちの電話という言葉をきいたのは、これが初めてのことです。

その動きとは別に、五五年秋頃から、安芸義雄、金光洋一郎、木原孝博、永原章平それに私の五人が、二カ月に一度私の事務所に集まって、青少年カウンセリングを中心にした話題で懇談をしていました。翌五六年四月一日に永原章平先生は、岡山県教育センターの、初代相談部長になりました。当時、岡山県の中等教育界で、カール・ロジャーズ全集などを読んでカウンセリングの研究をやっている第一線の教師というのは、まあ永原先生お一人くらいのことだったでしょう。この永原先生が、五六年一〇月初、関西いのちの電話を見学に行かないかと誘いをかけられました。初めて聞く、血の臭いのするような機関に、永原さんが何で興味なんかもつのだろうと思いつつ私は大阪まで行き、関西いのちの電話で黒田厳之総主事のお話を聞きました。永原先生は、教育センターの相談部長になる前から、訓練をうけた民間ボランティアによる青少年相談の必要性を痛感しておられ、いのちの電話によって「メゾカウンセラー」の育成を真剣に考えておられたようでした。

一方、その年の三月頃から私は、今度金光先生のあとを受けて、スーパーバイザー部長、常任委員、運営委員、認定委員長という要職に就かれた横山茂生先生とともに、自殺未遂をおかしたある高校生の、ケースワークをやっていました。一〇月頃にはその少年も大分元気になって、そろそろ外出ができる程度に回復していました。ケースワークの打合わせが終って二人でお茶を飲みながら、私はいのちの電話の話をしました。その八日前に私は永原先生と大きな感動をもって関西いのちの電話を見ていたので、ついその話が口から出たわけです。すると、横山先生は、奥村先生がその前年からそれを始めたがっているんですョ、といわれました。私は何かある毎に私を引きたてて使って下さっていた奥村先生が、一年も前からこのことにご関心をお持ちだったのかと本当に驚喜しました。その直後、横山先生から奥村先生に事の次第が伝えられ、その翌年の昭和五七年二月から、奥村先生と、そのお弟子さんである、田辺研二、山本昌知、横山茂生という諸先生が県立病院に集まり、他方安芸先生とそのお弟子さんである宮川数君、それに、金光、永原の諸先生、私などがこれに加わって、いのちの電話研究会が始まりました。よそのいのちの電話は、キリスト教精神に基づいてその基礎が作られたようですが、岡山では、奥村先生も永原先生も、熱心な仏教徒。開設の準備を進めているうちに、米倉牧師、田井中牧師、スメット神父、紅一点の武内信子先生などが加わってこられました。

同年一二月一日には、私の事務所が設立準備事務局となり、常勤職員一名が働き始め、年内には相談員養成講座開催のチラシもでき、翌五七年一月から第一期相談員の募集が始まりました。

研修カリキュラムは、宮川先生が中心になって組み立て、顔の広い金光研究部長が各地各職場から講師を探してきました。

四月九日の開講式には、私と海軍兵学校同期生の千葉大学坂本昇一教授が千葉市から手弁当でかけつけてくれました。坂本先生といえば、岡山県がその前年作った「青少年相談員」という集団の講師として岡山県では、すでに有名な先生でした。

その年の一二月から第一期生のスーパーバイズが始まる。そうなると金光先生は、研修部長の席を武内先生に譲ってスーパーバイザー部長となって人材集めに奔走。スーパーバイザー部は、人数としては日本で一番多い規模（三五名）になりました。

私は元川崎医療短大の講師をやっていましたが、いのちの電話を推進してゆくことに、こいつはとても足手まといになるので、川上亀義学長にお願いして準備の年の秋辞職しました。金光先生も、研修部長、スーパーバイザー部長、認定部長と、多忙の渦中の人となられ、二つもやっておられた短大講師を次々辞職。力の綱と頼みにしていた永原先生は、過労が重なって五七年五月一五日ご逝去。安芸先生も奥様をなくされた上に大学の要職につかれて、いのちの電話では一切のマネージメントから手を引かれました。

幸いにも、秋山聡平理事長のもとで、北九州いのちの電話事務局長を四年間勤められた、秋山徹牧師が第一期研修講座開講式の日から、岡山蕃山町教会に転勤で来られました。

岡山いのちの電話の電話室の諸仕掛、カルテ、台帳その他認定のやり方などの基本線は、すべて秋山徹牧師の指導でレールが敷かれてきました。開局六カ月目に「社会福祉法人」の認定申請手続を厚生大臣宛にしましたが、それもすべて秋山徹先生が中心でされました。

法人の基金集めでは、各界の人たちが懐をはたいて大金を寄付して下さり、いま一千万円の法人基金が定期預金や貸付信託として備えられております。一時はスメット神父さんと「いずれ街頭募金をしようネ」と話し合ってもいましたが、うちの協会では、チャリティバザールも街頭募金もなしで、運営資金や物品のご寄付を頂いているのは有難いことです。

つい先だって金光先生が、一切の役職から身を引かせてほしいと会長宛に申出られました。二年間、相談員の育成事業の責任者として働いて下さり、精根尽き果てられたことは、私どもには痛いほどよくわかりました。若いスーパーバイザーの諸先生は各大学や研究機関で固有の大切なお仕事がありますゆえ、どの先生も金光先生のように職をなげうつわけには参りません。これからは、第一期、第二期生の方がたが、実力を備えつつ徐々にこの組織を支えて下さる方向に進まなくてはなりません。

二三　共　感

新年早々、カウンセリングマインドにふさわしい「共感」というテーマでお話しができるそのきっかけは、三期生のKさんが私に下さった年賀状です。そこには、

「自分で共感だと思っていたことは、同情だったのではないかと、最近気付きました。共感することがどういうことなのか、まだよくつかめないでいます。」

と書いてありました。数年前の私の姿をKさんの中にみて、懐かしさを覚えました。

◇

共感については第一章、第一九章でも簡単に触れています。

「人のいいところを見つけて、それにほれ込み、その長所を引き出し大きくすること」というのがそれです。

この（一寸口はばったい）定義は、私個人の体験をもとに作りあげた共感のスケッチで、学者の書いた教科書に

は、もっと重厚な説明や定義がきっとあるでしょう。しかし経験の乏しいメゾカウンセラーである私どもにとっては、その重厚さというのが、親切さのようであって、そうでない。かえって初心者を五里霧中の中に誘い込むことになる。だから私は上のように、たった四〇字程で共感を表現しようとするわけです。

以下は、電話カウンセリングの流れの中で、問題の「共感」が、(1)流れのどんな場面で発生し、(2)どんな構造で、(3)どんな効果をもつものか、を明らかにしようとするものです。

◇

「共感」が発生するまでのプロセス：

① 電話のベルが鳴る。クライエントは、胸を押えつつ、やっとのことでダイヤルを回し、苦しみを打ち明けようとしている。その時期にあっては、こちらは、いわゆる「うぶ毛で触る」時期。そーっとそっと相手に接しなくてはなりません。まちがっても、「誠意と真心」をドーンと相手にぶっつけてはならない。

② そして自分の衣（知識と常識のカタマリ）を限りなく脱ぎすてて空ろにしつつ傾聴に傾聴を重ねてゆく。「リピート」や「反射」が大事に扱われるのはこの時期です。

③ カウンセリングは一から九までが「受容」の連続。空ろになり消滅する自己には、「対決」の裏打ちが必要です。非常識を平常心で受容できる各人の器量（枠組）の大きさが問われることはいうまでもありません。

④ 受容の連続の中でカウンセラーは、電話線の向うにクライエントのイメージを形づくる。その時のクライエントの心は、荒れすさんでひん曲ってなおかつ汚ない。十中八、九がそのような形でイメージアップされてきます。大切なことは、そのような汚ない心の裏側に、必ず美しい心が背中合わせに密着して、向う側を向いているということ。

⑤ カウンセラーは、こちら向きの汚ない心を突き抜けて、美しい向う側の面に迫って行く。その作業におのれを捨て、全身全霊を傾けます。これを、「共感的理解への努力」と呼びましょう。この努力のプロセスの中に

共感が発生します。恋人同志の二人には、「あばたもエクボ」に見えるもの。クライエントの裏側の美点が見え出した時には、相手を見る自分の眼だけでなく、相手も同様に、こちらを美しい眼で見始めています。これが共感の発生。

以上が「共感」発生までのプロセスです。皆さん、順序をまちがえぬよう、くれぐれも注意が肝要です。

◇

「共感」の構造と効果：

共感は、人対人の間のみならず、万有引力と同様に、大自然の中にあまねく存在していると、私は信じます。

以下共感の構造と効果を説明してみましょう。

「ビルマの竪琴」の水島上等兵は、敵陣に伝令として出掛けての帰りみち、道に迷って山野を彷徨します。彼は山のように横たわる屍骸を見ます。屍骸はすべて友軍のもの。ウジのわいているもの、白骨に近いものもある。その腐乱屍の中に水島は、成仏を希求するむくろのうめきを聴きます。故国にあってひたすら息子や兄弟たちの武運長久を祈る父母同胞の心を観、声を聴くのです。彼は自分が傷つくおそれのない飛行機に乗っているのではない。生と死が紙一重になって広がる荒野を、時速四キロメートルで歩く速度でとぼとぼと進んでいた。いいですか。これが共感発生の基盤。ここが大事。だからこそ水島上等兵は、むくろの山に傾聴し、美しいものを見ることができたのです。

ということは、さっき申し上げたように、一見汚いその裏側に尊いものを発見したということです。そして思わずむくろの裏側に迫っていったのです。

以上が共感の構造です。

水島とむくろとの共感関係が成立しますと、汚ない屍体は「英霊」に変容。一方水島にあっては放置され腐乱しているむくろとの出会いで生き方が一変いたします。

「おーい水島、皆んなと一緒に日本へ帰ろう。」水島にこう呼びかける隊長さんの血の叫びは、悲泣する英霊たちと共感関係をもった水島にはもはや通じません。望郷の想をビルマの竪琴に托し、戦友たちに名曲弾奏を捧げた水島上等兵は、彼らの前からやがて姿を消します。彼の胸の中は、ただひたすらに異郷の地ビルマに修業僧として留まり、なき戦友たちの供養を果すことあるのみです。彼は隊長の誘う幸福に背を向け、人間として真の生き甲斐に生きる修業僧へと変身したのです。「共感」による人や物の変容の有様をこれだけ鮮明に教えてくれるカウンセリング読本は、どこにもありません。

◇

私は以前、受容と一体をなす自己対決の重要さについて書きました（第一九章）。自己対決というものは、カウンセリングのあらゆる段階で必要ですが、その存在理由は、カウンセリングをカウンセリングたらしめる「共感」を発生せしめるからにほかなりません。「昭和元禄」の我々がただ「汚物」とみるものを水島は非常識にも、平常心で悲泣する英霊とみた。その心の底には、共感能力即ちカウンセリングマインドがあったといわざるを得ません。

◇

「共感」はこのように、対象物の奥底にひそむ新たな価値を人の目に触れるところに引き出します。そして大きくします。だから共感的行為は、人や物を変える創造的活動です。これが共感の効果です。

二四　カウンセラーの椅子

昨年一一月中旬、鈴木仁一先生が電話室をご覧になり、ボランティアの執務環境を改善するよう、事務局に猛省を促すとおっしゃいました。これに端を発し、一二月初め、岡山あげはライオンズクラブから、小谷秀成先生（当協会理事）ほか二名の会員の方が親しく現場を視察され、手軽にできるところから、徐々にカウンセラーの執務環境を整備改善してゆこうと決意され、このたびの椅子の新調となったものです。

「お台所に立って炊事をしていた私ら主婦が、急にこんな重役さんの座るような椅子に腰かけたら、なんやお尻がこそばゆーうなるワァ」という声も聞えてくる感じです。しかし、これだけ思い切ってカウンセラーの椅子を新調したのは、やはり相当の理由あってのことです。まず第一に、今までの硬い小さな椅子では、平均二〇～三〇分の電話、時に一時間～二時間という相談電話で、カウンセラーに健康被害のでるおそれがあるという点を考えました。これについては、第二一章「自分をいたわる」をお読み下さい。

次に第二の理由は、ちょっと難しくなりますが、大切なことですので、ぜひゆっくり読んで下さい。

椅子（ドイツ語でジッツ）は元来「権威」の象徴。権威の物差しは、その人がどれ程の自主決定権をもつかによって決るといっていい。例えばわが国で、自分だけの判断でものごとを決定し得ることが法的に決められている職業といえば、大臣、判事、検事、知事がその代表選手とされましょう。そういう「自主決定権」という点でいいますと、カウンセラーという職種も、ただ「倫理」に従い、それぞれのケースについては、全く自分だけで専権的にカウンセリングを展開してゆけるという点で、高度の創造的自主決定権をもつ珍しい職種といえましょう。独立したカウンセラーの相談のすべては、（へたはへたなりに）他人の不用意な口出しによって左右されることのできない味わいを持つものです。

さらに私ども「電話カウンセリング」の中でカウンセラーの扱うクライエントの秘密は、医師とか弁護士などと比較にならないほどの、プライバシーの重みのあるものが多いといえます。

このような、電話カウンセリングのもつ本質的な属性は、必然的に、私ども電話カウンセリング集団に所属する各成員に、従来のプロフェッショナルにないほどの、厳しい自己規制を課するという結果を生じます。いまＯＩＤＥに通用している、厳しい守秘義務の規制、カウンセラー倫理の淵源はすべて、「電話カウンセリング」の特質の中に存在するものです。

一時間前にはお台所で大根をカチャカチャきざんでいたその人がＯＩＤＥの電話室に入る。ここで一介の主婦が、何ぴとからも指揮監督をうけない独立したプロと同一の立場に変身しなくてはならない。その契機を与えるものが、いささか身分不相応とも見えるこの大型の椅子だとお考え下さい。カウンセラーの重責を骨身に浸みて感じていただくその道具の一つが、この「カウンセラーの椅子」にほかなりません。

◇

さてしかし、もっともっと大事なことがある。うっかりするとその逆に、この重役さんの回転椅子が、カウンセラーの高慢ちきという虫の目を覚まさせ、大事なカウンセリングマインドやら成員の心を食い荒らすということが、ないともいえません。そこで、念のため、以下私は、わがＯＩＤＥの奥村二吉会長が一体どんな人を心の中で「理想の人」として描いておられるかを皆さんにお知らせしたいと思います。先生が昨年刊行された「原事実について」と題する本のはしがきの中には、キリスト教神学の世界的権威であった、カール・バルトのいう

「原事実」の一例がしるされています。六二歳になる無学文盲の森ひなさんが、死の直前、息子に口述して書きとらせたという歌がそれです。

○いやになるような、ざまたれ、はばに、
ついて、はなれぬ、おやござる、
ああ、ありがたい、なむかみだぶつ。

○あみだにょらいと、つきひをおくる、
いつのなんどき、ひがくれようと、
ああ、ありがたや、なむあみだぶつ。

○あみだにょらいと、おやこになれど、
ときどき、ぼんのうが、でてならん、
ああ、はずかしや、なむあみだぶつ。

森ひなさんは、浄土真宗篤信の念仏者だからこのように、念仏を通して神人一体の「原事実」を具現しています。キリスト者の方にでも、ひなさんの魂そのものを形成している宗教的真実というものはおわかりいただけましょう。

「神われと共にいます」という、神人一体の境地の中で、感謝に満ち溢れ、自己受容をしているひなさんのこの姿こそが、奥村先生のあこがれの的なのです。奥村先生の人生の究極の目標は、平凡にして非凡な専修念仏者たる「ざまたれじじ」であります。一人でも多くの方が、「重役の回転椅子」ならぬ、カウンセラーの椅子にお座りになろうとする時、奥村会長のお示し下さったこの厳粛な森ひなさんの歌を思い出して下されば有難い、と思います。

二五　ネットワーキング

今日お話しする「ネットワーキング」とは、わかりやすくいってみれば、「現代の人間が、いかに生きるかということについて考える、何らかの視点を与えようとするもの」です。そのおつもりでお読み下さい。

去年八月二六〜二七日の両日、津山市の作陽音楽大学で「学習ネットワーキング」のシンポジウムがあり、OIDEからも私を含め数名のボランティアが参加しました。「ネットワーク」というと、「交通」とか「通信」に関する問題だけだと考えているのが、現在では国民の大多数だと思うのです。アメリカで最近生れたこの「ネットワーキング」という言葉は、「人間が、人間と人間のつながりを作っていく運動」を総称して、いっています。要するに、私たち人間が、より人間らしく生き得るための方途を研究し、かつそのように生きようとする人々と、手に手を携えて横にひろがりながら活動をしてゆくことです。

津山市で行われたシンポジウムは、「学習のネットワーキング」。これからお話しするのは、①学習のネットワーキングだけでなく、②社会福祉の資源を作るネットワーキング、③そのソフトウェア作りのネットワーキング、④カウンセリングマインド（と共にケースワークマインド）を広げていく、ケア・ネットワーキングです。私どものいのちの電話ボランティアが、今後どのような心掛けでいのちの電話運動を推進してゆくべきか、ということを考えてみたいと思います。

◇

社会が高度化し文明が発達して来ますと、その社会内に自ずと自壊作用が芽生え出し、滅びに向かう。歴史はそのことを我々に教えてくれます。現在でもそうです。人間は次第に自然《じねん》から切り離され、部分品化され手段化され、孤独になりつつある。フォーマル（公的）な学校自体が非常におかしくなり、総理大臣も今年は、学校行政に起死回生の注射を開発施用したいといっています。

かつては教育とか学習は、必ずといってよい程、フォーマルな「学校」という建物の中で、机について行われていました。ところが時代の急速な変化もあり、人間の寿命が急速に伸びてきたことから、人間は生涯を通じて学習するものだという考えが、次第に通念になりつつあります。と同時に、公的教育のとりこぼした、個性の強すぎる人間、例えば「窓ぎわのトットちゃん」とか陶芸の神様、加藤唐九郎といった個性派の人たちや、もちろんいわゆる「落ちこぼれ」という生徒たちに対して、そういう人たちに適した、「もう一つの学校」を作ろうとする運動が、日本各地で芽生えてきました。

「生涯学習」という点からみれば、わが岡山いのちの電話は、まさにそれを目指したもの。そして、津山の鶴山塾は、地域に開かれた「もう一つの学校」を目指した社会的産物です。

このようにして、社会的ニーズによって自然発生的に生れて来た二種類の学習ネットワーキングの共通的特色を拾い出してみますと、教師も研修生もクライエントも来訪者も、トットちゃんの学校よろしく、「同じ列の人間」として手を組み睦み合おうとしている。例えば登校拒否の子供は、「もう一つの学習塾」ではわが友として私たちのナナメ横に位置する人間になるわけです。OIDEでも、そのフォーム（形式）がすでに完成している。例えばカウンセラーはクライエントとは上下ではなくて横ならびの関係。カウンセラーの椅子と会長の椅子を比較してみると、前者のものは、一脚ウン万円もする回転椅子。ところが組織の長である会長の椅子は、一脚四千円で少しお釣がくる折タタミ椅子。これが不平等だと思う神経は、ＯＩＤＥには全くないといっていいでしょう。組織内部そのものでさえ、もうとっくに、学習ネットワークたるいのちの電話ボランティアによって整えられているからそうなっているのです。

◇

次に社会資源のハードウエアを作り、ソフトウエアを作るネットワーキングについて少し考えてみましょう。こんにち、厚生省は、社会福祉を増進したいと意気込みつつも、「いのちの電話と名のつかない社会福祉法人は当分創設を許さない」という堅い決意を示しています。

それは、岡山いのちの電話協会を法人化する、その準備段階で私が厚生省社会局長に二〜三度お目にかかった時、知りました。地域コミュニティ崩壊が音を立てて進んでいる今日、旧時代に合わせて作られた旧式社会福祉機構は、百害あって一利なしという思いが、厚生省にも次第に理解されてきた。私どもは、ですから、新しいネットワーカーの心をもって、新しい時代に即応した社会資源をここにもあそこにも作らなくてはなりません。例えば、いま県教育センターは、教育相談者の大群に囲まれ、パンク寸前。我々の望む「教育専門家集団へのリファー（回付・移譲）」は全くできないのです。

◇

精神障害者の社会復帰を容易にするためのケア・ネットワーキングについても、私どもは関心をもつべきです。障害者や老人を抱える家族に対し、何らかの方法で、カウンセリングの心を配給してゆく。そのあいまには、ソーシャルケースワークの応答をしてゆく、そんなソフトウエア作りにも関心をもちつつ、いのちの電話運動を進めてみたいものです。

二六　考える石工

奥村二吉先生が昨年刊行された名著『原事実について』の四九ページ以下に、先生は大要次のようなことをのべていらっしゃる。

「私は九州大学の精神病学教室に入り、精神病の本態を究明する一つの手段として神経科学を選んだ。そして患者の血液、尿、ネコやネズミの脳を対象として、種々、生化学的研究を行なった。しかし私は、こうした自然科学的研究をやればやるほど、何か空虚なものを感ずるようになった。医学論文は若干出来ていくが、私の精神の世界には何もできない。それはまるで、医学という壮大な建物の世界の極く小さな一部を受持って、煉瓦を積んでいく石工にも似た姿だった。石工はうまく美しく煉瓦を積むだろう。しかし、百枚積んだから石工の心が豊になった。千枚積んだから心に悩みがなくなったとかいうことは全くない。千枚積む前も後も全く同じ心境なのである。」

◇

先生のこころの軌跡を正確に祖述してゆくことは、いまの私の手に負える仕事ではない。しかし、今日のところは、上に述べた奥村先生の小さなつぶやきを皆さまに、誤解のあることをおそれつつも祖述することをおゆるしいただきたい。

長《おさ》田《だ》暁《きょう》一《いっ》師の「心への呼びかけ」一九二ページに、「ファラデー先生の涙」というのがある。

このイギリスの有名な物理学者であり科学者であったファラデーは、ある日学生の前に、試験管に採集した、透明な液体を差し出して彼らに語りかける。ファラデーのところに、ある日わが子の非行に苦しむ母親が相談に来た。彼女は苦しい胸の内を打ちあけながら、さめざめと泣いた。ファラデーはその涙を採集してきたのだという。

「諸君は科学者だ。この涙を分析するくらいのことは簡単にできるだろう。だが大切なのはそんな科学的分析じゃあない。この涙の中には、お母さんの深い苦しみと子どもへの限りない愛情がこもっているんだ。その苦しみや愛情は、いったいどうしたら分析できるだろうか。どんな科学の力をもってしても、それだけは絶対にできないんだ。水と塩分と……　というような分析だけでわが事終れりというようなことでは、人間の理解は遂にできない。かんじんな心を受けとめる、それは君たちの宗教心なんだ。」

ファラデーは、科学を超えたところにある宗教心こそが人の心をつかむといった。

奥村先生はどういっておられるだろう。長い精神の遍歴の果てに、先生には精神救済の恩師ともいうべき、瀧沢克巳教授との出会いがあった。そして第二四章にも出てきた森ひなさんの歌、ざまたればばに見られる、カール・バルトのいう、神人一体の「原事実」に出会ってはじめて、科学的研究や医療の仕事の意味とか価値というものが理解できるようになった、医療実践へのエネルギーもまたそこから出てきた、といわれる。八一歳の奥村先生はさらにいわれる。「この年になっても、このように多くの心うるわしい皆様方に囲まれ、もう、すんでのところで消えかかっていた私の心的エネルギーが、また燃え盛ってきました。有難いことと思っています」と。もし先生がそのむかし、一介の医学者として、心空しい煉瓦積みの石工に満足、ここで止まっておられたならば、今日これだけ多くのいのちの電話ボランティアをけん引して黙々と進まれる精神的エネルギーは存在しなかったであろう。

右に出てきた「石工」（メイスン）の心についてここで少し余談話をしておきたい。奥村先生は、空しいことを「石工の煉瓦積み」に比された。一八世紀初頭に、心むなしい石工たちは、ロンドンで「自由石工クラブ」ともいうべき「フリーメースン」を設立した。これは、またたくうちにローマ教会とタテ社会に反感をもち、心の自由と平安を求め、ヨコに手をつないで行こうする賢人たちの国際的結社へと発展した。ゲーテ、フィヒテ、モーツアルト、ベートーベン、ワシントン、スタンダールらも石工ではなかったが、考える石工の心に共鳴し、フリーメイスンに加盟した。

◇

科学技術の驚異的発展は、益々タテ社会、管理社会造成を促進するに違いない。黙々と煉瓦を積む石工の姿、その、ほとんど無意味な繰り返しの連続の中から、心の平安を求める石工たちが、ヨコに手をつなぎ、人と人の心をつなごうとする集団をどこかに作り始める。私は、「考える石工」ともいうべき奥村先生の、「この指とーまれ」と差し出されたヨコ社会指向の指にとまったその一人だ。極端にいえば、岡山いのちの電話とは、科学とタテ社会指向の暴風雨にたたかれ傷ついた人びとが、大いなるものに包まれ、電話線の向う側にいる人共ども、ヨコ社会の再生を求め、心のいやしを得るところかも知れない。

二七　対　決

今日は、「対決」のお話。理解しやすいように配慮し、いささか自伝物語り風に、三皿のメニューにいたしました。

私が昭和二八年、司法研修所に入って間もないある日の昼食会で、ある教官が、十数人のクラスメイトの前で言いました。「波多野君。君今までに、反省したことはある?」教官としては、国から相当の給料までもらいながら勉強しないで遊び呆けている私に、少しでも反省心を起こさせ、真面目にならせようというお気持で、こう切り込んでこられたのでしょう。私は食事中に、突然氷のやいばを胸に突きつけられた感じで、息の根もとまる思いでした。こういう種類の対決だって一種の対決。

しかしこういう冷たい対決の効果は……。私は、それでなくても大嫌いだった法律学が一層嫌いになり、法曹(判事、検事、弁護士)になるのをやめ、家庭裁判所調査官になりたいと、そちらに急傾斜していきました。しかし最高裁当局は私のわがままな希望を受け容れず、私を最高裁家庭局の事務官(少年法規係長)に任命しました。そこでは私は、当時としてはまだ珍しいcase workといった横文字を日本語の「ケースワーク」になおすというような、学術的な仕事ばかりで生のケースは取扱えず、窒息に近い気分でした。就職三年目がこようという時、「三年間検事を勤めてこい。そうしたら君の思い通りの人生を作ってやる。」私は因果を含まされ、三年先を夢見て検事に任官。ところが、三年たって最高裁からの呼戻しの声に、法務省は、検事はやめさせないと圧力をかけてきました。こうして私は、生き甲斐のない人生を、力なく生きていました。

そんな頃の昭和三八年の暮、「内観」を知り、生き甲斐を求めて内観研修所に行きました。当時私は、妻の母と同居しており、義母とは喧嘩三昧の月日を送っていた。当時私は、少くともこの不和の原因の九五%は義母にある、と思っていた。それが、内観実習の結果、九九%まで自分が悪かったと悟ったのです。流れ出る涙と鼻水は、タオルをしぼるほど。よくもこれだけ、このやせた体内に余分の水があったものよとあきれるほどの水量でした。私は指導者の吉本伊信先生に、「ちょっと家に帰って、お義母さんに詫びて来たい」と言いました。すると先生はすかさず、「あんたそれで内観が深うなったと感違いしてんのと違いまっか？　アンタは、涙もろーて泣きっポイ人間だァ。せやからそないに泣きはるんや。そのまま家へ帰りはったら元のモクアミや。一分一秒を惜しみ、死を問いつめ、精出して内観しなはれ！」と叱声。フツーのカウンセラーだったら、ひょっとして、「おゝ、よくぞそこまで」と甘やかし、私を元のモクアミに戻したかもしれません。偉大な内観法創始者である吉本先生は、こんな時でも、深い省察へのエネルギーを与え、真の「気付き」を与えてくれました。

◇

ここでちょっと主題からそれます。私の場合、内観によって、おばあちゃんに対する考え方が一八〇度変った原因は何か。それはきっとカウンセリングを学んでいらっしゃる皆様にとって、ご参考になると思います。

おばあちゃんは、若くしてつれ合いを失い、女手一つで娘（私の妻）を育てた人でした。ろくに教養もない、「いやになるよな、ざまたればば」でありました。毎日の喧嘩は、私が、おばあちゃんの身になって考えることが、これっぽっちもなかったから。いつも、「検事・波多野二三彦」という裁く者の立場で彼女の善悪を評価判断していました。ところが内観法は、「何ごともすべて、相手の身になって思う」という人を創る精神療法です。だからそれまでの私の価値判断基準は、一瞬にして崩壊しました。

私は一週間の内観を終えて家に帰り着くや、おばあちゃんの前に手を突き、泣いて謝りました。それからどうでしょう。おばあちゃんが変身したのです。「万有共感」と第二三章で申しましたけれども、こちらがおばあちゃんを好ましい人よ、と思ったとたんに、おばあちゃんもまた私を、好ましいとうさんと見始めたのです。

◇

再び主題の「対決」に戻ります。

この二つの対決を比較してみて、前者は単に人を傷つけ、後者は一挙に二人の人間をいい方向に変える働きのあったことがおわかりいただけたと思います。司法研修所教官の対決にあっては、その前に「傾聴」はなかった。吉本先生にあっては、傾聴に次ぐ傾聴だけではなく、「拝みつつクライエントに接近する」というおどろくべき献身と謙虚さがその上にありました。こういう人の対決だったからこそ、それが私に大きな衝撃とともに深い気付きを与えてくれたのです。

対決の事例をもう一つ。ずっと以前ある精神科医から、ある患者の母親のカウンセリングをしてほしいという依頼がありました。クライエントの話をきいてみると、そのクライエントの長女は、数カ月前に自殺したというのです。話の全体からすると、長女の自殺が母親のせいでないとは、到底考えられないのに、母親は、別れた亭主のせいだと言い張りました。これではカウンセリングは深まらない。そこで私は、クライエントの背中をなでながら、「お子さんを殺したのは、お母さんだよネ……」と、やさしく言いました。これは、自己防衛のかくれミノから本人を引きずり出すための、ちょっとばかりこわーい「治療対決」です。それでも彼女は出たと思えばまたかくれる。これを二〜三度繰返していましたが、しまいには決心して裸になり、すべてを気付く地点に降り立ち、自分でも語り終えて明るい顔つきになったようでした。このカウンセリングを見学中のあるカウンセラーさんは、恐ろしくてその晩一晩眠れなかったそうです。

このクライエントはその後自立し、患者の長男の治療効果もまた、グンと上がったということでした。

このように「対決」は、時に人の一生の転機を生み出すほどの力を発揮する代りに、凶器の特質も持っています。くれぐれご用心を。

「対決は魂で」（第一九章）の自己対決と右に述べた対決は方向が逆。今日のはクライエントに向って切り込んでいく対決です。

二八 矛 盾

矛盾論は弁証法的唯物論の中で主にいわれる。「弁証法」という哲学的方法について書いた本は、掃いて捨てるほどたくさんある。おそらく皆さんが独学で弁証法という哲学的方法の中に尋ね入ろうとされるなら、たちまち迷路に踏み込まれること必定である。幸いにして皆さまには、カウンセリングを通して物事の真髄に迫ろうとする、その殿堂の扉の近くに立っておられる。だから、私は、今ここで皆さまを、ロジャーズ的カウンセリングのあり方を通して、その奥にある、弁証法的唯物論の世界にご案内することが、ある程度可能ではないだろうか、と考える。

◇

今日は、その弁証法的唯物論の考え方の一つ、「矛盾は万物に内在する」という哲学的方法について、そのサワリのところを、ごく簡単に、わかりやすくお話ししてみようと思う。

エンゲルス(一八二〇〜一八九五)はこういっている。

生物は瞬間的には同一物でも、しかも他の物である。生命もたえず自ら生み出し、みずから解決する一つの矛盾だ。矛盾がやめば直ちに死が到来する。

レーニン(一八七〇〜一九二四)は矛盾の普遍性について、こう説明した。

数学では……プラスとマイナス、微分と積分
力学では……作用と反作用
生物学では……陽電気と陰電気
化学では……原子の結合と分解

矛盾を、わたくし流にもっとわかりやすい例でいうと、例えば、「親」という概念の中には「子」という、親とは正反対の矛盾的概念が含まれている。そうでしょう。親は、いつ親たりうるか。子が生まれた時点だ。子なくして親という概念は全く成立することはできない。子は親に転化し、地球消滅の日まで生々発展して行く。同様に善の中には不善・悪という矛盾が内包されている。ロジャーズは、すべての人間の中に、向上発展しようとする傾向があるといっている。これは、彼の信念であり哲学の基底をなすもの。ということは、どんな汚ない、罪によごれ、精神の曲った人の中にも、その背後には、美しいものがこれと背中合わせになってひそんでいるということ。この世に存在するすべての物（人間を含めて）が、このように醜美一体の矛盾的存在なのである。

◇

私の「共感」についての説明は、従来の心理学の教科書の記述とはまるで趣が異なっている。私のいう共感とは、汚なく醜い現象の背後に、必ず存在するであろう美しいもの、真なるもの、善なるものを発見し、我々がこれに真底ほれこむということ。地球上にある、人間を含めてありとあらゆるものが、弁証法的唯物論でいえば、私の共感論にみられるように、醜美一体。矛盾的存在なのである。その、醜の面ばかりを探索して、とかくこの世は住みにくい、と、かこつ人もある。こんな人は、どこの世界に移住したとて、所詮心に平安の生ずるわけがない。醜を貫き通うしたその向う側に光る、美にまで迫る共感的理解の努力・姿勢が、「優しさ」というものの展開である。他でもない、現世の、まさにその視点を貫くところに平和・平安が生起する。

「矛盾がある」といわれると、普通の人びとは、たちまちたじろぎ、うろたえる。しかし、矛盾のない物は上にのべたように、そもそもこの世に存在しないのだ。あったら教えてもらいたい。むしろ矛盾あってこそ、引き引かれあう関係が生じ、人生に活力が生じ発展が生ずる。そしてまたさらにいえば、おそろしいことだが、善も美も、やがては崩壊する。矛盾をおそれてはならない。矛盾こそ活力であり、すべてを動かす力である。

◇

仏典にも「一即多」とか、「色即是空、空即是色」といった矛盾的自己同一を示すことばが、いたるところに見られる。

◇

「自分の枠組を拡げる」というカウンセリングの要諦も、弁証法的にいえば、自己を太らせること、即、枠組を消滅させることである。

二九　極寒の季節

岡山県教育庁が毎月発行している「教育時報」二月号に、倉敷市立西阿知小学校で、生徒指導の報告記事が掲載されました。この小学校では、いま、「すべての教師にカウンセリングマインド」を、合言葉に、実践を通して人間関係の在り方を追求しようとしています。

この記事の中には、「人間性を促進する三条件」として、①受容、②共感的理解、③自己一致、をあげています。見なれた単語が並んで出たので、皆さんも、何とはなしにほほえましく思われたことでしょう。

全校をあげて一丸としたカウンセリングマインドのある教育は、岡山県のどこの学校にもあるわけはない、と思っていましたから、私は、この記事を早速コピーして持ち歩き、時々ポケットから出しては眺める日が続きました。

そんな日の続いていた、去る二月七日、私はいのちの電話の中西一先生（スーパーバイザー）のご依頼で、「学校相談センター小学校部会」の研修会に招かれ、「面接カウンセリング」についてお話をしました。この会には、中西先生の他に、やはりいのちの電話のT・F先生もみえていたので、くつろいだ気持ちでついつい長居をしてしまいました。

午前中の二時間は私の講演。午後用なしの私は、研修会に残っていたおかげで、思いもかけず、教育時報に紹介された、西阿知小学校での実践について、教頭先生のご報告をきくことができたのです。

西阿知小学校からの報告がどんなものだったか。ほんの概要だけをお知らせします。

この小学校では、各学年各クラス、授業の実況を録音し、逐語録を作り、それに基づいて、教師の授業に、はたしてカウンセリングマインドがあったかどうかを検討、反省するというようにしています。私は岡山市内の、文部省指定の中学校の研修授業は何度か見学しました。（つねにガッカリ）。ですから回覧されてきた逐語録は、急いで、しかし、丁寧に読みました。国語や算数の授業の中で、先生が生徒に教えられ、助けられるという、ほほえましい風景が、随所に出て来る。ワーッ、教育は死んでないゾ！　先生と生徒との間には、温かい血が生き生きと流れているゾ！　私は大きな慰めを得ました。教え子に学びつつ教える教師の態度、これこそカウンセリングマインドのあるなしを決定する。何よりのメルクマール（特徴・徴表）でしょう。授業中に先生から、「井上君、いいこと言ったゾー。先生も参った」などといわれた子供は、どんなにやる気を起こすでしょう。子供の長所をほめ、すさんでいる気持を受容し共感していく教育は、なーんて素晴らしいことでしょう。

◇

しかし、こういうカウンセリングマインドを、岡山県の中で育てはぐくんでいくことは、実はとても困難な事業なのです。昨年は津山市の鶴山塾でも、ボランティアカウンセラーによる教育相談事業が産声をあげました。しかし風のたよりにきくと、いろんな事情もあったのでしょう。いつのまにか、カウンセリングの灯は、風前のともしびになっているとのことです。ですから、西阿知小学校一校だけの実践を手放しでは喜べません。なぜかというと、私どものカウンセリングの事業をとりまく外的情況が、寒風吹きすさぶ、「極寒の季節」だからです。そのことを、わかりやすくお話ししてみましょう。

◇

七年程前、私は安芸義雄先生（山陽学園短大教授・スーパーバイザー）とともに、岡山県青少年問題協議会委員として、県下各地を巡回して、青少年健全育成についての、名士達の話を聴きました。その時には、「カウンセリング」という用語はおろか、「相談」ということばもきくことはできませんでした。そのあと安芸先生を議長として巡回視察総括小委員会が開かれました。私はその時、「これから、年に五〜六人ずつでも青少年相談員を養成してゆく事業を起こそう」と提案しました。ところがその翌年、岡山県知事は、一気に二八〇〇人もの青少年相談員を製造しました。これには私も、ビックリ仰天。語るに言葉なし。

その年の秋、千葉大学教授の坂本昇一先生（中央青少年問題審議会委員）が、新任の青少年相談員の研修会に来られ、県社会福祉会館一階ホールを埋め尽した聴集に、次のような話をされました。

「あなた達のやろうとしていることは、ドロ棒よりももっと性質の悪いことなのよ。ドロ棒はネ、自分のやっている事が悪だという自覚がある。だから夜陰に乗じてこっそりやる。可愛気があるネ。ところがあなた方は、知事さんから、青少年相談員という表札をもらった。坂本先生の研修も受けた。よしこれからガン張ろうだ。ところが相談員だけは、インスタントには作れないのヨ。専門家でない人は相談事業をやってはいけない。だのにあなた方は自分たちのやろうとしていることが社会的罪悪だという自覚もなく、白昼堂々と相談活動をやろうという。悪いことはいわない。いっときも早く家へ帰ってフトンをかぶって寝なさい。青少年相談員とは、寝ている時が一番社会に役立つ存在なんです。」

坂本先生は、「ボランティアとしての相談活動」というものの枠組を、このように誰にもわかるように明瞭に話されました。

ところが、県がその後発行した坂本昇一先生のこの講演要旨をのせた「相談員必携」には、その、一番大事なところが、スッポリと欠落しているのです。そしてその後も県は年々百人程の相談員を任命し続けています。悲しいかな。県知事さん（岡山県青少年問題協議会々長）には大切なことがらについての気付きが全くない。こんなことですから、「燃えろ岡山」の県民大合唱の中で、カウンセリングの大地は、厚い氷に閉ざされ、木枯しが吹き荒さんでいる。

この極寒の木枯しで、もし、いま私たちが、手さぐりでやっているいのちの電話運動の灯が消されてしまったら、岡山県のカウンセリングの芽は、永遠に、伸びゆくチャンスを失うでしょう。

私どもは、いってみれば、そういうきびしい岡山県の風土のその地下で、かすかにうごめいているチューリップの球根です。仲間の中には、赤い花、白い花、ピンクの花、マダラ花……さまざまな花を咲かせようとする、さまざまな球根ありです。その球根同志が、お互いに、目くじら立てていい合うのは悲しいことです。

三〇　切れた電話

この二月中旬、全国いのちの電話みちのく研修大会の報告書が事務局に送られてきました。この報告書の「あとがき」をみますと、この報告書は、研修大会の冒頭に行なわれたシンポジウムに焦点を当てて編集したと書かれています。この研修会に参加した人々は一様に、この冒頭のシンポジウムがすばらしかったと賞讃しています。中でも、北海道いのちの電話札幌センターの事務局長である、パネラーの野田純子さんのご発言には、みんなが多大の感銘を受けたようでありました。

野田さんのご発言の全文は、右の報告書に載せてあり、野田さんがそこで引用されている事例の二つが、ともに「殺人」に関係のある電話相談で、たいへん迫力のあるものですので、事務局に来られた時、ぜひ目を通してみて下さい。

今日は、そのうちの一部をご紹介します。

「私、昨日札幌から参りました。出かける直前に、たまたま一人の相談員から、こういう相談を受けました。ベルが鳴って受話器を取った。『僕、交通事故を起して、人を殺しちゃった』クライエントはこういった。相談員は一瞬ギョッとして息をのんだ。最初に出た言葉は、『最近のことですか』ということだった。クライエントはそれには答えないで、ややあって切れてしまった。その相手は、ウソをいっているようには決して思えないというのです。私はこの相談員と、ほんの僅かの時間話しました。なぜ『時』が最初に問題になったんだろうか……。もしかしたら、たった今起ったことかもしれない。あるいは極端にいえば一〇年前に起ったことかも知れない。でもクライエントにとっては、『いま』なのだ。交通事故で人が死んだというのではない。『人を殺してしまった』というふうにクライエントが受けとめているこの重さ。これに対するカウンセラーの、相手に対する距離感……。私どもの電話相談の現実の中で、最も必要なのは、人間的な優しさとか、温かい感情のかわし合いだろうと思います。ですから、この場合、もっと驚いていい。『人を殺した』という事実を通して、あちらの事実とこちらの人間としての真実が、どんとぶっつかる、そういう事が、もっとあっていいというふうに思います。」

野田さんの、この言葉は、濃縮されたカウンセリングの栄養素です。誰かが、「ジューヨーキョーカアンジコイーッチィ」ポクポクと、ただカウンセリング原理を唱えてみても、それだけでは結局は各自の心の中に、キラリ輝く結晶体は析出されてきません。野田さんの言葉の飲み方でも、さまざまに薄めて少しずつ飲むのがいい。私の「カウンセリングマインド」にしても、また同じです。皆さんが受験勉強をしていた時のように「かため読み」しても、それは無意味。電話当番のあい間に、折にふれて、ふと読み返すというふうに、少しずつ読んで下さるところに意義があると思うのです。

◇

第一に、カウンセリングのフィロソフィー（考え方）は、ひたすら聴かせていただくとということ。電話線の向こう側に現われた北海道の僕ちゃんは犯罪者。自らを殺人者だと名乗る、罪に汚れた人間です。しかし僕ちゃんの心を観て下さい。おそらくは不注意で事故を起こした男。その彼が、「僕は人を殺した」と電話口でつぶやいている。「私は殺人者」というその、一見汚ない犯罪者の背後に、よーく観れば、自分の過ちを許せなくて、厳しくおのれを責めている、輝くばかりの美しい心が向こうむきになって見えてきませんか。私は、「共感的理解」とは、汚ない物を貫き通したその向こう側にある美しい心を観、かつこれにホレこむことだといいつづけてきました。やっとの思いで電話機のところまで体を運び、重いダイヤルを回わしたこの彼は、きっと蚊の啼くような声で、殺した……とつぶやいたのでしょう。その情景を、皆さんは音の中に観なくてはならない。観音様ではないけど。その一瞬の中に私たちは、全身全霊を投げ込むべきです。ということは、坂本繁次郎画伯のいわれている、大要次のような態度です。

「自分を空にしてはじめて物の存在をよりよく認め、認めて自己の拡大となる。これが消滅する心」

日本の巨匠坂本画伯が、これから描こうとする対象物に対面し、物の心を把もうとされる際の、このおごそかな「質量ゼロ」で万物をそのまま受容する心境。これが「全身全霊」です。

◇

第二に私の言いたいことは、「うぶ毛でさわる」ということです。野田さんは、どんとぶっつかるということが、もっとあっていいといわれています。ドーンと行くのは、相手のイメージが、心象風景として自分の心に確実に受容されてからのことです。野田さんは、濃縮されたわずかの言葉で、切れた電話を嘆いていらっしゃるから、自然必然的に、こういうどんとぶっつかるという言葉が前の方に出たのだと思います。実際のカウンセリンの場面では、クライエントとの対面直後に、相手にドーンと重みをかけるのは禁忌。そうではなく、まずこちらの体温が相手に伝わるうぶ毛の距離のところに、そっと「質量ゼロ」のわが身を置くことが大切です。その位置に自分の心を運んでゆく。そして聴かせていただく。このフィロソフィーをどうか忘れないで下さい。

このようにおもたーい日本語を放ったお方に、うぶ毛でもっと寄り添わせていただけることは、涙の出るほどもったいなくも尊い、「一期一会」の奉仕ではありませんか。だのにそのお方との出会いのチャンスを、冷たい氷のような言葉でつぶしてしまう。ひどい話です。

◇

第三に、野田さんは、こんな時、もっと驚いていい、と言われています。これもまた大事なフィロソフィーです。「殺した」と聞かされて内心ビクッ！　とし、それからしばらくは心が揺れ動く。言葉もとだえてしまう。そういう、いかにもナマ身の人間らしい心の動揺が電話線の向うにビーンと伝わることによって、二人の心は確実に触れあい、カウンセリングは一挙に深まるのです（第一七章参照）。

野田さんの、凝縮された美しい言葉を、勝手なコメントでもって汚したような薄めかたをさせていただきました。

三一　市民教育相談

これは、広島県三次市がはじめた、「市民教育相談講座」最終日の私の講演要旨です。

(1)　今までの教育相談

今日まで教育相談は、ほとんどの場合、学校、教育センターといった公共の施設の中で行われていました。教育相談は、それがオーソドックスなものという考え方でした。問題行動の生徒は、担任とか学年主任の先生から、父母から、そしてある時は少年警察の係官から学校に通報されます。通報をうけた学校では問題生徒に対して、担任の先生だけが生徒から相談をうけてひとりで決めるのではなく、校長を最高責任者とする職員会議で、全校一致の取組みでやられています。

そこでは問題生徒についての資質とか家庭環境とか社会環境を念頭において十分な討議が重ねられ、終局処分が決められます。しかしここまでの生徒指導で、先生方はくたくた。しかも中学校教育は死んでしまっているという現状です。

こういう現状の中で教育相談が行われていたわけですが、カウンセリングを「相談」という日本語そのものであるとしますと、その限りでは、「本当の相談は存在していなかった」といえそうです。なぜでしょうか。

第一に、相談をしている先生方は、生徒たちの「通知表」に密着した管理主体です。問題生徒たちはほとんど例外なく先生全体を、自分を評価の対象とみている人種だと思っている。そういう管理支配する側の強者と、される側の弱者間に、本当の意味の「人間的関係」発生の余地は、ほとんどありません。カウンセラーとクライエントは「ヨコの関係」です。タテの関係ではカウンセリングは成立しないから、学校の中での教育相談は一般的に成立するのがむつかしいと、こういうことになるのです。

第二に、相談は個人の秘密を、どこまでも厳守するという基本線の上にはじめて成立するのです。ということになると、教職員が一体になって時には父母も交えて一人の問題生徒のケースワークを考えるというのは、これは、真の意味で相談とはいえません。その際先生のうちの誰かは、生徒の乱れた私生活、学校生活の情報を詳かに会議に提出し、そういう、いってみれば、外形的なものによって、生徒の乱れた心理状態を探索するわけです。客観的な、そして科学的な資料を集めた上で先生たちは問題生徒を評価し、その予後を策定しようとします。

このやり方は、科学的手法はふんだんに使われてはいるけれども、カウンセリングの一番大切な密行性とかあたたかさがほとんど台なしになっているのです。

第三に、相談は、科学を離れ、ひたすら「こころ」を問題にします。「今」が問題なのです。荒れている問題生徒の「今」の気持ちについて考える。しかもその生徒と「同じ目線」で考えるのが真実の相談です。荒れているその生徒の心に、どこまでも寄り添ってゆくことが真実の相談ですから、今までこの子はああだった。その原因として考えられるのは、こういう点だ。そのような診断的な見方が出てくる相談は、本当の意味での教育相談とはいえないのです。

今までの教育指導は、どうしても、子どもたちの外形的行為、しつけの問題から入っていきました。たしかに小中学校の生徒にあっては、しつけも大事。知識を授けることも大事。相談の中にどうしてもそういう要素は大量に入ってこざるを得ないことはわかります。しかし相談の焦点は、「荒れている生徒の今の心」なのです。それ以外の彼をとりまく悪い仲間のこと、子に目を向けない親たちのことなどは、考慮の外に置くのが本当の相談のあり方です。

さあどうです。皆さん。こうして見てきますと、今までの教育相談は、相談という言葉は使ってはいたが、私のいう相談とは似てもつかぬことだった、ということがおわかりいただけたことと思います。

さてしかし、ここまで私が厳しく「相談不存在」と叫びますと、見識のある方がたは、次のような反論を用意されるのではないでしょうか。

将来のある子どもの身の振り方を、経験不足な一人の市民に任せ委ねてしまうのは、あまりに危険だ。個人の秘密も大事だが、やはり多くの教育の専門家である先生で討議して処方箋をきめるのが好ましい。教育相談にあっては、先生と生徒というタテの関係があっていけないということはない。生徒を全人格的によく知った先生が、両親や警察と連絡をとりつつケースワークをしてゆくのが理想だと。

(2) 教育相談のありかた

いま学校ですごく問題になっている「いじめ」の問題を例にとってみましょう。いじめられっ子が相談に来る。法務局や少年警察共助員の人々は、その現状を調査し、学校当局にいじめを絶滅させるためのアドバイスをします。先生にしても、おらそくいじめ現象の根源を追究されるはずです。

市民による教育相談は、そんなものとは、対象とするものの次元が違う。いじめられて困り果てている子ども自身を強くし、自立させる。そのために子どもの今の心を、じーっとみてゆく。これが本当の意味の教育相談です。相談に来た子どもの、おびえている心を、ただひたすらにしっかりとのぞき込み、彼が心に抱いているさまざまな問題を、すべてしっかりと聴きとり、受けとめ、弱い彼のために共に泣いてやる。あんたのそばには、私がいつもついている。それを忘れないようにと知らせてやり勇気づける。添木になってやる。もう、それだけでよろしい。誰がどうした彼がどうしたと、根ほり葉ほり事実関係を尋ねる必要はないのです。いじめられっ子の心に自信を与え平静な心を芽生えさせれば、次の日から彼はもういじめから完全に解放されるのです。相談員というのは、一人の人間を自立させる介添人以上のものではない。それに徹しなくてはなりません。

登校拒否の子どもの場合でも、彼の生活している家庭環境を実地調査してみたり、先生とか友人関係の調査をしたりするのは、すべて邪道。問題なのは、登校拒否の子ども彼自身の、今の心の悩みに迫っていく。これが教育相談。万引、異性交遊、シンナー、たばこ、こうした外形上の好ましくない問題行動は、それを通して心をのぞく窓だと考えてください。人間だれしも、いい子になろうとする強烈な傾向性を必ず持っています。そのいいところに迫って行こうとすれば、シンナーやたばこのことは、相談員の視野から外れてしまいます。無視したって、あまやかしにはなりません。ここが大切。日本では、親や子どもからの告げ口をきいて、よそのいじめっ子や、よくない先生のことについて、校長先生や教頭先生に文句を言いに行く相談員があまた発生するものですから、こういうまちがった相談員の人々の活動を、真の教育相談活動ときびしく区別してもらうために、敢えてこのようなことを申しあげたのです。

(3)　市民教育相談の意義

相談という活動は、今まで申しあげましたように、人の秘密の部分に、深くきびしく食い込み迫ってゆく活動です。学校で暴れ、家で暴れ、あるいは無気力に沈んでしまって学校に行こうともしない、行けといえばオナカや頭が痛いという（本当に痛くなるのです）、そういう生徒に力を与える静かな活動です。少し言いすぎかも知れませんが、一種の心理療法としての相談です。一回や二回の相談でそんな医者でもできないことが素人である市民相談員にできる訳がない。たぶんここにお集りの大多数の方が、そのようなお考えだろうと思います。なるほど、ズブの素人には絶対できない。絶対素人はやってはならない。やろうとすれば、いちばん大事なところで間違ったことをやらかし、子どもを台なしにします。素人相談員が専門相談員になるために、何十何百という子供を被害者にしていいという理由はないのです。しかし、私の、これから申しあげる方法は、子どもを全く傷つけないで、しかも次第に専門家としての相談員になる方法です。今日私は、皆さまに、その方法をご教授申しあげるために、ここに参上しました。

そうはいっても、ただ私のお話を、一回きいた、というだけでは相談員が作れるというものではないのです。やはり生まれつき、相談員らしい感性のよさを持った人でないとそれはできない。ＰＴＡで頭角をあらわし、または、一流大学に進ませ財をなすこと以外に人生の至福につながる活動はないと、信じてこの世を生きていらっしゃるフツーの人々には、この教育相談という人生裏街道の仕事はまずできない。

ですから、おそらく人口五万人程度の町で、カウンセリングのコツを覚えて教育相談に実力を発揮できるのは、数えるほどの人しか出てこないだろうと思います。

先に専門家という言葉を使いましたが、それは、別に大学で心理学を勉強した人を、いうのではない。生涯学習の中で、正しいカウンセリングの理論と技術を身につけた人を、専門家とよんでいるのです。

教育相談では、一般市民で、カウンセリングマインドという、心の栄養を身につけた人のみが教育相談の達人になれる。先生両親では、生徒の相談はなかなかできない。こういうことがいえましょう。

(4) カウンセリングのやり方

今までのところは、市民教育相談というものの位置を、座標の上に明らかにした部分です。おそらくは、日本では、誰もいっていないことがらでしょう。

これから申しあげるお話は、私が自分の教育相談の実践の中からつかんだカウンセリングの理論と技術。私は、皆様と同様、正規の勉強をしていないボランティアたる相談員。だが、私の理論と技術は、皆さまがよく聴いて会得し、応用して下されば、実践的相談活動には、とても役立つ方法だと思います。

① 子どもよりも目線を下げて子どもに対座する。だから子どもがタタミに座っていれば、こちらはタタミに横になる。

② 「子どもに何か親切なことをしてやろう」その気持ちは有害。弱い子どもほど、その雰囲気を敏感に感じ逃げ腰になる。ですから、「質量ゼロの心」で相手に接する。「誠意と真心」は禁物。ぬくもりのある体温、温かい目線が子どもに伝わる位置、「うぶ毛」でさわるようにソーッと相手に接します。

③　ひたすらに聴かせていただきます。沈黙が長い。沈黙は相手が考えている時間。これを大切に。今の子どもは他人から小言ばかりいわれて育っている。でなければ無視の中に育っている。その子が、「この人、とにかく必死で聴いてくれる。不思議だ。」その感情をもつほどに、聴いて聴いてなおかつよく聴く。

④　相手の心をすべて受け容れる。すべてというのがオーバーなら九九％受容する。

⑤　相手の汚ない表現の連続の中に、必ず彼の美しい心がのぞき初める。それを目ざとく発見する。できなければ、相談は不成立。

⑥　その美しい心をほめる。かつほれる。泣きたいほどの感動の中で。

教育カウンセリングは、たったこれだけのことで終ります。ケースワーク的配慮も不要。アドバイスも不要。時に有効だと思ってついやってしまうアドバイスも、それはたいてい有害無益です。相手のいうことを絶対的に傾聴し、相づちを打ち、そのいいところを発見し、ほめ、かつほれる。本心をもって。これを「共感」というのです。この部分につきましては、二、三の具体的事例に基づいて詳しくお話しします。こうして相談を終えますと、子どもの方で勝手に、劇的に自立し、それぞれの生活に適応します。これがカウンセリングのすばらしいところです。

(5)　教育相談の研修の必要性

教育相談に当る人は、非常識を平常心で受け止める人でなくてはなりません。子どもが、目の前でタバコを吸っても、その荒れた悲しい心を思えば、なんで止めろなんぞと言えましょう。マニキュアの爪だって、赤く染めた頭髪だって、大人社会の異常に対する、健気な抗議のしるしにほかならない。「しかし」「だけど」とついつい自分の口から法律やら規則やら世間の習慣に従ったお説教をしたい気持ちもわき出ましょう。それはぐーっと飲み込む。常識のカタマリの自分の枠組で子どもを見ていると、ついそれが出る。子どもの心の叫びの見える人なら、とてもそんな「しかし」が出てくる余地はありません。

自分の枠組をひろげることは、自分を限りなく太らせることです。太らせるということは自分の枠組を無限に無くし、空にし、人の心を容れるその袋をひろげてゆくことです。それは、たえざる研修によって自己否定の訓練をして作りあげてゆく以外にありません。ボランティアとしての市民教育相談活動とは、限りない生涯学習の過程です。それはとても困難な修業です。多くの人々が、挫折し、その初心を放棄なさるだろうと思います。しかし、これほどやり甲斐のある人づくりの仕事は、ほかにありません。一見価値なきものに新しい価値を発見し、新しい将来を背負う人づくりをする、素敵な仕事。それが教育相談活動です。

日毎の研修・訓練をねがってやみません。

(6) 聴くことの効用

ここに、ある少年院院生の日記があります。

「波多野先生と面接して一番先に思ったことは、先生は普通の人達とは考えがちがうと思った。イスに座るにしても、自分の前に座るのではなく、となりに座って話して下さった。面接を受けて自分の思っとることをすべて話した。人に話してもどうすることもできないことだけど、やはり少年院の外の人間だから、話をしていると心が落ちつく。別に相談というんじゃなくて、ただ聴いてもらうだけでいいと思った。やはり少年院に関係のない人間だと話しやすい。もし今日、誰とも話をせず一人で昔のことを考えとったら、たぶん暴れとったと思う。今まで考えていた不満を全部言ったら、本当にスッキリした。これであと一カ月はもちそうだ。一番うれしかったのは、最後になって先生が帰る時、『また会いましょう』と手を握っていわれたことだった」

三二　月明り

先週の金曜日（二月二八日）、午後七時から広島県三次市の市民会館で、これからボランティア相談員になろうとする四〇人余りの人たちに、お話をしました。その小さな会場の講師席の前には、今まで、どこの講演会場でも見たこともないほどの美しい、ウン万円もの花が、大きな壷に生けてありました。私のお話が終ったとき、司会者は会場の電灯をすべて消しました。会場はまっ暗になりました。窓の外には、雪がしんしんと降りしきっている。と、その時、スポットライトが、私の前に置かれていた花にあてられました。花は一段と美しく輝いて見えました。司会者の方は、「今日、雪の降る寒い中を、お集り下さいました、心温かい皆様に、一つの詩をお贈りいたしたいと思います。」そういって金光洋一郎先生の作られた「月明」を朗読しました。全く突然のアッという間のできごとです。

「月明」とは、ＯＩＤＥの会報第四号の表紙に載せられている、次のような詩です。

沼に墜ちていた心が
かろやかなつばさを手に入れた
暗い葦原に迷っていた心が
昇ってきた月明りに助けられた

冷たい孤独の風の中にとび立てば
いつしか前にも後にも
けんめいにはばたいている
人の心の羽音がきこえる

よぞらをこめて翔びつづければ
さびしい野末に　ふと見ることができよう
暁の青い明るさが
ほのかに訪れてきているのを

◇

岡山を遠く離れた三次という土地で、わが心の友の作った詩が朗読されるのをきいたとき、私は思わずうれしさがこみあげ、胸が熱くなりました。

そして何度も読みなれこの詩を、今初めて聴く、という新鮮な心でもって、一語一語を味わいつつ、全身を耳にして聴くことができました。

主催者である三次市教育委員会は、私と作者である金光洋一郎先生との関係をおそらく全く知らないまま、このような丁重な取扱いをしてくださったのだと思います。

詩が朗読されたあと私は、お礼の挨拶をしようと思って立ち上がりましたが、ほとんど声は出ませんでした。ただ恥かしい様をおみせしたにとどまりました。

講演会が終ったあと、講師を囲む座談会が一時間ほど行われ、私は一〇時すぎにおいとまをしました。市教委の方は、二、三人で軽い食事でも、と親切に言って下さいましたが、私はそれを断わり、雪の降りしきる中を独り宿舎に帰りました。

◇

私には一つの思い出があります。

今から二十数年も前の冬のある夜、盛岡市の公会堂で、当時バリトンの名手といわれた中山悌一さんが、シューベルトの「冬の旅」全曲を歌ったことがありました。私は学生時代からシューベルトの歌曲を愛唱し、昭和二八年に買ったシューベルトの歌曲集は背表紙の字も見えないほどボロボロになっています。

中山悌一さんの音楽会が終り、聴衆はアンコールを求めて拍手をしました。その時、中山悌一さんは舞台のすそで感謝の挨拶をのべたあと、こう言いました。

「どうか皆さん。このまま雪の降りしきる夜の道を、淋しくお帰りください。「冬の旅」のあと歌うべきアンコール曲はありません」と。

三次市での私の講演会の時も、窓の外は、積雪二〇センチメートルという「極寒の季節」でした。その中で、思いがけない詩の朗読という、私にとっては一期一会のハプニングがありました。だから、私としては、このまま、この感動を胸におさめて宿舎に帰りたいという気持ちしかありませんでした。

◇

音楽ファンの私にとって、昭和六〇年という年は当り年でした。カナダ国立交響楽団が来た。チェロのヨーヨーマが来た。それに帝王カラヤンの君臨する、世界一のベルリンフィル、その主席コンサートマスターである、日本人の安永徹とその仲間たちが二回も岡山に来た。その上、「アマデウス」もありましたネ。

その前に、西ドイツのケルン放送管弦楽団が岡山に来ました。指揮者は、これも日本人の若杉弘。世界のオザワに続く人。

この若杉弘さんはその後いつの間にか音楽の都ドレスデンの国立歌劇場管弦楽団、常任指揮者に栄転されました。「レコード芸術」一二月号で、その若杉さんが次のように語っています。大事な言葉です。

「オーケストラを振っていて、いつも感心するのは、楽員たちがただ美しい響きだけで音楽を作り上げていくことです。それに、このオーケストラは楽団員相互のなかで聴きあうことがたいそう敏感です。彼らにとっては、弾くことよりも聴きあうことの方にウェートがかかってくる。弾くことが四〇%であれば、聴きあうことが六〇%という具合に。」

へたくそな楽団ほど、自分に与えられた譜面を追って自己主張をすることに汲々とし、他の楽員の音の響きに耳を傾けるということはありません。先日もクライエントが少し何か語ったところ、あるカウンセラーは、突じょ、むかし体験したことのある自分の体験談を立板に水と語り始めました。「ホラホラ！　また、〇〇節をやっちゃいましたネ」と私が叱ると、「そうなんです。相手の話を聴こうと思って座るんですけど、いつも私はこれなんです」純真な彼女はすぐ詫びる。

◇

日本には、琴、尺八、三味線、長唄、ナニワ節といったように、自分一人だけで演奏する邦楽の家元さんがあまたいらっしゃる。そういう伝統の中に生きる日本いのちの電話のカウンセラーは、ドレスデン国立歌劇場管弦楽団が、他人の音に耳をすませてきくことに主力を注ぎつつ自分の「パート」を奏でるというふうに、カウンセラーのたたずまいをととのえるという人は、育つことが稀なんだろなーと思うのです。私が指揮する岡山弁護士会合唱団など、他人の声がきこえないように、わざわざ耳に指を突っこんで、自分に与えられた「パート」を歌うという人もいらっしゃいます。アハハハハ。

三三　青春の完全燃焼

昭和五四年一月、岡山少年院に一九歳の少年が入院しました。S君。暴力団員。その前年、四国少年院を仮退院し、間もなく人を傷つけ、すぐまた岡山少年院に送致されたそうです。Sは入院後も他の院生と喧嘩が絶えず、教官にもことごとく反抗するので、四月末頃まで、昼夜間とも独居室ぐらしでした。院長さんもこの子だけはお手あげだとおっしゃっていました。

私の第一回目の面接は三月。その日は一時間余り、例によってひたすら傾聴。私はこの時、彼が美しい心を持った、何でも命がけでやる、アクの強い（ということは個性的な）少年だナと気付きました。

四月第二回目の面接。私は彼の「絶対的支持者」となりました。「君のすばらしい個性を、どうぞ将来、立派に伸ばしてくれ。僕は君が院内で、どれほどひどい、どれほど数多くの反則を犯そうと、決して君を見捨てたりしないゾ。教官に叱られても、決してヤケになるなー。僕は君の味方だ。君を信じて、君の燃えさかる向上心を、じーっと見守っているからな」私の一〇〇％受容によって、S君には転機が訪れたようでした。

五月の面接日、妹尾中学校の三年生の女子と剣道をやった時のことを聞かせてくれるS君の声は、はずんでいました。

「波多野先生、その女子中学生の眼の美しかったこと！　僕は、心も体も汚れ果ててしまっていることを思い、生れて初めて、ワーッ恥かしい、と痛感したんです。先生も知ってのとおり、僕は五〇人からの女の体を知ってます。その僕がネ、少女の眼に射すくめられてネ、汗は吹き出る、足も動かん手も動かん。こんなに参ったことがない。僕はあの、キラリと光った少女の眼を忘れず、これから真面目になります」

七月下旬に少年院を訪問した時、豚舎係のK教官は、S君がひとりで世話しているという豚舎に案内してくれました。豚舎は磨き上げられ、床にはワラくず一つなく、ブー公たちは、うれしそうにはしゃいでおり、水槽にひっくり返って鼻を高々と鳴らしている小ブタちゃんもいました。K教官は、「豚は賢い動物です。Sが大事に世話してくれる人だということをよく知っています。ブー公たちの嬉しそうな表情を見てやって下さい。今までなかった現象です」

私は胸が一杯。一言の言葉もなく、S君と並んで面接室まで歩きました。私の思いは、Sよ。よーく悟ってくれた。と、ただただ感謝の気持だけでした。

面接室に帰ると、そこへ待ちかねたように、剣道係のS教官が入って来られました。教官は「暑かったろう」といって私ではなく、S君にまず扇風機を向けてやり、ソーファーに腰かけている私の前に立ち、S君がいかに剣道に優秀な成績をあげているか、どれだけ自分がS君に期待をかけているかを語られました。

こうなるともう主客転倒。非行少年の「後ろ姿」が少年院の教官たちに生き甲斐を与え、やる気を起こさせているという、逆転現象が生じているといえましょう。先生が生徒に教えられつつ導いている。息づまるほどの美しい光景でありました。

S君は昭和五五年二月初、退院しましたが、少年院に入って初めて剣道を習ったというのに、出院前には初段の免許をとっていました。

◇

ここで彼の日記の一部をお目にかけたいと思います。傷ついた若者たちが、自分を認めてくれる人生の師を友を、どんなに熱烈に求めているかを、この文章の中に感じ取ってほしいと思うのです。

五月〇日　「波多野先生、この先生は強烈な個性をもち、それをいいように生かしている。僕の個性というものを認めてくれているが、いやはや、実にきびしい。ここでは辛抱第一だという。なぜなら、少年院へ来たということで私は死んでいるからだそうだ。つまりバカになれということだと思う。私はバカになり切れない。そのために他人よりよけいにすべったり転んだりする。そしていつも傷だらけだ。私のもっているアクは強い。『個性を生かすためには、個性を押えることを知らなくてはいけない』、と先生いう。ここは少年院なのだ。個性をストレートに生かそうとすればするほど、自分が苦しみ傷をうけねばならぬ。これは事実なのだ。今日の面接の中で、よーしおれも、その辛抱とやらをしてみようかと、そう思った。よく考えればそれしかないのだ。この先生ですら、自分の個性を人が認めてくれたのは、五〇になってからだそうだ。今五一だから、つい最近だ。それまで数え切れぬほど転んだりつまづいたりしたそうだ。『個性を生かすために、努力、努力の連続だった』こう語る言葉の裏には、苦労が実感として感ぜられた。こう語る先生の横顔には、『わが道を行く』で通してきた男だけのもつたくましさが、にじみ出ていた。そのうしろには、苦労を重ねそれを生かした男だけのもつ後光がさしていた。ありがとうございました。この先生と話をすることだけでも、私には大きなプラスになる。いや、自分のために、ぜひともプラスにします。」

六月〇日　「今日波多野先生と話し合ったこと、それは僕の青春の完全燃焼の一瞬のことだ。今僕が一番大切にしているもの、それは剣道であり、青春である。剣道の時の僕の眼は、僕が一番生きている時の眼だ。青春の炎の眼といえるだろう。先生は、この眼を、いまだにもっている人だ。僕はこの先生を尊敬し、学ぶべき人だと思う。僕のことを心から理解してくれていることもうれしくおもう。僕と先生の生き方が、多少なりとも似ているからではないかと思う。この先生が今の地位をきづくまでは、さまざまな圧力がかかっていたと思う。すごい毒舌でもってきびしい批判をする先生には、敵が多かったのではないだろうか。それでも妥協せず、自分を通してきた先生のファイトには感激した。

この先生と、もっと話をしたい。そして先生の長所をぬすみたい。それが必ず僕の、大きな前進になることを信じている。」

◇

カウンセリングは、ややもすればツルリッとした浅いものになる。それは、カウンセラーが、純粋さを喪失、相手ではなく、自分の枠組の上に立って、見かけだけの同情、激励でお茶をにごし、カウンセラー自身の魂にどーんとぶつかる自己対決を忘れた場合です。S君の、「いやはや実にきびしい」というつぶやき、これにぜひご注目下さい。

三四　ある出会い

大塚さんが、三月一一日のグループ研修を最後にOIDEを退会されました。二〇日まではS市の新居に移られます。

私と大塚さんとの出会いは、昭和五九年一二月二四日、クリスマスイブの日でした。その日の午後に、OIDEの受信件数は、開局以来ちょうど四〇〇〇件に達し、OHK（岡山放送）は、ホットニュースとしてこれを放映しました。私はその日の午後七時すぎ、ぶらりと、当時中山下にあった電話センターに立寄りました。当時第二期生は、一二月中旬から、スーパーバイズ付の電話実地訓練をやっていましたが、その日はどうしたのか、スーパーバイザーさんが来ていなかったのです。私はスーパーバイザーの資格はなく、二期生の実地訓練指導はできない立場でしたが、大塚さんのとられた電話を、モニター電話で聴きつつこっそり指導させていただきました。そのケースは、女性相談員ならば、最初から思わず耳を覆いたくなるような、ある男子学生クライエントの訴えでした。

彼の訴えの第一段階では、女性の肌着に異常な執着を持ち、次々とおろかしい行動をしてしまうことについての悩みごと相談でした。大塚さんは、「若い人だもの。ありうることよ。気にしないで」と、共感的理解を示しつつ静かにより添ってゆきました。

大塚さんの優しい受容で、このクライエントは、もっと深い悩みのところにまで降りて行き、さらに屈折した恥かしい異常行動について語り始めました。これを第二段階の急降下と呼びましょう。大塚さんは、思わずウッと息をつまらせつつも、なお寄り添います。

なるほど彼女の背後には私がいて、次々「指示書」（メモ）を彼女の目の前に置くのですから、彼女はそれに添って進まざるを得ません。だけど、大概の人の場合、この「指示書」は相談員の心には響かないのです。ところが大塚さんにあっては、私の指示をいいように生かし、その異常行動を、本音ですべて受容されたのです。と、突然彼はさらに第三段階目のくらがりに急降下。身の毛もよだつほどの恐ろしい計画実行の意図を打ち明けはじめたのです。クライエントは、結局のところ、この決断についてカウンセラーの意見を確かめたいというのが本心だったに違いありません。進むことも、寄り添うこともできない。

大塚さんは、たくまずして悲しい淋しい声に変わりました。きっと泣いておられたのでしょう。これは、実は、カウンセリングの極意ともいうべきもの。クライエントは、大塚さんの、優しい変容にたじろぎ、自問自答しているうち、沈黙が長くなり、遂に、大塚さんを、「世界一優しく、世界一チャーミングな母親」の姿にダブらせ、大塚さん悲泣の心を、母の嘆く心と完全に同一視するようになり、翻然と悟り、自分の考えていたことの非道を深く恥じ、「やさしいお姉さん、僕悪かった。まちがってました。ありがとう」と、今度は彼の方が涙声にかわり、電話を切りました。

◇

一つのフィールド（平面）で、ある悩みを語っていたクライエントが、突然直滑降してもっと深いフィールド（テーマ）に降りる。そこでカウンセラーによる受容の手応えを確かめたクライエントは、さらに味をしめてより深いフィールド（テーマ）に直滑降する。こういう種類のカウンセリングを経験されたことが皆さんありますか。

こういうカウンセリングの形を横から見ますと、ちょうど「王」という字の形になります。王の横棒は、上からみると一つの平面、フィールド。そして王の縦棒は、直滑降用のパイプです。私は、こういう形式のカウンセリングを、「王」の字にちなんで、「キングスカウンセリング」とよんでいます。こういう形式は、カウンセラーに相当の力量がある場合にのみ出現いたします。こうした、キングスカウンセリングは、カウンセリングの形としては、大変好ましい形で、カウンセラーにとっては、本来これをカウンセリングの王道として指向すべきかもしれません。

大塚さんがまだ研修生の期間内に、キングスカウンセリングを作りあげ、一人の大学生を危機から救ったことは、私にとってスゴーい喜こびでした。早速奥村会長にこのことをご報告しました。会長は、「協会設立の目的を既に達成しましたナ……」と言われました。嬉しい言葉です。

私どもの事業全体のスケールからすれば、大塚さんのこのカウンセリングなど、見方によれば顕微鏡的世界のでき事だといえます。しかし、会長や私は、決してそうは思わない。「一人の人命は、全地球より重い」という、最高裁判所判決の有名な言葉を思い出すべきです。

◇

☆　またある日大塚さんが、小学校五年生になるお子様の物語りを匿名で寄稿して下さっています（第四章）。ある日わが子がふと見せた一滴の涙の中にも、そしてレースに敗れたわが子に対するクラスメートの賞賛の中にも、宝石のように輝くカウンセリングマインドを、謙虚なオドロキの心で発見していらっしゃいます。ともすれば親や教師たちは、ここのところを見落とす。だから教育は荒廃するのです。

☆　第七章「めぐりあわせ」でも大塚さんが登場します。自殺企図少女が、大塚さんの涙と嗚咽のスダレの向こうで、「私のいのちは岡山いのちの電話で頂いたものです。今後大事にします」と絶叫する。その時の大塚さんのカルテの字は、涙でにじみ、カルテ自体もベゴベゴ。そのカルテの一隅に、小さな字で、「いのちの電話を作って下さった先生方、ありがとうございました」と書かれています。

☆　また彼女はある日、むづかしい電話を受けて、気が付いてみると、三日間というもの、その間、ずっと飲まず食わずだったのですと言われました（第二章）。

☆　そのほかにも、昨年自殺するという書き置きをして遠方に家出して何カ月も家へ帰らなかった少女の面接カウンセリングを、私個人のアシスタントとして大塚さんに手伝っていただいたこともありました。その少女は大塚さんの優しさに心打たれ、たった一回のカウンセリングで両親のもとに帰り、今では自立して大手の会社に就職し、親たちをよろこばせています（第一一章）。

近い将来大塚さんは「Aいのちの電話」に入会なさるでしょう。私はそのご入会の推薦状を書かせていただくつもりで本書を、心をこめて書きました。

三五　若狭の水

奈良は二月堂に「若狭の井戸」というのがあり、毎年三月一三日頃、この井戸の水を汲む「お水取り」というお祭りがあります。この井戸の水は、遠く若狭の国の地下水に通じているとのこと。いささかこの儀をかたどって名付けられた、日本古典手妻（手品）に、「若狭の水」というのがあります。二本の空の銚子をお膳の上に並べ立て、一方のお銚子に水を満たした上、そのお銚子の口と口に一本の紙テープをかけ渡し、太夫扇をもって、中味のある方から空の方に向けて水をあおぎ送るしぐさをいたします。すると、あらふしぎや。水は空のお銚子へと移り、さっき水を注いだばかりのお銚子は空っぽになると、こういう古典手妻です。

ここでその手品の種明しをしようというのではありません。若狭の井戸水のように、ふかーいところで相互に脈絡をもち、関連し、共感しあう自然界の仕組の不思議さに、皆さんの心を向けていただくため、早春の風物誌として、こんな話を持ち出したまでです。

◇

さて、話はかわって弁証法的唯物論の第一原理は、「万物は矛盾を内包する」でした（第二八章）。第二の原理は、「相互関連の中にもの見る」という考え方です。

カール・ロジャーズが先年日本に参りました時、「万物は相互に関連し共感する」と言いました（創元社刊『カールロジャースとともに』を参照）。

「万有共感」という私の信念をロジャーズ先生は、いつの間にか科学的に追究しようとしている。私はつい最近そのことを知り、「ウーム、してやられた！」などと不遜なことをいっております。弁証法的唯物論の核心的方法は、社会現象の解明に適用されるだけでなく、ロジャーズ派心理学の基礎、ひいては人間行動万般の科学解明にも適用される方法になろうとしているわけです。

若狭の水のことはわかった。しかしお前さん、カウンセリングの実際面で、この相互関係＝共感という大自然の原理を、どういうふうに生かしているのか。皆さんは膝を乗りだしてこう尋ねられるでしょう。今日はそのことについてお話をしてゆきます。

◇

いろんな人にカウンセリングとか内観法の指導をしていて、いつも感じますことは、親が変われば子が変わる。子が変われば親も精神的に自立するということです。孫を愛してやまなかった祖父が、放火殺人という凶悪犯罪を犯した孫の前途を悲観して服毒自殺をした。まさにその同じ日に、刑務所で内観中の少年は悟りを開き、慈悲の権化のような人に劇変した。そういうことも私は体験しました（第二部回心の記録第二章）。

ある母親に気付きを与えたところ、うつ病の子が軽快したというお話（第二七章）を思い出して下さい。また娘が不義の子を生んだら、両親がニワカツンボになった（第一一章）、というのも共感の効果にほかなりません。愛と憎しみは、表裏一体の弁証法的構造ですから、愛が深く強いほど、憎しみも大きくなる。その心的エネルギーを、カウンセリングによって、憎から愛へと転換すれば、病的歪力をもったエネルギーは、即、自立と愛のエネルギーへ変わり、大きな力となって憎んでいた他者に好ましい共感的感銘力を伝播するのです。

今日の教育相談では、カウンセラーのところに相談に来るのは、問題児自体ではなく、ほとんど母親です。電話相談にあっても同じことがいえましょう。こういう時に、よくないカウンセラーは、目の前の「ママゴン」の方からその子についての予断と偏見だけをひたすら傾聴し吸収する。そうでなくても、カウンセラーの心や目は、（善意で）電話のかけ手のはるか頭上をジャンプして、その背後にいる問題児に注がれ、そいつを（善意で）めんみつ丁寧に診断しようと、ママゴン相手に「有毒資料集め」をしがちなものです。クライエントとは、相談をもちかけて来ているその人のこと。ですから、カウンセラーが共感関係をもつべき人は、彼の目の前の人、電話をかけている、そのかけ手。その人に迫っていかないと何の成果も生れません。「聴く」という人の行為は、まず、かけ手の悩みをよく聴き、その語る言葉の中に、自らが向上しようという傾向と自発力をめざとく発見し、寄り添わなくては意味がない。（寄り添われたゾ）と思うクライエントの心の中には共感が発生、その共感のエネルギーがその人の憎しみとかストレスを「優しさ」に転換する。それがこんどはその次に、その側にいるであろう問題児の方に共感として伝播されます。伝播された好ましいエネルギーは、いやおうなしに問題児の長年の病的ストレスを溶かしていくわけです。

◇

共感発生とその伝播のメカニズムは、上に述べたとおりです。これ以外ではないのです。

こういう種類のカウンセリングには、問題をもつ本人自身が電話のかけ手である場合に比べて、おそらく数倍の困難が伴うでしょう。

それでも我々は、かけ手本人の向上自立の力が、その背後にひかえる問題児に共感的に伝わるに違いない、その一事を信じて、ひたすら聴く以外にはないのです。閉塞状態のクライエントとは、コップに閉じ込められたハエと同じ立場。彼に対して、コップの外から、「元気を出し、コップを自力でひっくり返して、飛んで出て来いよー」とアドバイスを与えようものなら、彼は、より深い絶望を味わうだけのことです。

◇

自らコップをひっくり返して飛び出る力のない、ちょうどハエくらいの人と共感関係をもつその極意は、といえば、それは実は極めて簡単なこと。ＯＩＤＥの内部報九月号にＹ・Ｍさんが小さな、しかしすごーく深い意味のこもった詩を寄せています。Ｙ・Ｍさんの詩の心は、次のとおりです。

☆「今の私は、あなたに添うことができません」とメロメロになっていうということは、傾聴拒絶の態度ではない。むしろそれが共感の発生源ですよ。

☆「生きることに疲れました」という人に、胸が一杯で、言葉も無くなること、これもまた共感力発生源なのですよ。

☆尋ねられた事に、知っている限りを答えることこそ、不誠実な、共感的効果を期待できない行為です。

◇

真理・極意は、いつでも極めて単純にして明解。あなたの身辺にあります。昭和六一年立春の「コロンブスの卵」とは、このことです。

三六　ヘビと蛙

数年前、タクシーに乗っていたら、ラジオが面白いことを放送していた。

どこかのある小学校で、生徒がヘビを飼いはじめた。ヘビを丹念に観察してみて、子どもたちは、ヘビに対する人間の蔑視、偏見、差別がおかしいということに、だんだん気付き始めた。例えば、「ヘビはヌラヌラとしているから気味悪い」という理由も、実際に体にさわってみると、むしろガサガサしており、見た感じと違っていた。

生徒たちは、ヘビの大好物の蛙を捕えて来てはヘビに与え、ヘビと大の仲好しになっていった。

ところが、そうしているうちに、ヘビに敵意をもつ子どもとか、蛙を愛する子どもたちは、蛙をヘビの餌にすることに憤慨し、二派に別れてつかみ合いの口論を始めた。これを見かねた先生が仲に入って両派の話をきき、討論会のようなことをすることになった。蛙に愛情を示す子どもたちは言った。ヘビに対する嫌悪、恐怖の感情は、これはいくら偉い人に教わったところで消えるもんじゃあないよ。いくらヘビ好きの連中が科学的にヘビのよさを研修し、聞かせてくれたってしょせんダメ。キライという気持を捨てろったって捨てられるものか。そのイヤなヘビに可愛い蛙を捕えて来てわざわざ食わせてやることなど、考えただけで腹がたつ。いのちというものをもちっと考えてみろってんだ。

ヘビ愛好家の子どもたちはいった。ヘビは蛙を食べて生きるように生まれついている。ヘビに蛙を食べさせて、なにが残酷か。人間は大体、ヘビに対して偏見を持ちすぎる。僕たちは、これを是正してゆくべきだと思うから、今後もずっと、ヘビを飼育する活動は続けていきたいのだ。と。

先生も、両派の真剣な討論には参った。そして、その問題は、むしろ宗教世界の問題だろうと考えた。そこで、先生は両派の子どもたちをお寺に連れて行き、和尚さんのご裁決を仰ぐことにした。和尚さんはいった。この論争は和尚があずかる。君たちが、もっと高学年になってから教える。と。

私自身にとって世の中にヘビほど嫌いな生物はいない。野山を歩いていてヘビに出会うと、全身にとりはだが立ち、血が頭から引いて、石を投げ棒で叩いて追いつらしてしまう。小学生の頃は、もっとひどいことをした。無抵抗のヘビの尻尾をつかまえてビュンビュンと振り回わし、地べたに叩きつけた。

今ではそんな残酷なことは、なぜかできなくなっているが、ヘビに対する偏見と差別と敵対感情は依然として心の底にとぐろを巻いている。教育の力でこの心を打ち破られることもなく、いまこの年を迎えてしまったことは、実に悲しい。

◇

「人のいのち」のみならず、「いのち全般」を扱う、わが岡山いのちの電話に、もし、いま、ヘビ愛好派の子どもたちが、ヘビ差別に対する世人の考えに絶望し、彼らの悲しい思いを訴えてきたら、皆さんはどのように対処されるであろうか。ヘビ達の入っているケージの中では、チロチロと舌を赤く光らせ、くねくねと動き回るヘビの姿を想像しただけで、頭から血が引く人もあろう。そのヘビ達の前には、今食われるか、今食われるかと、恐れおののき、肩で呼吸している蛙の群もマブタに浮かんでくる。私だったら、「残酷だぞ！」と思わず叫ぶに違いない。電話をかけてきた子どもは、「おじさんなんか何もわかっちゃいないや。いのちの電話なんて、クソくらえだ！」こういって彼は電話を切るだろうと思う。

だからといって、かけてきた子どもの心の枠組に、どうしても入りきれない私は、傾聴の力がまるでないのだから、ヘビの性《さが》、蛙の業《ごう》という、それぞれのいのちのしくみに直面して、ただ汗びっしょりになって子どもの非難の矢を全身に受けつつ沈黙を守る以外に方法はなかろう。

灰谷健次郎さんの「島で暮す」を読むと、灰谷さんはヒヨコを飼っている。ヒヨコは灰谷さんの手に乗り膝によじ登り、かわいいさかりだ。ところが、そのヒヨコが食べられるくらいに成長すると、灰谷さんは、島に来た客をもてなすため、自ら鶏を枝につり下げ、頸動脈に刃物を当てて殺し、羽をむしってマル裸にしたうえ料理するそうである。わずかの差別の言葉を聞いても失神するほどの優しい灰谷さんがそうするのだ。灰谷さんの、その残酷な鶏の手料理の様を見た友人は驚いた。そして愛児のように育てた鶏を、よくそんなことやるネと言った。灰谷さんは、人に頼んで殺させてそれを食べるのはいいが、それの累積は自分に偽善の心を起こさせる。ごまかしてはいけないと思う、と語っておられる。

私は、「ヘビと蛙」の問題について、いつか機会があったら、それを携えて灰谷さんを訪問して、いろいろお話を聞いてみたいと思っている。

◇

その昔、親鸞は、海で漁をし、山にシシを狩るなどし、殺生を日常の仕事をする人たちをも、仏の大慈悲は、ことごとく救いとって浄土に往生させるのであることを説いた。そして念仏が人間の最高善であるからして、念仏を申すことをより容易にするために、肉欲の海に沈没せざるを得ないのならば、それもよしとし、自らも何人かの女性と交わった。

一休禅師など、七七歳にして四〇そこそこの美しい盲目の女性とねんごろになり、大本山の境内に庵を作り、一一年間、一心不乱セックスにひたり、

「自分にこの恍惚境を知らせてくれた女性器の恩を忘れることがあったら、二度と再び人間界に生れ出るあたわず」

という感動的な格調高い漢詩のいくつかを残し、八八歳で入寂された。

◇

カウンセリングは、人の「知識」のレベルで応答するのではない。ひたすら「感情」のレベルで共感のあるなしを確かめつつ、手さぐりで進む。その場合、その人の感情の枠組に、どうしても自分が入って行けないその理由は、非常に多くの場合、カウンセラーが長年浸ってきた時代の社会的因習、しきたり、とりきめ（私は「エトス」とこう、哲学用語でよんでいる）から抜け切れないところに原因があると思う。今日、右に述べたことがらは、特に女性の方にはなかなか納得できないことだろうと思うが、カウンセラーがカウンセリングの椅子に腰かけた時は、少くとも、差別を生み出すエトスからはつとめて超越しようとする強い、しかし、しなやかな意志をもたなくてはならない。でなければ、カウンセリングは成立しない。それほどカウンセリングの求める「自己対決」は厳しいものなのである。

三七　創造への道

昭和一一年には、国を揺るがす二・二六事件がありました。これに先だつ三年前の昭和八年には、岡山県生れの京都帝国大学教授、滝川幸辰《ゆきとき》氏の書いた「刑法読本」が、右翼・軍部によって攻撃され、軍国主義化の風潮に反感をもつ滝川教授をはじめ数名の教授が、これに抗議して、敢然教授の職を辞し、野に降りました（滝川事件）。その時の刑法教授の一人に、信念の人佐伯千仭という先生がありました（後に立命館大学教授）。一〇年程前、私は佐伯先生（今は弁護士）のカバン持ちをして、五年間、県北におこったある一つの事件のお手伝いをさせていただき、その間、先生より、非常に多くの人生哲学を学ぶことができました。

ある時私は、佐伯千仭先生にお願いして、岡山の弁護士たちのために一夜ご講演をしていただきました。その時佐伯先生は、「正しいと信じたら、しつこく二〇年」というテーマでお話下さいました。

今日は、創造への道の狭さ暗さ、そして信念を貫いていくことの難しさについてお話しようと思います。

◇

今から約八年程前、岡山県教委の依頼で、県立高校の教頭先生約一〇〇人に、生徒指導に関する教育講演をしたことがありました。それにそなえて私は、話のタネを集めるため、はるばる長野県篠井市にある篠井旭高校に、若林繁太校長を訪ね、数時間にわたって若林校長さんの、熱意とそして創意に満ちた、生徒指導の数々を学ばせてもらいました（若林先生は、その直後から急に全国的に有名になり、先生の著作はテレビでも放映されました）。

そのお話の中で、私の心を打った物語は、五指に余るものがありますが、ここでは二つのことを簡単にとりあげてみます。

第一に、去年やってみて成功したからといって、今年また同じことはやらない、というが先生の学校経営の大方針です。前年どおりやってればたぶん間違いないだろうでは、教師や生徒の精神の毛穴が塞がり、人の心に感動の火花が散らなくなり、みるみるうちに学校経営は、マンネリ化するというのです。

第二に感心したことは、六つの高校に願書を出したが、どこでもシャットアウトされた悪の権化ような生徒を、学校の内規を変更させて入学させたというお話でした。第一週目の職員会議では、「私の人生を作って下さい」というその子の直訴状に感動した若林先生は、その子の採用を先生方に強く訴えたが多数で否決。第二週目、校長はまた同じ問題を持ち出した。また否決。第三週目、先生たちは、この子の入学は内規にも違反すると反論し、この時も否決。第四週目、若林校長はその子を、高校のすぐそばにある校長宅に引きとり、内規の変更を懇願されました。青春の一時期、ふとしたことで非行に走った若者について、その勉学のチャンスを一生奪ってしまう、そんな内規には、若林先生は我慢がならなかったのです。職員会議は、校長の情熱に負け、四週目にして、とうとう内規を変更し、その若者の入学を許したということです。

その悪い子は入学を許されるや、校内で荒れている問題生徒に向って優れた説得力を発揮しました。彼は、次々「アホなことはやめろ」と説得して回わり、六カ月のうちに頭角を現わし、トップで卒業したといいます。

◇

私は数年前、若林先生のマネをしてみました。当時私は岡山弁護士会の中にある、財団法人法律扶助協会（貧困者に国の資金を無利子で貸すという、社会福祉的な事業団体）理事と貸付審議委員をしておりました。当時、サラ金被害者には協会の資金は一切貸出不可という観念が会員全体に滲み通っていたのです。そういう中で私は、ある、気の毒なサラ金被害者に貸付をしてくれ、と懇願。第一カ月目は、直ちに却下。第二カ月目も同じ。第三カ月目の否決直後、理事会で私の信念を披れきし、第四カ月目にようやく貸付を実現しました。そしてその頃から、

「真に気の毒な案件にあっては、貸付をすべきだ」という全国的な慣行が生れていったのです。

　こういう変革を進めて行く時の闘いは、周囲の仲間や市民から見離された価値観の中で、ひたすら自己対決を続けていくという、孤独なたたかいにほかなりません。

◇

　日本におけるいのちの電話運動は、創立間もないことゆえ、電話相談における「危機介入とは何か」についても未だにしっかりした定義づけもなく、ウヤムヤのうちに推移しています。

　そんな中で、私はある時、家を追いだされたあるご婦人を、一回は宗教団体の施設に送り込み、一回は大阪の彼女の実家に送り帰しました。もちろん、電話をかけてきたクライエントについては、彼女と面接して事情を聴いたうえでやったことです。

　またある時は、「暴力団員にさそわれて、女子中学生五人が、いま集団家出しようとしています。助けてっ！」といって電話をかけてきた母親がいました。私は五人の問題少女の自宅を次々と巡回し、面接カウンセリングを試み、彼女たち全員の家出を未然にくいとめたことがあります。いのちの電話相談員の倫理には、「相談員は、クライエントと絶対に会ってはならない」という禁止事項がある。電話相談員でもある私は、その禁止事項をこっそり破ってしまったのです。私の思いは、「彼女たちにとっては、今が人生の岐路。今が危機」このことで頭が一杯でありました。

　皆さんの中には、法律家でもあり事務局長でもある者がなんということ……と憤慨される方も多いことだろうと思います。私のやったことが、いのちの電話運動の枠内の正しい行為か、それともラチ外にある、不正義の行動であるのか、それは、今もって私にはわからないのです。しかし、ともかく私はきめられた法を破り倫理を踏みにじった者。そういうことで当分、人々の非難を甘んじて受けようと思っています。

創造への道の狭さ、暗さの中にあって、信念を貫こうとする人の孤独さを、しきりに思うこの頃です。

三八　関与的態度

先月の新聞に、木原孝博先生の新著「カウンセリングマインドと教育活動」（ぎょうせい刊『学校改善実践全集二一巻』）の書評が載った。「また、いい本を書いたんですネ」といって木原先生に電話をかけた、そのついでに私は、倉敷市立西阿知小学校の、「カウンセリングマインドのある授業」の研究発表をきいた話（第二九章）をした。木原さんは、即座にいった。「波多野先生、それはスバラしい。それ、ぜひ観に行こうよ。その時に僕の書いたその新刊本を献呈するから」と。こういうことで二人は、三月一三日に西阿知小学校の授業参観に出かけた。そして、国語と算数の授業をたてつづけに六つ参観して帰った。どの教室でも、子どもたちは生き生きとしていた。それは、どの先生もすべて、子ども一人ひとりの「主体性」をいいように生かし、生徒とともに生き、ともに育つという授業を展開していたからだ。意外に思ったことは、国語という味わいの多い授業に比べたら、簡単にスパッと割り切れる問題がはるかに多いと思っていた算数の授業の中に、しみじみとした温かいカウンセリングマインドの量が多かったことである。

◇

この数年間に私は西ドイツで、エリカ・ダックスという素敵な女性弁護士に二度会った。彼女の方もこの数年のうちに、日本に二度（岡山のわが家にも）遊びに来た。私に惹かれてというより、彼女の大学院時代の旧友である東京大学、憲法学教授、小林直樹さんに会いたくて来たのだ。小林先生はある日私にいった。「僕にとってエリカ・ダックスさんといえば、ドイツそれ自体です」と。なんという直截な感情の表現だろう。

小林教授の伝で、私の、西阿知小学校授業参観直後の胸のときめきをいうと、私は、テレビの名作「アルプスの少女ハイジ」になって、スイスの高原のお花畑を、ころげ回わっているような気持だった。

私はこの小学校から帰る時、校長先生に何度も何度もお願いした。「いいですか。この宝物を、めったやたらに人に観せたらいやですヨ。とくに報道関係者とか、カウンセリングを知らない議員さんたちには……」いつの間にかアルプスの少女ハイジになりきってしまった私は、行列をなしてお花畑を荒らしに来るであろう、目のつり上がった偉くてこわいハイカーたちの顔を想い浮べていたのである。

◇

木原先生の書かれた本は、その題名のとおり、カウンセリングマインドに満ちた本だ。どこをめくってみても、カウンセリングの栄養素がいっぱい。その中で、とくに今日は、第三期生に対するカウンセリングの授業の時に木原先生が話された「受容」と「要求」という、互いに相反する二つの要素に関係のある素敵なおはなし（この本の五三ページ）を、ちょっとばかり皆さんに知っていただこうとおもう。

木原さんは、そこに大要次のようなことを書いてしらっしゃる。

「受容」とか「要求」という前に、もっと重大な問題があることに最近気付いた。それは受容の「やさしさ」、要求の「きびしさ」に分化していく以前の、カウンセラーの構えのようなものだ。要するに、ある事柄の将来に、重大なかかわりをもちたいという、心的傾向のことである。その事柄の未来に、自己をかけること、自己を投入することだといっていいかもしれない。事柄の未来に自己の運命が重大なかかわりをもつので、事柄の進行に、どうしても自分が主体的に参加せざるをえない。無関心、無関係ではおれない。自己をかけ、自己投入したくなる。このような人間的かかわりの態度を、「関与」といったり「興味関心」といったりしている。「関与」(これは実存主義哲学で用語、アンガージュマンと読むのです)とは、「やさしさ」「きびしさ」以前。両者未分化の状態だ。それでいて、強く充電されているカウンセラーの態度である。私はこの「関与的態度」が、何より大切であり、必要なのではないかと考え始めている……。と。

木原先生は、たとえば、「いのちの電話にかかわらないではおれなーい」という、そういう、心の奥底から突き上げてくる何ものかをもつわれら人間群像を、頭に描きながら、このところを書いたに違いない。私は、そう思う。

去年第三期生の授業のときには、出てこなかったことが、今度の新著になって、「最近になってよくよく考えていると、どうも、そういう気がしてならないのだ」という表現で、そこのところが書かれている。木原先生の、そういう価値創造的な姿勢が私の心に、ぐいぐいと、くい込んで来る。

こういう学者による「明確化」「概念化」は日頃カウンセリングに余念のない臨床実務家の私にとっては、なかなかの迫力がある。

◇

去年、私は、東京の方で、弁護士とか大学教授二〇人程で作っている「近代法研究会」に、団藤重光さんという偉い先生をおよびして、先生のお話を聞いた。先生は去年、東宮職参与、随員団長として皇太子さまご夫妻(今上天皇・皇后)と共にスペイン、アイルランド方面を回って来られた。そんな土産話をきこうとして、私はとくにお願いした。先生は、「波多野君に声かけられたら僕は断われんのだヨ」と、まず私のうれしがりそうな殺し文句をいったうえでいろいろお話をなさった。

その中で団藤さんはこういわれた。「この年(七二歳)になっても僕はまだ刑法教科書を書いていますが、一つの理論を、トコトン考え出すと、一晩寝ないで朝まで考える。そういうことが、一週間に二回はあるんだよネ」と。

すでに三〇年間、「団藤刑法」という名声を天下にほしいままにされた、元東大教授という学者としての団藤さんが、やがて最高裁判所判事という実務の世界に沈潜し、そこを潜り抜けた今、再び学究の生活に戻り、思索三昧・著述三昧の日を送っておられる。尋常の人に真似のできることではない。

◇

さて、一方では、教育カウンセリングの学者として今まで啓蒙的学説を展開してきた木原岡山大学教育学部教授は現職のまま、四月一日付けで岡山大附属小学校長に併任となった。従って木原先生はこれからは、学者と実務家の「二足のワラジ」をはく人となる。学者としてえーことばかり書いてきた木原校長先生！　あなた果して、岡大附属小学校を西阿知小学校のように、主体性の乱れ咲くお花畑に、変えることができますかナ？

三九　良寛の涙

岡山県の生んだわが国福祉事業界の三傑、それは三人のキリスト者、石井重次、山室軍平、留岡幸助（一八六四〜一九三四）です。留岡幸助は高梁の出身。不良少年の感化矯正事業についてついでにいいますと、留岡幸助ほど有名ではないが、有馬四郎助という人がありました。この人は明治四一年に、不良少女感化院としての「横浜家庭学校」を創立しています。留岡幸助はその六年後の大正三年に、北海道遠軽に少年感化院である「北海道家庭学校」を設立しました。今でいえば、岡山の誠徳学校と同じ教護院です。

有馬四郎助は、カウンセリングを学ぶ者にとって一つの興味あるエピソードを残しています。彼は関東大震災(一九三二)の時、小菅刑務所の典獄(所長)でありました。大地震によって、刑務所の建物や塀が全壊し、囚人たちはこれ幸いと、われ先に刑務所から逃走しようとした。その時何人かの囚人が、逃走しようとする囚人たちの群に向って口々に「有馬典獄を思え!」と一喝しました。その声は、逃げて行こうとする囚人の魂に雷鳴のように響いた。囚人にとって逃走するのは、たやすいこと。千載一遇のときです。だが、逃げることによって、日頃敬愛する有馬典獄が、どんなに嘆き悲しみなさるだろう。囚人たちはそのことを思ってハッとした。全囚人の足はピタリととまり、一人の囚人も逃走しなかったといいます。

囚人たちの逃走を止めたのは、刑務官の拳銃による射殺とか逃走罪への恐れではなかった。一人ひとりの囚人と、人間有馬四郎助との間にできていた、思いやりの心(共感)にほかならなかったということです。

不思議なことに、この有馬四郎助と、留岡幸助は、昭和九年二月四日同じ日に相次いで昇天されたということです。

◇

留岡幸助の作った北海道家庭学校は今日も残っており、多くの薄幸な少年がここで立ち直り、社会に復帰しています。

ここの校長、谷昌恒氏が数年前に、ある新聞に良寛さんについてひとつのエピソードを書かれていました。大要次のようなことです。

良寛は家の跡取りでしたが、弟に後をたのむといって、修業に旅立った。それから何年も経って、弟の子が不良少年になり、親達を困らせ始めた。親族会議の末、「高僧の名も高い良寛を越後の実家に呼び戻し、彼に説教してもらったら不良の甥《オイ》は何とかなるのではなかろうか」ということに衆議一決。おそらく使いの人は越後から備中の国円通寺まで良寛を迎えに行ったでありましょう。良寛は早速越後の実家に帰って行きました。

家に帰って来た良寛の一挙手一投足を、家の人々は息を殺して見ています。一日目は何もなかった。二日目も。いよいよ良寛出発の三日目の朝が来てしまった。人々は思いました。こんなに期待して良寛のお説教を待ち望んでいたのに、その良寛は、甥に対して、たった一言の説教もせずして帰って行くのかと。

出発の時が来た。良寛はその甥を呼び寄せ、わらじの紐を結んでくれといいました。いわれてその甥は良寛の膝下にしゃがみ、わらじの紐を結ぼうとしたその時、彼のうなじ（後ろ首）に一滴の熱いしずくが落ちてきたのを感じました。それは、良寛の涙でありました。良寛は、荒れる甥の心を思ったが、わが胸に迫り、こみ上げる共感の気持ちを表現する言葉がなかった。彼の凝縮したその愛が、一滴の涙となって甥のうなじを打ったのです。「一滴の涙を落とす」それだけで良寛は、甥に対して共感の気持ちをあらわし、甥は、一滴の涙の重さによって自立したということです。

◇

ここで気のついたことを少しのべてみます。

第一。ＯＩＤＥの内部報に載せられていたＹ・Ｍさんの詩のことについて、私は第三五章に解説したことがあります。クライエントの心を思いやるとき、言葉も絶え、一言の援助の言葉すらなくなる時がある。そういう時のあることを体験することは、メゾカウンセリングの極意を知ることです。カウンセリングの場で、知っている限りの処世術とか人の道をクライエントにくどくど語ることは、むしろ、とんでもなく悪いこと。良寛さんのように、語ろうとすれば、一晩中、夜を徹してでも説教のできる高僧・名僧でさえ、荒れる甥の心をのぞき見たとき、言葉が絶えたのです。私ども凡俗にあっては、良寛以上のメゾカウンセリングを望むべくもない。それを思うべきです。

第二。これは前章に載せた「関与的態度」にかかわりのあることです。良寛は、荒れる甥に重たい気持ちを寄せつつ、備中の国円通寺から越後の実家までの長い道のりを、おそ二、三カ月の月日をかけて戻って行ったでしょう。その良寛が甥に対して自覚的にしたことといえば、何もない。ただ一滴の涙が、たまたま甥のうなじに落ちただけのことでした。凝縮した一滴の共感の涙。その重みは、良寛さんの、その涙を垂らすまでに辿った長い長い道のりを思うべきです。

一瞬で終ったカウンセリングの水面下にかくれた、良寛の「関与的態度」というものの重みこそ、良寛の共感の重みを物語るものではないでしょうか。こういう良寛にまつわる一つのエピソードも、知ると知らないとでは、カウンセリングの学び方が違ってくるでしょう。

第三。第七章に、私は「カウンセリングにおけるめぐり合わせ」について書いています。クライエントが立ち直るには「天の時」がある。これを広島刑務所の有沢さんは、わかりやすく、「カウンセリングとは、ある日家に帰ったら、いろりの火が燃えていたようなもの」とうまい表現をしています。良寛のカウンセリングでこのこと説明しますと、もし、良寛の涙があの時、甥のうなじに命中しなかったら、カウンセリングは成立しなかったかも、ということです。いかに良寛ほどのメゾカウンセラーといえども「天の時」が到来しなくて、熱い涙が甥のうなじを打たなかったら、甥の自立は期待できなかったでしょう。

良寛ほどの「無心かつ天衣無縫」の高僧にしてからが、名人芸はできない。カウンセリングとはそんなもの。ひたすらに、「天の時を呼ぶ運よき人」になりたいものです。

四〇　氷多きに水多し

今日は仏教のお話をいたします。

四月一二日、第四期いのちの電話相談員養成講座の開講式記念講演で、北九州いのちの電話理事長の秋山聡平先生が、一遍上人（一二三九〜八九）の話をなさった。一遍上人は「捨て聖」とも称せられた高僧であった。

秋山先生が当日会衆に配布された一枚のコピーの中には、「念仏の行者は知恵も愚痴も捨て、善悪の境界をも捨て、貴賤高下の道理をも捨て……」

という一遍上人の言葉が書かれてあった。一遍上人とは、徹底した「自己放下」を行を行じた聖者らしい。

今ここで右の、「念仏の行者は」という言葉を、「いのちの電話相談員は」と読み替えてみたらどうだろう。一遍上人の言葉は、たちまちにして、今日に生きてくるような気がする。

カウンセラーには「我執」（とらわれの心）があってはならない。だがおそらく一遍上人からみると、大方のカウンセラーは「エトス」という怪物にとっつかまって体も心も、コブ巻きならぬ「エトス巻き」にされ、その上をさらに知識と人生体験という紐で縛られている。当然二つの人格が出っ会すと、我執と我執の衝突で争いを起し、愚痴のとりこになる。そんな辛い体験を、しょっ中繰り返しても、自分では、マアマアの健全な社会的常識人だとうぬぼれている。自分の姿はつとめて見ないように各自気をつけているが、長年のうちにはエトス巻きの各所はサビつき、動きもつかなくなってしまう。それだから電話をかけてきたクライエントに「ここまでが善だよ。そこから先は悪だよ」とお説教をし、かつまたその人を傷つける。

一遍さんは、第三章に登場する坂本繁二郎画伯のように、知識を捨てよというだけではない。善悪の境界をも捨てなさいというのだ。口では言えても、ここまで実行できる人は、まずあるまい。

◇

ここでちょっと目先を変えて、禅宗の開祖道元禅師（一二〇〇〜五二）のお話をしよう。禅師が留学を終えて中国から帰った時に、中国に行って何を学んで来たかとこう人が尋ねたら、「自分は柔軟心を得た」といったという。鈴木大拙という仏教学者は、「この柔らかいとか固いとかいうのは、わが心の全体をあげての働きからみていうのです。この柔らかいというのは、宗教の極致といってもいいもので、柔らかでなければ、物を入れようとしてもはいらぬ。何か固いものをその心の中に蔵していると「われが」といって頑張る。頑張ってしまうと、外から来るものに対して、すぐ反発してしまう。なるべく自分がなくならなくてはいけない……」と、一遍同様、善悪の境も知恵も捨てて、エトス巻きから脱出することの大切さを述べている（角川文庫『無心ということ』）。

一遍にあっても道元にあっても、自我とか我執とか自分の枠組という、心の底にひそむ悟りの邪魔者を除去しなさい。そうすれば天地自然の節理に合致する己の仏心《いいところ》が輝き出る。その仏心が他者の仏心《いいところ》を聴くのだといっているように、私には聞こえる。

◇

ちょっと趣向を変えよう。一昨年、京都大学の河合隼雄教授から、次のようなお話を聞いた。

「糸がもつれている時に、知恵や可能性をたくさん持っている人は、えてしてキューッと引っ張るからアカンねん。こうフワフワッとやらんと糸のもつれはとけんでしょ。人が死ぬとか生きるとかいうその危機の時に、カウンセラーとしてかかわっている時でも同じ。よけいにこう、フワーッとやらなアカンのです」

河合先生のいわれるように、カウンセラーは体を楽にし、心の中の固いものを捨てて、ふんわりとした優しい柔らかな心で人の心を受け容れ、包み込むのでなくては、仏心（他人のいいところに迫るこころ）は現われず、カウンセリングは始まらない。

◇

お話は再び開講式の時の秋山先生の講演に戻ります。秋山先生は一遍さんの話を切り上げたと思うと、黒板に「大悲無倦」と書かれた。私はこの四字を見た瞬間に、まるで稲妻のように私の体をかけ抜けたものがある。

一遍とほぼ同時代に生きた親鸞（一一七三～一二六二）の主著である教行信証の第二巻の末尾に、有名な讃歌が収められている。真宗の信者ならほとんど誰でも知っている「正信偈」というお経だ。

「どのような極重悪人でも、彼がひとたび念仏を唱えたら、その瞬間に、ミダの懐に深く抱きかかえられてしまう。ところが俗人の悲しさ、お金・地位・名誉といったものしか見えない人間の目には、罪を赦され、ミダに抱かれている自分の姿は見ることができない。しかし、ミダの大慈悲は、倦（あ）くことも無く（大悲無倦）、そんな煩悩に汚れたままの彼を受容し、かつ照し給うている」（拙訳）。

という有名な一節がある。また親鸞が折にふれて愛弟子唯円に語り聞かせた言葉をまとめた「歎異抄」の中には、「善人なおもて往生を遂ぐ。いわんや悪人をや（往生とは成仏のこと）」という、常識人の頭にカチーンとくる言葉がある。

親鸞は「悪人正機」といって、ミダは、われら悪人罪人を救うために願を立ててこの世に現われた、というのである。その思想は、

　氷が水となるように
　罪が功徳に即、変わる
　氷多きに水多し
　悪多ければ徳多し　（拙訳）

という彼の別の讃歌の中にもはっきり表われている。

かつて放火殺人罪を犯した少年Mは「内観」によってまるで聖人のように変った（二九〇頁以下）。私はその裁判の最終弁論の時、「裁判長、私は今、気持ちの上では、この法廷の床の上に身を投げ出し、被告人を拝みつつこの弁論をいたしております。どうぞ、弁護人の、今の、この気持を思いつつ私の弁論をお聴きとり下さい」といった。

◇

去る四月一四日にも、夫を殺して海に捨てた女性が最終公判で示した美しい心を、わがOIDEの多くのボランティアの方がたに聴いていただいた。こういう事実を何度も体験している私には、悪という氷の量の多い人たちが、ミダの大慈悲に照らされると、氷はたちまちに融け、それが功徳の水となって輝くという親鸞の、右の讃歌が迫力をもって迫ってくる。

以上のべた思いが、まるで稲妻のように私の体を貫いた。

四一　父親の開眼

今からふた昔以上も前、A県でのことです。波多野検事の前に一七歳の青白い顔をした少年が座りました。腕には幼稚ないれずみをしている。家出をし、同年輩の少女と灰焼小屋で同棲し、毎日盗みを働きつつ生活していたという。この少年は、ある日父親に、高校に進学させてくれといいました。父は「バカモン！」といって即座に皮靴で少年のひたいを強打しました。少年の眉間が割れ、鮮血が少年の服を赤く染めたといいます。その父は全国的に名の知れた名士であり、仕事の鬼でした。

父はわが子が荒れに荒れて、手に負えなくなったことで世間体を恥じ、ますますわが子を恨みに思い、名誉ある地位を捨てる以外になかろうと、私の前で涙を流しました。

私はその職人堅気で、不器用な生き方の父親の姿をみて身につまされるものがありました。どう考えてみても、息子の荒れる原因は、父親のいびつなその生き方にある。しかし父はそのことについて全くといっていいほど気付きはない。息子が悪い、息子が悪い、その繰り返しでした。

国家の権威を背にしている検事の私は、少しハラが立っていました。そして「少年鑑別所に入っている息子に、いますぐ面会に行きなさい。そして息子の前に膝まづき、両手を床についてあやまるのだ。あなたにとって世間体がそれほど大事なら、それくらいのことは容易なことじゃないの」といいました。父親はそうすると約束しました。が、その日は彼にはそんなことをする決心がなかったのか、そのまま家に帰ったようでした。私は後日それを知り、約束を破ったことを責め、直ちに出頭を求め、その父親を連れて鑑別所に行き、面会室に父親を押し込みました。父親は、やがて面会室に入って来た息子の前に両手をつき、「お父さんが悪かった。許してくれ！」と、形だけではありましたが、オタオタと詫びたのです。すると少年は、「ちがう！　ちがう！　僕が悪かったんです。お父さん、ゆるして！」と、父にしがみついて泣きじゃくり始めました。扉の後ろで聴き耳を立てているであろう検事を意識している父親は、もはやこれまでと意を決し、前もって決められていたしぐさとせりふ通りをやった。ところが意外や意外、息子は父の不器用なその謝罪の有様を、ロールプレイだとも思わず、その父に対し、本心でもって、ガーッと反応したのです。はじめ検事の存在を意識しつつやっていた父親は、瞬時に本音でもって息子に詫びはじめたといいます。

面会室から出て来た父親は「ウソからまことが出ました。しかし波多野検事さん、私の心と息子の心を比べてみて、何と私の心のお粗末だったこと……息子に教えられて、いまようやく私は目が醒めました」と、流れでる涙を拭こうともせず、その父は私の手を握っていいました。

どうでしょう。全国的にその名を知られた名士として俗世間的なエトスに縛られどおしに縛られていたこの父は、荒れるわが子の切ない心を見る眼もつぶれ、聴く耳もつぶれていた。検事にきつく叱られ、おそるおそる息子の前にひざまづき、目線を低くしてわが子の心を見る姿勢になったその時、自分の方からではなく、息子の側から、荒れて汚ない心の奥にひそむ美しい心を全部さらけ出して父に見せたのです。父親はほとんど労せずして息子と共感的理解の関係を作りあげたといえましょう。

◇

こういう形は皆さん、例外中の例外だと思いますか。とんでもないこと。ＯＩＤＥの電話室では、常時発生している風景です。私どもは、「目線を下げる」という、形だけの努力で、年中クライエントに教え導かれつつ自分を太らせているではありませんか。現にＯＩＤＥの内部報「４３４３」№一〇（四月一八日発行）に、高木さんが、次のように書いておられます。

「共感的理解は、汚ないものを貫き通したその向こう側にある美しい心を見、かつこれにほれこむことだというのだけれども、未熟な私の心は、すべてのクライエントにそれをみつけて、これにほれこむなんて神業ではないかしらと思えてしょうがない。しかし、こんな貧しい心を豊かなものへ育ててくれる電話がかかってくる。電話を切ったとき、クライエントはいざしらず、わたしの方がしみじみとした心にさせられる。このクライエントに会えてほんとによかった、と思える電話がかかってくるのです。クライエントに育てられている自分を実感するときです。この実感を、いつかはクライエントにかえしてゆきたい。クライエントの情感にふれるような電話を……」

高木さんの描かれたある日の電話室の心象風景は、息子の美しい心に触れて驚き、かつこれにホレた父親の気持ちと同じではありませんか。この父親についていいますと、生れてこの方何十年間も、ワーカホリック（仕事中毒）で病めた自分の眼に見えていたのは、およそ心の世界とは無関係の、名誉や地位というものだったでしょう。それがある時、「極重悪息」をもった上に、オッカない検事に怒鳴られたおかげで、尊いものを見る眼が自分の中に芽生えてきたといえます。今まで「自分が自分が……」という気負いこんだ気持で息子を窮地に追い込んでいたこの父親は、自分の窮地の中で、同じく窮地に立っていた息子と一期一会の出会いを体験したのです。しかも、父親としては、思いがけなくも「非行少年」というラベルを貼られたそのわが子に手を引かれ、かつて見たこともない明るい自由の世界に救出されたというわけです。

この父子が家庭裁判所の恩情で、まもなく同居するようになったことは、いうまでもありません。

◇

しかし、いつも柳の下にドジョーがいるとは限りません。このようなロールプレイが有効に通用できるのは、口数の少ない不器用な父親の場合のみです。つねにひとこと多い賢い母親のやるお芝居の筋書きは、子どもにとっては、いつもスケスケにまる見えのことが多い。そういう母親が右と同じことをやると、息子や娘は一応形のうえでの対応はチャンとやっても、すぐそのあとでは、赤い舌を出して逃げてゆきます。

もっとわかりやすい例でいいますと、「積木くずし」に登場する穂積隆信夫妻とその娘のような人には、右にのべたようなロールプレイは通用しません。ということになりますと、カウンセラーは、「人を見て法を説く」判断力をもたなくてはならないということです。

四二　カウンセリングの時代（その一）

今からちょうど一〇〇年まえ、石黒涵一郎という弁護士がいた。女子高等学校（中等教育のこと）の必要を痛感し、山陽英和女学校（今の山陽学園高校）を創立した。それは時代の要請であったと思う。だから校舎は粗末でも、師弟の人間関係は美しいものがあった。

それから一〇〇年たった。学校という容れ物はデラックスになった。アレ、こんなところにホテルが……と思って近づいてよく見ると中学校だったりする。

容れ物のデラックス化に反比例して、中身の人間関係が荒廃した。どこの学校でも、本来の授業が始められないとこぼしている。

「強迫教育」（森有礼の造語）に拒否権を発動する子どもらが、いじめや登校拒否をやって教育を乱す。そういうワルをつまみ出さないと「教室というコップの水」は、一滴の墨を落としたように暗くなる。たまらなくなってそんなワルを追放しようとしたある県の勇気ある女生徒は、私の目の前で教育長から表彰された（五七頁）。そういう暗く悲しい物語が、今、教育界の常識になって全国の教育関係者を覆い尽くそうという時代になった。

学校という殿堂は、外観は美しく見えても中身がこんなだから、雨が降るたんびに雨もりがする。臨教審は土台から改善すると息まいている。だが、国民大衆はそれをアテにはしていないようにみえる。

ずっと先のことではない。「現に今、目の前で荒れ狂っている子どもの心」――いってみればきょうあすの雨もり対策が私にとっては問題なのだ。だから手桶という昔風の器をもたない私は、その雨もりを両の掌《てのひら》にでも受けようというおろかしいことを考えている。

「強迫教育からはみ出して命を断つ一人の子どもでも見逃せない。」こういうつぶやきは、今は少数かもしれぬ。しかし、見ていてごらんなさい。やがてつぶやきは叫びになるだろう。それがカウンセリング時代到来のサインとなるはずだ。

カウンセリングとは何か。それは、荒れている子どもの涙を考えることが、教育より先だと信じ、荒れている子どもの心を、全身を耳にしてひたすら聴くという運動にほかならない。

数年前、私はカウンセリングの青い鳥をたずねて全県下を歩いた。見たものは、子どもを萎縮させる、おっかない集団の準警察活動だけだった。彼らにあっては「聴くこと」とはすなわち「あまやかし」なのだった。

カウンセリングという「聴き方」は、専門的教育訓練を受けた人でなくては、絶対、してはいけないもの。だが岡山大学にもそんな専門講座はない。それでは大学の外で寺小屋教育でもやる以外にない。私ども岡山いのちの電話のスタッフ・講師陣約四〇名は、この三年間、一五〇人近い人々に、オンボロ寺小屋の中で、県・市から一円の公費をもらわずに、カウンセリングの教育訓練を行ってきた。四月の新学期からは、さらに将来電話カウンセラーとなる新入生四七人（第四期生）の教育が始められている。

（山陽新聞〔論壇〕）

四三　カウンセリングの時代（その二）

私が初任地の最高裁判所家庭局で、「ケースワーク」という英語を日本語になおす仕事をしていたのは、今から三〇年前のことだった。結局は、ケースワークそのままが日本語になって現在に至っている。

それから約一〇年遅れて、ケースワークの親類筋に当る、カウンセリングが日本に上陸し、今ではすでに市民権を得ている。これは人間を劇的に自立更正させる秘密兵器であるから、それ以来、家庭裁判所調査官や少年院教官の間で、やかましく論じられてきた。岡山少年院でも、一〇年近く前から実施してきたカウンセリングマインド（マインドは心）のある教育に「柿八年」のことわざではないが、二、三年前から花が咲き実がついてきた。

世間で検事正といえば鬼検事の親玉。その検事正がある時、岡山少年院生約二〇人のやった「青年の主張」の会で講評に立った。そして「あなた方の魂の叫びを聞かせていただいて、私のハンカチは涙でグショグショになりました」と、声をつまらせた。検事正は、話を聞いている全院生の目の輝きにも感嘆の声を放った。審査員の一人であった県教委のY指導主事は、感動のあまり全員に一〇〇点をつけたといった。

少年院だからカウンセリングでここまで少年たちを美しく変容させることができた。

私は先年県教委にお願いして、中学・高校生指導、中堅幹部研修会に、岡山少年院見学という一講座を加えていただいた。これは前年度から実施に移され、本年度も行われた。

県下に数ある学校の中にも、カウンセリングマインドをとり入れ、生徒の自主性を尊重する教育で成果をあげているのに、少なくとも一つの農業学校と一つの小学校がある。農業高校の方はO校長のお人柄による。N小学校は、全教職員が一体になって研究し創造したもの。N小学校のような感動ある教育のやり方は、ちょっとした触媒の作用で、全県下に広がっていく可能性がありそうだ。

四月下旬に出た臨教審第二次答申は、教育再生にカウンセリングを強く求めている。しかしそこでいうカウンセリングとは、たぶん従来からやっているグループカウンセリングであるにすぎない。そのことは一見して明白。今はそんな安直安住の時代ではない。カウンセリングという限り、学校という施設から完全に切り離されたところでひそやかにやる、一対一の相談でなくてはならない。そこで一番大事なことは、子どもの秘密を、いのちかけて守るプロらしいカウンセラーの姿勢を保持するということだ。文字にすれば簡単だが、その実行は限りなく困難な道である。まかり間違えば、心なきカウンセラーは害毒を流し、今以上に子どもの心を深く傷つける。

津山市長のつくったユニークな教育相談機関のK塾も、かつて無理解な市議会議員にたたかれるなどした。カウンセリングの小みちを進む人たちの真摯《し》な姿は、一般市民にはとかく理解されにくい。K塾よ、意気消沈する時期ではない。胸を張って信ずる小みちをねばり強く進んで下さい。

ともあれ、荒れる教育のつけは、県教育センター相談部とか、いのちの電話といった、虫めがねで見るような小さなカウンセリング機関に吹き寄せられざるをえない。それが今日の現状である。

（山陽新聞〔論壇〕）

四四　カウンセリングの時代（その三）

昨年一一月、同期生一〇人ばかりで旅をした。その時、数年前に広島県教育長をやった経験をもつ木下成史が言った。「オイ波多野、アレは秀逸だったなァ……」と。木下が感心したのは、津山市の鶴山塾で、ある日私の会った少女が、私のために、私の目の前で畳にはいつくばって書いてくれた次のような詩文だ（第一章）。

鶴山塾とは「とまり木」である。
きずついた小鳥が、きずをなおして、
また、とんでゆくところである。
ひとにはいえないなやみでも、
ここならうけいれることができる。
ひとにないあたたかさで一日がはじまる。そしておわる
ここの先生たちは、一人一人のいいところを引き出し、
それをまたさらに大きくする。

髪を染めマニキュアをした少女が、即興でスラスラとこのようなことを書いた。

私たちカウンセラーが出会う子供の心は、荒れすさんでひん曲がって、なおかつ汚い。十中八、九がそんな形でイメージアップされてくる。大切なことは、そのような汚い心の裏側に、必ず美しい心がそれと背中合わせに密着して向こう側を向いているということだ。カウンセラーは、こちら向きの汚い面を貫き通して、美しい向こう側の心に迫っていく。その作業におのれの枠組を捨て、ひたすらにやさしく、あたたかく寄り添う。子どもの美しい心がきこえてきた時には、相手の子どもも、こちらを美しい眼差しで見始める。こちらが美点にほれ込むことによって相手の心中には、激しい自己変革のあらしが巻き起こる。こちらのカウンセラー自身も、なぜか大きく変化し成長する。灰谷健次郎さんはその間の消息を、「優しさとは情緒の世界にあるのではなく、人を変え

自分をも変える力として存在する。」といっている。

そんなことはプロのカウンセラーにしかできないだろうという人もあろう。だが、荒れている子どもの、今のつらい心にかかわらないではおれないという、その熱い心情は、やがて人々に、荒れた子どもの悩む心を静かに聴く耳を与えずにはおかないのです。

臨教審は、教育荒廃の原因探究が先決だという。が、各時代は弁証法の法則に従って刻々と発展する。人間はその本性によってではなく、時代がつくりあげる有形無形の構造物によって左右されるもの。だからその道の学者先生たちが、二～三年かかって今の教育荒廃原因を、せっせと研究討議し終えた時には、彼らのつくった原因論は、とっくに陳腐になってしまっている。第一今は、そういう論理をがん味愛用するような悠長な時代ではない。

世の識者はいうだろう。子どもの家庭、交友関係等のケースワークこそ大切だよと。父よ母よ、教師たちよ。荒れている子どもの、その感情のレベルに降りてゆき、目線を低くして心を開き、相互に共感してみて下さい。それだけで以後子どもたちは、どんな環境に投げ出されても、自立しキラキラと輝き始めるのです。

世の企業家の方がたよ。財政的危機にある私どもの社会福祉事業を、どうぞご支援下さい。今という時代は、心の時代であり社会参加の時代です。

（山陽新聞〔論壇〕）

四五　この一筋につながる

五月一五日、岩波書店から一冊の部厚い書籍小包が届けられた。開いてみると、元東大法学部長・元最高裁判事・現東宮職参与、団藤重光先生からの献呈本。とびらには団藤さんから私宛への献呈の辞。その文字の美しさが目にしみる。開巻第一章を開くと「心の旅路」そして驚いたことには、この本の第一ページに「波多野二三彦君」という活字が文中に印刷されている。

ちょうど四年前の五月一五日、私は団藤さんにお願いして、新築された岡山弁護士会館で、「心の旅路」と題して講演をしていただいた。くしくも思い出多いその記念の日に、先生から新著のご寄贈を受けるとは何という不思議な因縁であろうか。

私は昭和五六年までは、団藤さんにとって、ほとんど無縁の学徒だった。その年、ある本の書評を岡山弁護士会報に載せた。そのコピーを団藤さんにお送りしたところ、「いちど岡山を訪ね貴君に会いたい」と仰せられた。私は驚喜した。

こうして四年前の二月のある日、私は最高裁の団藤裁判官公室をたずねた。名刺を出そうとしたところ、団藤さんは、両手を差しのべつつ近寄り、「懐かしい人に会えた。嬉しい」と言われ、私の手を両手でもって握手して下さった。私はとまどった。岡山という田舎町からトコトコ上京して行った一学徒、しかも初めてお目にかかった私を「懐かしい人」といわれた。このあたたかいお言葉。胸にこみ上げるものがあった。生涯忘れえない出会いだった。

その時から私は時折、最高裁に団藤さんをお訪ねすることになる。今は東京青山にある東宮御所の西隣のビルで執務されている。団藤さんはわが国第一流の法哲学者であり刑法・刑事訴訟法学者であるが、エッセイストとしても名高い。かつてエッセイストクラブ賞を貰われたこともある。

◇

ここから本論に入ります。

この本の題名「この一筋につながる」は、芭蕉の作品からとられたもの。団藤さんのいわれる「この一筋につながる」とは何だろう。

「この一筋につながるというのは、いろいろのものが一筋の道にずっとつながって行くというもので、そこに発展がある。細い道かも知れません。けわしい、曲りくねった狭い道でもありましょう。それをずうっとたどって行く。いな、たどって行くだけではなくて、自分が切り開いて行くわけであります。切り開いて、その先へ先へと行くわけであります。それは単に道をたどるのではなくて、それは創造であります。いろいろのものを取り入れ、いろいろのものと戦い、いろいろのことを考えながら、無限に自分の一筋の道をつくり上げることです」と。

第三七章で私は「創造への道」がどんなに狭く、暗く、遠く苦しい道であるかを、数個の例を挙げつつ説明した。団藤さんは、法学者であるが、創造の道を切り開きつつ一生歩み続けた俳聖芭蕉をこの上なく愛されるお方でもある。

「この一筋につながる」では、四〇首に近い芭蕉の名句を、いかにも団藤さんらしいこころでもって解説しておられる。その一つ。

よくみればなずな花さく垣根かな

「垣根を見ると、なずな。実がなるとペンペン草になるこの草も、小さい地味な白い、人目にもつかないような花をつけます。そこに芭蕉は一つの生命を認めている。これは一つの絶対的な生命であります。些細、微小なものの中に、大変大きな絶対の生命を見つけている」

電話の向うから聞こえてくる、まるでなずなのようなクライエントの声。その一人ひとりの声の中には一つの生命がみえる。あの、垣根のわきに咲く小さななずなの花も、スタコラ歩いていると、我々の目には入らない。歩をとどめ、優しい目で、じーっと見る時に、団藤さんのいわれるように、大変な、大きな、宇宙にひろがる絶対の生命が見えてくる。なずなの花とは、クライエントのもつ美点・個性と同質のものだ。

芭蕉の「観る」という大事業も、我々名もないカウンセラーの「聴く」という大事業も、団藤さんに教えられてみれば、全く同じ創造の事業であることに気付く。

◇

東大最終講義の演題が「法における主体性」これもまた我々カウンセリングを学ぶものにとって宝の山。フロイト、アドラー、フランクルとたどりつつ、ここで主体性の構造をわかりやすく説いておられる。「主体性ということは、コントロールすることを意味する。自分自身を、あるいは他の者を、コントロールすることがあって、はじめて主体的ということがいえる」と。

岡山少年院の院生S君は、ある日の日誌に、

「個性を生かすためには、個性を押えることを知らなくてはいけないと先生はいう。『個性を生かすために、努力、努力の連続だった』こう語る波多野先生の言葉の裏には、苦労が実感として感ぜられた……」（第三三章）

と書いている。

赤い花も、コントロールなしには赤くは輝やかない。赤、黄、青といった主体性の咲き乱れる花園を作る道を知るため、さらに広く深く団藤さんの本を熟読してみたいと思った。

四六　魂について

今から約三〇〇年前、ルネ・デカルトという高名な哲学者が、「われ思う、故にわれあり」という短文の出てくる、大変有名な「方法序説」という本を書きました。小林秀雄さんは、そんな堅い訳をつけないで「私のやり方」とでもくだいて日本語に訳した方が、もっとよかったのに、といっています。

デカルトはこの本を、ラテン語という、当時の「学問語」を使わずに、日常のフランス語で、しかも匿名で書いていています。この本の中でデカルトのいっている次のようなことばは、特に私の興味をひきます。

☆「学問をして得たたった一つの利益は、学問をすればするほど、いよいよ自分の無智を発見したことだった」

☆「私は自分のうちに、でなければ世間という大きな書物のうちに見つかりそうな、学問以外の学問は、求めまいと決心した」

☆「着想は天から降ったのではない。実際にやってみて確かめた」（以上文芸春秋社刊・小林秀雄著『考えるヒント二』）。

私はこの約一年間に、カウンセリングマインドを主題としたたくさんのエッセーを書きました。心理学のシの字も知らない素人の私が、なんでこんなに日常人が使う言葉でもって、毎週カウンセリングの心を書いたか。そのわけはこうです。

メゾカウンセリングでいちばん大切なことは、「クライエントと共通の、やさしい言葉でもって語り合える素人らしいあたたかさ、目線のひくさで、聴くというひたすらな献身をすることにほかならない。」ひとつこの際、自分は一貫してデカルトのやり方にならい、「世間という大きな書物」にぶつかってみよう。そして、自分が実際に身をもって体験して確かめえた聴き方を、書きつらねてみよう。臨床心理学の専門家から反論があれば虚心に耳を傾けよう。そう思って、今日まで書き続けました。

◇

さて今日は、心理学の辞典には絶対出てきっこない俗な、しかも輪郭がすこぶる不明瞭な言葉である人間の「魂」の周辺のしくみを中心に書いてみようと思います。

心理学の世界でタマシイなんて日常語を使ったら、フツーの心理学者は笑うでしょう。そういう環境の中で、心理学者の河合先生は、「宗教」とか「魂」ということをご自分の本（創元社刊『カウンセリングを語る・下』）の中にも書いておられるのです。これは現代心理学へのプロテスト。

数年前、NHKでとりあげた、アルビン・トフラーの「第三の波」の中でも、トフラーは、「エゴ」とか「イド」なんていう、もって回ったむつかしいラテン語を偉そうに駆使する「研究室のモグラのような人」は、現代ではあまり必要ではない。もっと緊急に大事なことがある。それは「人生相談の専門家とその補助者を育成することだ」といっています（NHK刊『第三の波』）。

フロイトだって、デカルトのように、「エゴ」とか「イド」なんていうラテン語は使ってはいない。ごく平凡にドイツ語の「私」とか「それ」（無意識）という日常語で、彼の精神分析論を書いている。（河合・前同書）。

フロイトが世に出るまでは、「理性」が人間の心そのものであると信じられていました。ところがフロイトは、理性は意識、無意識の、ずーっと上の方にある極小部分、まあ、いってみれば氷山の一角にすぎない。よくよくみるとその下の方に、とてつもなく大きな無意識のカタマリがあると言い出した。「私はつい理性を失って……」なんて人はいう。しばしば船がこのかくれた部分に撃突して転覆する、それ程の力のある、恐ろしいもの。その氷山の全体をひっくるめて「魂」といってしまえば、素人の話としては魂の構造がよくわかるでしょう。

◇

一昨年暮、愛人に心を奪われて理性を失い、肉欲の鬼と化したA子という女性は、その愛人と共謀して夫を殺し、死体にブロックをいっぱい結びつけて海に沈めた。私はそのA子と何度も面会し、手紙のやりとりをしてきました。この五月一四日に彼女は懲役一二年という重い判決を受け、人間としての名誉のすべてをはく奪されました。しかし彼女はごく最近になって、自分の魂の奥底から美しい心を、アッという間に汲み上げ、そのことで彼女は今（二〇〇三年の今でも）、新生のよろこびに輝いているのです。

私が思うに、カウンセラーになりたいと思う人は、できることなら、とことん落ちるところまで落ち込んでほしい。そこまで落ちると、あら不思議。自分の魂をしっかりと支えてくれる生きがいの杖を必ず得る。人生の宝物を得る。そう思うのです。

宗教は人に、その暗くておそろしい「魂」の底の部分を、神の愛という、蛍の光ほどのかすかな光を当てて見つめることを強く求めるもの。その意味では、信仰への道は本来決して明るく楽しいものではないはずです。

◇

「霊元天皇随聞記」も、人の魂を皮肉たっぷりにみています。

「僧、樹下に居眠りをすれば、神、歓喜し給う。僧、街に出でて托鉢をすれば、仏、悲泣し給う」と。その意味は、ネオンかがやく歓楽のちまたで、托鉢（修業）をする僧たちは、町で行き交うかわいい女性の姿態に心を奪われ、あらゆることを連想する。それより座禅でござると、終始木の下で居眠りばかりする僧の方がよっぽどましだ。なかなかキビしいじゃありませんか。

◇

日本の「いのちの電話」は、一五年程前、ドイツ人宣教師、ルツ・ヘッドカンプ女史が、西ドイツの「テレフォンゼールゾルゲ」という街娼婦相手の電話宣教運動を東京にもちこみ、一般市民相手の「いのちの電話」を作ったのが始まりです。ドイツ語で「ゼーレ」とは「魂」。「ゾルゲ」はケアーを、そして「ゼールゾルゲ」は「牧会」、「宣教」を意味します。

理性の奥底に渦巻いている、欲望と一体化した暗い魂の部分にまでアンテナをのばしてじーっと聴き込むのが、いのちの電話。理性の奥底のモンスターである性欲、名誉欲は、理性を突きくずし、時に人を破滅転覆させてしまうもの。カウンセラーである私どもは、そんな魂の持主たちと縁の切れるわけがない。懲役一二年の娼婦のようなA子にも美しい魂が、やっぱりあった。そして、カウンセラーを呼んでいた。美しくない魂の、声にならない叫びを、大事に大事に聴きとってゆきたいものです。

四七　教育の原点

六月六日、灰谷健次郎さんを、カウンセリングの師とあがめる、東京理科大学教授・哲学博士国分康孝先生が岡山に来られた。カウンセリングの本を四五冊も著わしている人だよと、誰かが話していた。国分康孝さんの本には、灰谷健次郎さんがいたるところに登場する。国分先生の著書の、第一章第一節が灰谷健次郎さんの「兎の眼」から始まったりする。まるで、「兎の眼」を読まないでは、君ィ、カウンセラーにはなれんョと、国分先生は言ってるみたいだ。一方、私のこの「カウンセリングマインド」の人名索引を作ったとすれば、おそらく灰谷健次郎という名前が、ズバ抜けて多いだろうと思う。その意味で、私にとっては国分先生は懐かしい人であり気ごころの合う人だ。国分先生を我々ＯＩＤＥのボランティアに引き合わせて下さったのは、当協会の中西一《まこと》先生。そしてその集会の世話係は第一期生のＴさんだった。

国分先生を囲む集会に参加した人のうち、三分の一が教師であり、残り三分の二の約一〇名が岡山いのちの電話ボランティアだったが、教師の半数近くが、養護学校の先生だったというのも、一つのことを暗示する。結論をすぐ言ってしまおう。灰谷さんは、およそ教育の原点は、知恵おくれの子たちの教育にあるという考え方だ。重度の知恵おくれの子「ちあきちゃん」をめぐっての関与の仕方で、その他の子供がどんどんカウンセリングマインドを身につけていく。そのすばらしさを灰谷さんは、私たちによく分かるように書いていらっしゃる。国分先生は、灰谷さんの、たとえばそういう実践の開示に強く惹かれるものを感じておられるに違いない。だからまた、自然必然的に、そういう国分先生の周囲には、養護学校の先生がたくさん集まって来るのだろうと思う。

◇

国分先生を囲む会は、第一部懇親会。第二部会食だった。第一部では、国分先生は、カウンセリングの宝庫の扉を、おし気もなくバーンと開いて私たちに見せて下さった。参加者全員は、たちまちにしてしあわせイーッパイの気分になった。

会食では、私が乾杯の音頭をとらせていただいた。国分先生にピッタシの言葉でもって、私は「アイ・アム・ハッピー！」と叫んだ。みんなはこれに唱和した。国分先生は、目線の低い人だった。だから私は、たちまち先生に近寄って自己開示をする。彼はどうか。私が一六歳の頃、海軍兵学校生徒だったと聞いて驚喜し、一瞬にして一四歳の陸軍幼年学校生徒になりきってしまった。その稚気たるや、実に愛すべきものであった。国分先生の「カウンセリングマインド」という本には、先生の、カウンセリングマインドの古里としての幼年学校とか軍人の物語が随所に出てきていた。

私にとっては江田島（海軍兵学校）がカウンセリングマインドの古里。そこでの教育が私のカウンセリングマインドに火をともした。そうに違いないが、若い人々の前でそういう自己開示をする勇気は、私にはなかなか出ない。ところが国分先生は、何の屈託もなく、これでもか、これでもかと四〇年以上も昔の、燃えたぎる若い血潮の軍国少年の心意気を示される。それがどういうわけか皆の心を燃え立たせ、ますます、皆を「アイ・アム・ハッピー」の世界へと誘っていく。不思議な力を持つ人である。

◇

ところで、知恵おくれの子の教育といえば、我々はすぐ、宮城まり子さんの「ねむの木学園」を思い出す。

私は不幸にして、教育長にほめられるほどの秀才君の作品を見ても、悲しくなるだけだ（例えば、第一八章「非常識の重さ」参照）。そういう体質だから、私の体も心も、気をゆるすと、自然と世のおちこぼれである知恵おくれの子供たちや、ゴンタたちの学園としての少年院に向かってゆく。

今から数年前、岡山高島屋で、「まり子とねむの木学園の子供」という小さな催しがあった。私は軽い気持で展示場に入った。そこにはパネル一面に、ねむの木学園の子どもたちの描いた絵が掲げられていた。その一つひとつは、まるで生きもののように私の魂に襲いかかってきた。私の両眼から、どっとばかり熱いものが吹き出す。恥かしさに耐えかね、反対側を向く。そこにも絵また絵だ。涙を拭う間もなく、またしても感動が潮のように私の魂をゆさぶった。私はもう、その場にいたたまれなくなってトイレに飛び込む。知恵おくれの子たちの裏側にあったこんなに美しいものが、まり子ねえさんによってものの見事に引き出されていたのだ。そのなかには重度の知恵おくれの子もいるだろう、軽度のものもいるだろうに、すべてが脈々と流れる人間の血潮の温かさを、これ以上の表現の仕方はあるまいと感じるほどの、美しさ巧みさでもって表現していた。

ここで第三章に出てくる、坂本繁二郎画伯の名言を思い出してもらいたい。

「自分なるものがあっては、それだけ認識の限度が狭くなる。自分を空《くう》にして始めて物の存在をよりよく認め、認めて自己の拡大となる。」

まり子さんは、知恵おくれの子、すなわち知にめくら的に純な心情を持つ子どもらの「我」のないこころがとらえた物の姿を、さまざまな絵に変えて私たちに見せて下さっているのだ。

◇

世の賢者たちは灰谷健次郎さんに向って「あなたは神経質すぎる。どうしていつもそういう知恵おくれの子たちばかりに目を注ぐのか」と叱るそうだ。灰谷さんは、そこに教育の原点があるからだといわれる。国分先生ならば、そこにカウンセリングマインドの原点があるのですといわれるだろうと思う。

私はかつてねむの木学園の子供たちの絵をみて感動し、この六月六日には国分先生の一挙手一投足、一言一句に驚喜した。こういう深い感動が、魂のカタルシス（浄化）につながる。創造の原動力となる。

四八　人間の分類

法務省の附属施設に、法務総合研究所という機関があります。ここの研究官である武田良二先生という方は、つい最近まで大分少年鑑別所長でした。この方は、奥村先生よりもずーっと早くから「内観法」を学問的立場から研究してこられた心理学者です。

先だってこの武田研究官が、私の書いた小さな論文を引用した、ご論稿の掲載された一冊の雑誌を送って下さいました。私の書いた小論は、もう十数年も前のものですから、私にとってあまり興味はありませんでした。むしろ、その雑誌の巻頭言に私は心を奪われました。そこには、「もう分類でもあるまい」という、ある法務省幹部の方の巻頭言が載せられていたのです。分類とか鑑別は、非行少年や犯罪者のパーソナリティや行動の態様を科学的視点から見るということで、犯罪者の裁判とか矯正の科学化・近代化にまことに大きな貢献をしてきたと思います。

犯罪者の矯正教育ということに全く不案内の皆さまに、もっとよくわかるように申上げますと、今日では非行少年は、最長二八日間も少年鑑別所に入れられて、心理学的に分類鑑別されることになっています。成人の受刑者ともなると、何と三カ月もの間、分類センターに入れられて分類鑑別されるしくみになっています。

ここで個々人の「診断書」が作られる。その診断書にもとづいて裁判・矯正の実務が行われることになるわけです。私は、昔から、こういうムダな手をかけすぎるしくみを「分類しっ放しの科学的矯正」とあざけって来ました。

◇

先日も国分康孝先生はいいました。「心理学者の中には、『分類屋』という人種と、『治し屋』という二種類の人間がいる。日本の心理学者のほとんどは、『分類屋としての専門家』で、人を見ると、すぐテストをして、レッテルを貼りつける。貼っただけで商売は終りだ。これに反し『治し屋』の方は、人間の分類とか鑑別にはあまり関心を示すことなく、ひたすら各種の心理療法やカウンセリングによって人間をその苦悩から救っている」

私が学生の頃「人間の心」という世界的名著をあらわした、カール・メニンガーという、えらい精神分析学者がいました。国分康孝先生は、「かのカール・メニンガーは、死ぬ直前、『あゝ、私は過去二〇年間、人々にレッテルばかり貼り続けてきた』と嘆いていた」といわれました。ついこの六月一六日に東京で団藤重光先生とお会いした時も、団藤さんは、カール・メニンガーについて、国分先生と同じことをおっしゃっておられました。

◇

皆さんの中には、あるいはひょっとして、少し心理学でも勉強して、本格的に、人間にペタペタレッテルを貼れるほどの専門家になってやろうかー、なんて思っている人はいませんか。それはお止めになった方がよろしいかと思います。ちーっとひつこくからんでくる人を見ると「てんかん性性格だ」、ちーっと怒りっぽい人を見ると「ヒステリー性性格だ」と、やたらにレッテルを貼る人がよくいらっしゃいます。そういう分類鑑別を上手にやる人が、人々のかかえるこころの問題を上手に解決できるのかというと、全くそれとは無関係。

むしろ、そういう悪い「専門性」をキレイさっぱりと捨て切る立場に降り立つことのできる人が少ないことが、現代カウンセリングの貧困の根源だといってさしつかえないでしょう。

いちばんまねてもらいたくないのが発達心理学的なものの見方です。この道をゆく心理学者になりますと、人間は三歳までにほとんどのことが決定されてしまう。だからそれまでに幼児教育を失敗すると、一生取りかえしがつかないダメ人間ができてしまうといいます。多くの事例を発達心理学的に見てくれば、それが真実かも知れません。けれども、メゾカウンセラーである私たちは、どんなに知能がおくれたダメ人間であろうと、また心がねじれ荒んだ人であろうと、あるいは妄想をもつ統合失調症的な人であろうとも、目線を下げて優しく接してゆけば、それらの人は、必ず好ましい人に変容していく、という信念をもつことがとっても大事なことです。

◇

人間は科学技術というすばらしい道具を手に入れました。今日わが国の産業、医学などの進歩は、世界最高のレベルにあるといっても過言ではないでしょう。そこにおとし穴が口を開けて待っている。人類はいつの時代でも、進化への道をすすむという大義名分のもとに、「科学的怪物」を自ずから作る。たとえば児童生徒たちは、現在の教育専門家たちの作った科学的尺度「偏差値」という無形の怪物に襲撃され、おとし穴の中にザーザー落とされて行くあわれな、虫ケラ同然の存在になりつつあるわけです。

私は五月一四日の山陽新聞「論壇」に、

「人間はその本性によってではなく、時代が作りあげる有形無形の構造物によって左右されるものだ」と書きました（第四四章）。これについて識者は、あるいは、サルトルの実存主義の哲学の言葉とみるでしょう。中には、弁証法的唯物論だと指摘する人もあるかも知れません。これは私の人生哲学であり信念です。だのに物知り顔に人は、私の思想に、すぐ何々主義だと「レッテル」を貼りつけて悦に入る。皆さまが現代の怪物が作りなす科学主義の人間分類・鑑別の大波に呑み込まれることなく、今日も、そしてまたあすも、人間を分類したり鑑別したりせず、共に歩む、心の温かい、優しい人であって下さるようにいのります。

四九　最近の一〇日間

「カウンセリングマインド五二号」をお届けいたします。皆さま、この一年間、ともすればくたばりそうな私を、よくここまで励まし、導いて下さいました。このカウンセリングマインドを、Cタイム（午後九時三〇分終了）の当番を終えて独り帰る「夜道の友」だといって下さった方もありました。当番のたんびに、一号から全部に目を通したのちに電話機の前に座ります、といわれた方もありました。また、「カウンセリングマインド」は、赤線や赤マルでいっぱいですという愛読者、半日感涙にむせんだというお方、それぞれの読み方で、私のエッセーを愛読して下さった皆さまに、心から感謝いたします。ありがとうございました。

これが三日坊主で終らずに、一応五二号まで出せたことは、マラソンをやっている男にとって、沿道で小旗を手に、熱い声援を送って下さる、皆さんあってのことです。そのご声援の熱きに、私はいま胸が一杯です。

◇

「五二」という数字は、トランプの数と同じです。トランプは、ハート、ダイヤ、クラブ、スペードの四種一三枚ずつでできています。これは一年が五二週。春夏秋冬の四季が各一三週、というから、ちょっと不思議な数字だと思います。

皆さまは、私が、これを、毎週スラスラ書いているように思われたかもしれません。しかし、一年間、毎週一回書き続けるのは、決して楽ではない。山陽新聞に連載した第四二、四三、四四章「カウンセリングの時代」（上）（中）（下）を書く頃は急峻な上り坂。新聞連載が、どんなに辛く重い仕事か、イヤというほど思い知らされました。この坂道で私も力尽きた感じです。二カ月程休ませて下さい。八月には、衰えた精気をリフレッシュするために、西ドイツを訪ねて参ります。こんどで六度目の西ドイツ訪問です。

◇

この五二回編のエッセーを貫く主題は、「汚い物、悪人の向う側に美しい物を見る。これが共感的理解。それはおのれをも、他人をも、劇的に変える。メゾカウンセリングとはそんなもの」でありました。それの説明のために、多くの体験的事実を書きました。しかし、書き残したことは、まだいっぱいあります。でも、私の体力を考え、今後は、もう少しスローペースで歩いてゆきたいと思います。

◇

今日は、少々くだけて、最近の一〇日間のできごとと感想を日記風に書いてみます。

☆　六月六日。国分康孝先生との出会いは強烈だった。その数日後に先生からいただいたおはがきは、私と先生の共感発生の何よりの証拠。教育者であり児童文学者である灰谷健次郎先生と、哲学博士国分康孝先生を、今年中に岡山市にお招きして、シンポジュウムでもやりたいナー。その思いがふつふつと私の胸に煮えたぎって来た。

☆　六月八日。私のひとり娘京子の結婚式。この日、うれしい祝電が披露宴の席で読み上げられた。「岡山いのちの電話が誇るハタノ先生、そのハタノ先生ご自慢の京子お嬢さま、ご結婚おめでとうございます。このよろこばしき日を、私ども一七〇名も、心よりお祝い申しあげます。岡山いのちの電話協会一同」　広報部の方がたからも、美しい花や名文の祝電をいただいた。アイ・アム・ハッピー！

この席上、武蔵野美術大学彫刻科を卒業した娘が、形あるものにはほとんど興味を示さず、形なきものに、つねに畏敬の念を持ち、大学のクラスメイトに対し、絶えず電話や面接でカウンセリングをし、成果をあげていたことを、娘の親友のスピーチで、初めて知った。東京からはるばる来て下さったこの、娘の親友のスピーチは、圧巻だった。前に、「別れのときのであい」ということを書いた（第一〇章）。まさに娘との別れの日に、私は自慢できる娘に出会ったナ、と思った。

☆　六月一四日。朝早くから、大塚さんや、日本内観学会事務局長、楠正三教授（大塚さんと同じ市内に住んでいる）と、横浜市にほど近いある町の喫茶店で歓談した。午後は大塚さん、高橋さん、鵜城さん（三人ともこの三月末までＯＩＤＥのカウンセラー）と、みなと横浜の汐風に吹かれつつ散策。気がついたら午後六時だった。

☆　六月一五日。弟元彦（東京都立大助教授）の一周忌法要。昨年葬儀の時、東京都立大学哲学科教室の、ある大学院生は、「先生とある日カント哲学の解釈について議論をしました。先生は『僕が間違っていた、許してくれ』と、謝られました」と、言葉をつまらせながら弔辞を読んだ。カント哲学の専門家かも知れないが、まるで世間知らずの弟だとのみ思っていた私は、この日もまた、この一人の大学院生の弔辞によって弟と、「別れのときのであい」を体験した。この教え子という方に、一年ぶりに会った。彼は哲学科教室の助手として一周忌に参列しておられた。

☆　六月一六日。時の人団藤重光先生にお会いした。「この一筋につながる」の新著をいただいたお礼を述べた。先生と膝をまじえての一時間半は、胸の高鳴る、充実したひとときだった。団藤さんの恩師でもあり私の恩師でもある牧野英一先生につながる学徒としての私は、牧野先生よりいただいた書状を団藤先生にお見せした。その中の、昭和二八年の年賀状。

人がくれし　おかがみ餅に　みかんすえ
　古ぼけ辞書の上に　年を迎ふ

この短歌の意味は、牧野先生がその恩師である、ドイツのフランツ・フォン・リストやヨセフ・コーラーといった大家の刑法学者の学説（おかがみ餅）の上に、自らは小さなミカンをすえ、恩師のあとにただ一筋つながる者として、このお正月も、ぼろぼろになったドイツ語の辞書片手に、勉強に余念がない。君も勉強おこたるなよという励ましのおことばだと、私は理解している。

数日後、団藤先生から、さらに五〇〇ページを超す先生の新刊書『実践の法理と法理の実践』とともに、お便りをいただいた。もったいなさにただこうべを垂れるのみである。

五〇　基本にかえる

一、カウンセラー養成教育の基本の、その第一のものは、守秘義務の教育。

ちょっと古いたとえ話で申しわけないのですが、女性には「貞操」という観念があった。こういう重たいものをつねに持ち歩いているうちに、「守り方ハンドブック」を読まなくても、これを命かけて守ろうとする本能的な「知恵」が魂の中に、いつのまにか定着するのです。これをどこかの鎮守様とか教会の神父様に預け、スッポンポンで歩く女性がいたら、その女性は、どんなにハンドブックを読んでも、貞操の大切さ、重たさを一生知ることもなく終りましょう。カウンセラーの守秘義務もまた同じ。人の秘密の化体《かたい》（形をかえて他の物になること）を自ら所持する。その中には、大事な人の秘密とともに、自分自身がいる。重たい持物だ。それを、人の寝静まった夜、静かに聴き、冷汗を流しつつ逐語録を作るとき、各自が、まぎれもない自分自身と対面する。

理屈ではない。学問ではない。こういうものを時に所持し、時にじっくり聴きこむという体験に裏打ちされてはじめてそこに、大地に足の着いた「メゾカウンセラー」が生れるのです。

他人の重い秘密の「化体」を、肌身につけて持つと、どういうことがおこるか。その実行は、やがてカウンセラーのたたずまいを変えます。

重い悩みを抱えるクライエントは、カウンセラーのたたずまいの中に、「秘密を守る人」を、めざとく覚知するのです。一言一句、一挙手一投足の中に、その香気は立ち昇る。その能力は、実地の、失敗だらけ、ミスだらけの体験的訓練なしには身につきません。「素人としての電話相談員に、秘密の化体を預けるのは危険」という、カウンセラー不信の人々の信念も、根拠なきにあらず。しかし、信頼を置こうとしない人々は、指導や研修にあたって、皆さんの魂に肉迫する、厳しい叱責の言葉の一つも飛ばすことはできない。教育の基本は、「人間信頼、人間尊重」。

二、カウンセリング技法の基本を、もっともっと重視すべきこと。

この七月五日に、カウンセリング研修会が行われました。第一、第二分科会場を回って第三分科会に出てみたところ、カウンセリングの初歩を学ぶのに、ちょうど手頃な教材が討議されていました。その教材の中では、ある女性が、世をはかなんで、死にたい、死にたい、と泣き泣き訴えています。それに対してKさんが応答しているのでした。

Kさんはよく寄り添っている。その寄り添う姿だけを見て、立派だという人もありましたが、一部のカウンセラーは、口をそろえて、なんだかおかしいという。司会の先生も、あまりいい出来ばえではないという。私が時折継続研修会に出てみると、悲しいかな、「寄り添う」という、メゾカウンセリのABCができていない人がたくさんいらっしゃる。Kさんには、それはできていた。しかし、このケースでは私のいう、「共感的努力」がコロッと欠け落ちていたのです。この女性は、死にたいといいつつも、息子に迷惑がかかるから死ねない、と何度もアピールしている。それが私のいう、「汚ないものの向う側に見える美しい心」です。我々メゾカウンセラーは、その健気に生きようとする小さな小さな美しい心をめざとくみつけ、これに共感の釣をひっかけ、わが身のかたわらに引きよせていつくしみ、大きく、強く伸ばしてゆくのが仕事です。

Kさんの応答の中には、そのいとなみがなかった。一部のカウンセラーや司会の先生が「何となく満足できない」といっていたのは、要するにその応答の中に、共感的努力がなかったからでしょう。共感するためには、芭蕉のように「小さななずなののび行く美しさ」に、優しい目を向けるというような、創造的自己対決（第四五章参照）が必要です。

しかし、とにかく、その日の研修会に持ち出された教材は、カウンセリング初心者の研修会にとって、ピッタシのものでした。そんな易しいケースが、いまなお、うまくはこなせない。これが現実。ですから、今後当分は、つとめて、こういう初級向けの教材を研修会に持ち出し、「共感的努力」「自己対決」といったカウンセリングの基本を、執念深く追跡体験していただけたら、と思います。

五一　共感の輝き

昭和五八年四月九日、岡山いのちの電話第一期生の養成講座開講式で、千葉大学の坂本昇一先生が記念講演をして下さった。

それから一〇カ月ほど経った翌昭和五九年二月一一日、岡山県の牛窓に講演に来られた坂本先生がその帰りに、いのちの電話研修生のために、ゼミナールをやって下さった。ゼミのテーマは、「カウンセリングマインド」。そしてその日の教材は、沖縄県の宮古島の、ある中学校一年生の生徒指導をしている四五〜六歳の女教師の書いた生徒指導の日記だった。ゼミのすぐあとで、私はその日のすべてを逐語に起こしてタイプし一期生全員に配布した。

あの印刷物は、カウンセリングを学ぶ者にとって、おそらく何度取り出して読んでも、その都度、前に見えなかったところがグーッと見えてくるという意味で、大切な読み物である。

坂本先生も、「一人の教師が、その人の一生において、これほどの名作日記を書くことはあるまい、それほどの名作なのですよ」と折紙をつけておられる。

カウンセリングを学ぶことを生涯学習として選択した私どもは、我々仲間のいのちの電話カウンセラーの作りあげたカウンセリング作品によって、カウンセリング技法を学ぼうとするのも無論結構。しかし、何年に一度かは、いや一生に一度でもよい。こうしたカウンセリングマインドに満ち溢れた稀有の名作を胸にたたきこんで、自分のカウンセリングマインドを磨いてゆくことも忘れてはならないと思う。

この印刷物をお持ちでない方は、どうか一期生の方に頼んでそのコピーを入手し、熟読していただきたいと思う。

◇

今日はその印刷物の中から、カウンセリング初心者の私どもが、ともすれば陥りがちな、落とし穴を、一つだけピックアップし、それをクリアすると、我々の目の前に何が見えてくるかを、お目にかけたい。

◇

四月九日の日記

国語の先生から、「A君は一時間目なのに、口を長くして、やりたくなさそうに机に伏したり、いたずらしたりで、いやいやながら授業をうけているが、なにかあるのではないか」といわれました。

その日の掃除の時間に、しぶしぶ草をとっているA君が目に入りましたので、話しかけてみました。「中学は楽しい？」ときくと、「各教科の先生が、かわるがわる来て教えてくれるので楽しい」とのことでした。「家族は何人？」ときくと、「お父さんと弟と妹と自分の四人」と答えました。「お母さんは？」ときくと、「〇〇に住んでいる」と淋しそうな表情をしてみせましたので、なにか事情があるのだろうと、それ以上、きかないことにしました。

「自分は毎朝六時に父に起こされて、朝食の準備をして、父や弟や妹に与え、その後、食事の後かたづけをして学校へ来るので、学校ではだるくて勉強もしたくない。冬の寒い日は一番いやだ。お母さんがいたほうがいい」と話す。「朝食にはどんなものを作っているの？」ときくと、「もやしとねぎのみそ汁」という。「味つけはどうかな」というと、「亡くなったおじいさんが、小さな頃からよく教えてくれたので、ぼくとても上手だよ」とはじめて目を輝かせました。

◇

坂本先生の発言

この日記の中には、先生とA君とのやりとりで、スバらしいところが一カ所ある。意図的にやろうたって、なかなかこううまくはできない。あとで分析してみたら、これはまさにスバらしいカウンセリング的言葉のやりとりだ、というところがある。さあ、どこでしょう（研修生から数個の意見が出る。しかしすべてはずれていた）。

この先生とA君との会話で、いちばん感心させられるところは、「お母さんがいた方がいい」といったA君の話に対して、先生が、「朝食にはどんなものを作っているの?」ときいたところです。

大抵の人だったら、「そうだよナー」だ。それでは後が続かないでしょう。

カウンセリングでは、①相手を追求してはいけない。②勝手に話題を変えてはいけない。A君は、先生に心開いて、いろいろ言っているんだから、そこで、先生は勝手に話題を変えちゃあいけない。ここのところで、先生は、「朝食は何作ってる?」ときいている。これはA君の言ったことと脈絡がある。つながりがある。この対応の仕方がすばらしい。A君が乗ってきた。すると、次には、「味つけはどうかな」ときく。A君の最も得意とするところを、先生がきいて下さった。A君としては、とてもうれしいわけよネ。だから、

「と、はじめて目を輝かせました。」

で終るわけです。

「お母さんがいない。アーソー」で終ったり、いないことの原因を深追いしたりしていたら、A君の目は輝やかない。「人生いろいろあるサ、元気だしなヨ」なーんて、つまらない激励やってみたってダメ。A君が、本人の持ち味を精一杯出してるところ、それは料理のことでしょう。この先生は、そこに迫っている。話題を変えているが、前とつながりをつけつつ、A君が元気が出るような話題、A君が自己実現できる、まさに、そのところに関心を向けようとしている。だからこそA君の目が輝いてくるわけネ……。

◇

さて、坂本先生ゼミナールは以下ずーっと続く。今日のところは、四月九日のことだけを切り取って眺めてみた。

どうです、皆さん、どんなにグズでダラダラした出来の悪い人間にでも、必ず美しいほれぼれとする美点、長所、得意とするところがあるでしょう。

カウンセリングでは、ここを聴きとってゆく。ここに共感してゆく。するとクライエントは、きっとA君のように、エンカレッジされキラキラと輝き始める。そこのところをうっかり聴き逃して落とし穴に落っこちてしまうと、カウンセリングは何時間やっても不成立に終ってしまう。

「傾聴する」、「共感する」という聴き方は、ただ時間をかけて親切にきくことではない。こんな落とし穴をクリアしたところに、くっきり輝いて見えてくる。

五二　夢十夜

今から一六年前の一九七〇年に、大阪で万博があった。その記念にということで、人々は「五千年カプセル」を考えた。人類の英知をカプセルに詰めて土中に埋める。そしてそれを五千年後の人に掘り出してもらおうという趣向だ。

人類の英知とは何だ。その中には文芸作品もある。文芸作品といっても、あれもこれもは詰め込まれない。ということで夏目漱石の作品からは、「草枕」と「夢十夜」が選ばれてカプセルに詰められた。

五千年後の人間が、このカプセルを開けて夢十夜を読む。その頃は現代日本語も、読める人はごく少なくなっているだろうから、古文書解読家が「新人類語」に翻訳してそいつを読ませることになるかもしれない。

五千年という歴史の長さについて考えた。この九月の始めにオリエント美術館でシルクロード展があった。中国の天山山脈の南側を東西に延びていたシルクロードのわきに石窟がいくつもある。その一つの、石窟の中の仏画の複製が展示されていた。やはり五千年も前のものだった。私はその仏画に圧倒された。そのマンダラチックな絵の中に、人間の前世、今生と、そして来世が、象徴的に描きこまれていた。その壮大な壁画は私の足をしばし釘づけにした。私は息を殺すようにしてそれを拝観した。

九月に岡山市の教育長奥山桂君（海兵同期生）と、テニスをした。その時、彼もいっていた。「あれはオリエント美術館創立以来の一大イベントといえるんではないか」と。

五千年後の人間に、今の人の心をいかに的確に伝えるかが、カプセルを作る人の工夫の中心になったであろう。「夢十夜」という漱石の短編がそういう目的で選ばれたことを、私は石窟の複製を見た時の感動と対比して考えているが、例えば「夢十夜」の中の「第六夜」は、次のようなものだ。これを五千年後の人類ははたしてどう読みとるであろうか。

◇

運慶が護国寺の山門で仁王を刻んでいるというので行ってみた。大ぜいの人が集まってしきりと下馬評をやっている。立って見ている人は明治の人なのになんとノミを振っているのは鎌倉時代の運慶だ。周囲のワイワイガヤガヤを気にすることもなげに彼はノミとツチを動かしている。

運慶を見ていた一人の若い男がいった。

「さすがは運慶だ。眼中にわれわれなしだ。ただ仁王とわれあるのみだ」

「あのノミとツチの使い方を見たまえ、大自在の妙境に達している」

運慶の刀の入れ方が、いかにも無遠慮で、少しも疑念をさしはさんでおらんように見えた。さっきの若い男は、

「なに、あれは、眉や鼻をノミで作るんじゃない。あのとおりの眉や鼻が木の中に埋まっているのを、ノミとツチの力で掘出すまでだ。まるで土の中から石をほり出すようなものだから、けっしてまちがうはずはない」といった。

自分はこの時はじめて、彫刻とはそんなものか、と思いだした。

漱石は家に帰って手頃のカシの木を見つけて、彫り始めた。不幸にして仁王は見当たらない。次の木の中にも三番目の木にもいない。片ぱしから彫ってみたが、どれにも仁王をかくしているのはなかった。遂に明治の木には、とうてい仁王は埋まっていないものだと悟った。それで、運慶がきょうまで生きている理由も、ほぼわかった。

ここで漱石は「第六夜」の夢から醒めている。

◇

以前、京都大学の河合隼雄教授が講演された時、「モーツァルトは、彼の交響曲第四〇番ト短調を、おそらく二秒もかからないで作ったろう。ただそのイメージを凡俗に伝えるために、あれだけのスコア（総譜）を残したのですよ」、といわれた。運慶にしてもモーツァルトと同じ立場にある人だとおもう。運慶は木を見た時すでに木の中に、くっきりと仁王像のイメージを見ている。その見えているさまは、周囲の人々にはわからない。凡俗に見えないその仁王像を、凡俗にもよく見えるようにするために、運慶は道具を使って、不要な部分だけをけずり落としていく。おそらく彼にしてもモーツァルトにしても、その仁王のイメージや、交響曲第四〇番を、どう構成してやろうかというような不純な気持ちはない。見えたまま、聞こえたままの一瞬のヒラメキや心のとどろきを、ノミとツチで、あるいは五線紙の上のオタマジャクシで、凡俗に見えるように、あるいは聴こえるように時間をかけて作ってゆくのみだ。

私の尊敬していた人に、岡山大学名誉教授林秀一という中国文学の先生がいた。先輩の弁護士達が、「一口でいってみれば君のように単純な男さ。会ってみろよ。きっと意気投合するよ。」といった。この先生は学生たちから、単純でシンプルだから、ということで、「タンプル」というアダ名をもらっていた。先生はそれをもじって「淡風」と号していた。

なるほどお会いしてみて二人の気持ちがよく合うことがわかった。どちらも物事を複雑に考えない。

カウンセリングというのは、人の悩み悲しみ苦しみを共感し、その人を振るいたたせ、自立にまで持ってゆくことだが、クライエントの話を聴いている時に、何気なく聴いていると、単純ではない。複雑怪奇だ。木の中に仁王様をノミとツチで彫っていく、夢の中の漱石のような心境だろう。彫っても彫っても仁王様は形を現わしてこない。それはやがて、「現代の木の中には、カウンセリングの仁王様は埋れていない」という嘆きにつながる。

しかし考えてみると、すべて木という木の中に仁王様が厳然として存在することは疑いを容れない。

世の中の真理、原理、定理といったたぐいのものは、極めて単純でシンプルだ。

「知にめくら的な心情があれば仁王はみえる」と、かの坂本繁次郎画伯ならいうだろう。梅原龍三郎画伯は、「八〇歳を過ぎてから、私は、やっと絵画のオヘソが見えるようになった」といった。

先日、私はあるカウンセリング研修会で、高慢チキにも、梅原さんのマネをして、「このクライエントが聴いてもらいたいことのオヘソはここのところだよ」と指摘した。オヘソが見えなくてはカウンセリングの仁王様はきざめない。

五三　ユーモア三題

三年前、所用で横浜方面に行った。桜木町へ行くのに、駅をまちがえて、その一つ前の横浜で降りた。考えごとをしていてふと気がついたら横浜だ。私はあわててまた電車に飛び乗った。そのとたんに扉が閉った。乗ったには乗ったが私は一歩も動けない。それもそのはず。私のショルダーバッグの吊革がドアにはさまれている。だから鞄の本体は電車の外で風に吹かれている。いくら吊革を引っ張ったってバッグが完全に扉の外では、どうすることもできない。乗り合わせたお客さん達は私のていたらくをみて、ゲラゲラと笑い始めた。ドアに糊付けされたような形の私は、ただ赤い顔をして、テレ笑いをするほかはなかった。

私は次の駅で降りなくてはならない。カバンを挟まれた方のドアが次の桜木町駅で開いてくれれば、私は下車できる。けれども、反対側のドアが開いたのでは、私は下車することはできない。さて……どちらのドアが開くのだろう。私は心配になって、笑いこけている周囲の人々に問いかけた。その瞬間に、周囲の人は、笑うのを止めた。そして、みんなそれぞれに、どっち側が桜木町のホームだろうかと心配しはじめた。「多分挟まれた方の側だと思うけど……違うかも知れない。困ったネェ……。」みんなわがことのように真剣な顔で相談し合う。さっき笑いこけていた人々は、私を第三者的に無責任な笑の中に見ていた。今は違う。自分が挟まれた人の立場に一歩も二歩も近付いていて、その悩みととまどいを共有する地点にきていた。

桜木町駅がちかづく。みんなは、どっちが駅のホームだろうかと不安そうな顔で窓から外を真剣に見る。ホームが見えてきた。鞄の出ている方の側がホームだった。電車中の人々が歓声を上げる。「ウワーッ。よかったなアー。」手を叩いて喜こぶ人もあった。

私は恥かしい。多くの行きずりの客たちの素直で親切な心に、キューーッと胸を締めつけられるような気持ちで電車から一番先にとび出した。

絶対絶命の境地に立つ私を見る眼が二通りに変化した。「ああ、いい年して白髪のアワテン坊がドアに鞄を食いつかれて立往生してやがらァ」――これは人の苦境を楽しんで観照している人の眼だ。「この人、次の駅で降りられなかったらどうなるんだろう……」――これは人の苦境に共感し、ドアに食いつかれた私と悩みを共有する人の眼である。

電車が横浜駅を発車した直後は、ほとんど全ての人が前者の眼で私を見ていたから、笑いこけた。だが、桜木町駅に電車が接近するにつれて、ほとんど全ての人が後者の「優しく寄り添う人」に変化して行った。

ユーモアというものの構造は、元来こういうものだと思う。河合隼雄先生などは、「ゆとりのあるところにユーモアあり」と言っているが、私は、ユーモアは人間の持つ弱さ悲しさのすぐそのわきに発生し、これを見る人の立場によって、遠ければユーモアとなり、近ければペーソスにと、どのようにでも変化するものだと思う。

◇

一〇月一一日、スメット神父さんのご案内で八人のいのちの電話ボランティアが「鬼の城」ハイキングを楽しんだ。好天に恵まれ、心地よい秋風に吹かれ、山頂から岡山市はもとより瀬戸内海までも展望がきき、浩然の気を養った。神父さんによれば、時々このような大自然に接しないことには、説教はできないとのこと。年を経るごとにそうだなあということが体でわかってくる。

このハイキングで一つのアクシデントが起った。小柄なTさん一人が道を間違えて崖の下の道をどんどん進んで行く。その道は行き止まりだ。引き返すよりも誰かがTさんに手をかしてTさんを崖の上に引き上げる方が簡単だということは、誰にでもすぐ分かった。まずスメットさんが太い腕を伸ばし、Tさんに向ってこの手につかまりなさいという。私はスメットさんの差しのべた腕を、わざわざ払い除け、「私の手にとびついてきなさい」といった。Tさんは素直だから私の方に飛びついてきた。二人の手はしっかりと握り合わされた。私は力一杯にTさんを引っ張る。ところがこちらは色男。「金と力はなかりけり」。これに反して一見小柄なTさんには思いがけない重量があった。アッという間に五四キログラムの私は崖の下の畑に頭から転がり落ち、顔中泥だらけになる。私の傍をみると、あられもない格好のTさんが両脚を崖の方に向け、ムーッとおこった顔をしてころんでいる。崖の上の道では、みんなが、こちら向きに一列に並んで腹をかかえ、思いの限り笑っていた。私の悲劇を喜劇とみる景色の中に、ユーモアがあった。

Tさんの立っていた所が海だったら、救助の意思を持っていた私は、今頃はTさんとともに溺れ死んでいたところだった。畑だったために崖の上の人々はただ笑って済ませることができた。

路に迷って悩んでいる人を救助し、寄り添うてゆくという事業は、身のほど知らずではできない。助けようとする人が助けを求める人とともにドボン！　といってしまう。

◇

今晩は、テレビが、長島茂雄さんの解説で、「野球珍プレー特集」を放映した。長島さんは、ピッチャーの変化球をよけそこなってボールが体に当るというのは、今思い出すだけでも、身ぶるいするほど恐ろしいことだといった。時速百二、三〇キロのボールをよけそこなったために、私の指は今でもこの通り曲っているんです。長島さんはその指を見せた。

デッドボールを受けたバッターが、眼をむいてピッチャーに殴りかかる。それを止めに出る選手が今度は殴られる。殴りかかる選手の方には、ゆとりも何もあったものではない。心にゆとりのない、追いつめられた男の行動を、ヤジ馬根性で第三者的に見ていられるから、そういうシーンにはユーモアがあって限りなく面白いのだ。しかし、「デッドボールをいつ受けるかわからないという脅威にさらされているバッターは、いつでも背すじが凍える思いだ」という長島さんのお話を聞くと、あらためてデッドボールを受けて激怒する選手の気持ちもわかるような気がした。

「外野がさわぐ」という、無責任、無関心をあらわすことばがあるが、人生、ものごとを遠くから、第三者的に見ていれば、人の不幸は、笑って済まされるユーモアのある景色にみえてくる。

五四　差別の重さ

数年前、県知事が会長を勤めている岡山県青少年問題協議会が開かれた時のことです。私は、現在の青少年問題の中で、ポツンと取り残されている同和教育の問題を、これからぼつぼつ考えてみたらどうだろうと、一つの問題を提起しました。

すると一人の委員（現在は故人）がいいました。

「彼ら（同和の人）の血は生れながらにしてケガれている。まず彼らの血を全部入れ替える作業をすることから始めなければならない……」と。

よくもまアここまで徹底した偏見人間（しかもその人は岡山市議会議員）が、よりにもよって青少年問題を論議する公の場に送り込まれたものかな、と思わずいかりの心が湧き立ちました。

しかしその時は、大切な議事の真最中。憤慨してばかりはおれません。議長の木原孝博さんの顔を見ると、困惑し切っている。

「ただ今の私の提案は、全部取り消します。私の提案とこれに対するA委員のご意見も、全部議事録から削除願います」私はとっさにいいました。

これによって、全身鳥肌立つような急場は収まりました。しかし私の心の中には、消すことのできない大きなシコリが残りました。

それからしばらくたった昭和五八年一月頃のことです。

その頃岡山いのちの電話では、電話相談員養成講座の第一期受講生を募集中でした。ある日協会事務局（当時は私の法律事務所がいのちの電話協会事務局を兼ねていた）に若い女性の声で電話がありました。

「部落民が電話相談員になったら、どうなると思うのですか。あなたはその矛盾とか恐ろしさに気付かないで、こんなことを始めようとしているんですか……」私は彼女の問いかけを震える思いで聴きました。私は彼女の差別の心の殻の中に一歩も半歩も侵入することはできず、平行線のまま二人の会話は終りました。住所と氏名を教えて下さいという私の質問に対して、彼女はちっとも悪びれる様子もなく、ＫＳ市……〇〇番地、甲野花子と、スラスラ答えました。

中学校や高等学校で同和教育にあれほどの時間が費され、県市はそれ以外にぼう大な同和行政予算をさいています。にもかかわらず、人々の心や魂の部分には、右のように、同和の人々を人とも思わない、硬くて溶けない恐ろしい部分があるのです。なぜでしょう。

それは現代の教育そのものが、あまりにも知識のレベルで対応し、心や感情の領域を無視した態度をとりすぎるところに原因があるからではないかと思います。

◇

数年前、専修大学の磯村英一学長が岡山市民文化ホールで講演をなさいました。磯村学長は、現在わが国では同和問題の第一人者として有名な方です。そしてかのライシャワー元駐日米大使とは、お互いにファーストネームで呼び合うほどの親友だということです。

学長がまだ幼なかったある日、友達から「新平民」とか「エタ」という言葉を聞き、よく意味はわからなかったが、面白半分にお母さんの前でそれを口ずさんだそうです。すると敬けんなクリスチャンだったお母さんは、とたんにキーッと厳しい顔つきになり、やがてはらはらと涙を流しつつ英一坊やを抱き、「どうかそういう恐ろしい人間差別の世界に入らないで」と、そのわけを、こんこんと話されたといいます。先生のお母さんがその一生の中で、あの時ほど血相を変えて叱ったことはなかったそうです。以来磯村先生は、いわれのないこの不条理と一生たたかう闘魂を脊髄のなかに植えつけられたのでした。

磯村先生はまた、こんなお話もされました。

あの世界的文豪といわれた川端康成ほどの人でさえ、その身元をかくし通された。そして彼がそのために苦しみ通し、遂に自殺を遂げたそのてんまつを話されました（その物語は、臼井吉見著『事故のてんまつ』に詳しい）。

私は「部落民」という言葉がそれに属する人々に、どれ程の重い十字架を背負わせているか、ということを、川端さんという、輝くばかりの世界的文豪の中に見せていただき、ガク然としました。この事実を知ったことは、部落差別される人々の心の苦しみを、百万言を費して伝えるより雄弁だったと、しみじみ思いました。一人のメゾカウンセラーとしてみると、これは、今日部落差別を考えてゆく原点といってよいのではないかとさえ思いました。

多くの人々は部落問題、同和問題は、差別発生の歴史から入るべきだといいます。それももちろん大切だろう。けれども、理論や知識ではない。究極のところは川端康成ほどの栄光に輝く人を自殺に追いやる、この、現代日本人の差別意識の重さ激しさを、まず感情のレベルでとらえなくてはならないでしょう。

◇

いつか岡山で、ひどく恐れられているその道の暴力的活動家が、彼ら一流のやり方で企業にカミついてきた。私はさっそく彼らの団体本部事務所へ出かけ、大幹部の話を聴きました。かれらの一人は、「先生がわしらを差別していないことはわかっとる。そやけどわしら、こまーい時から差別に次ぐ差別で大きゅうなって来たからな、自分の心が曲ってしもうた。自分自身で自分の心が見えんよーになってしもうとる。こらえてな……先生」と、泣きました。聴いているうちに、私は胸がしめつけられる思いになりました。

差別だ！　差別だ！　と荒れ狂っている狂暴な人々を遠くからただ見て「困った奴らだ」で片付けてはいけない。彼らの傍らに寄り添って、目線を下げ、静かに訴えを聴いてみますと、暴力以外には、もはや何も通じそうにない現代社会の「差別心のエトス」のひどさが、はっきり見えてはきませんか。彼らをそのような苦しい境遇に追いやった幾百万人もの先祖の罪が見えてきます。それをじーっとみつめることこそがカウンセリング的同和教育の第一歩だといえましょう。いまの教育にはそれが欠落しています。

いのちの電話で、差別人間の語りかける極悪非道の差別言語を、ただ「うんうん、そうだよネ」と、リピートばかりしていたのでは、正しい気付きは生れません。由なき部落差別を心からにくみたい。磯村英一学長のような厳しさにあやかりたい。厳しい自己対決も何もないところに、優しさだけが裸で、ポコッと生れることは、絶対ないのです。

五五　地球家族

一〇月一九日夜、「こんにちは地球家族」という、講演と映画の会が、岡山カトリック教会であった。マザーテレサ共労者会の高塚さんや木村さんが、ポスターを貼り、チラシを配っておられた。一枚七〇〇円のチケットは、以前私が印刷屋さんで大量に貰ってきた色厚紙の切れ端を利用したものだった。

玉島の河野進牧師から、三年前、「おにぎり運動で集めた五千万円を、やっとマザーテレサに贈ることができました」という年賀状をもらったが、このように、印刷の残り紙の切れ端を利用するなどして、出費や生活を切りつめ、いろんな立場の人がマザーに資金を送り、恵まれない人々に愛を注ごうとしているそんな姿が、何ともいえずなつかしく温かい。

当夜の会では、最初にこの映画を作った千葉茂樹監督がお話をされた。

「二人の子どもが川に落ちて溺れかかっている。一人はわが子です。親だったらまずわが子から救助するだろうと思う人？」という問いかけに、多くの母親らしい人が挙手した。千葉監督は、「そうはいっても、やっぱり手の届くところにいる子どもから先に助けるんじゃないですか」といった。聴衆は、思わず嘆声を洩らし、深くうなずいた。

子どもが道端で飢えて泣いている。人々はきっと「なぜ飢えたの」と、飢餓の原因を尋ねる前に黙って食べ物を与えるでしょう。ともいわれた。そして、この映画でご紹介するベルギーのご夫妻の場合も、マザーテレサの後ろ姿に惹かれ、ただ自分たち夫婦がそうしたいからということで、一六人もの国際養子を引き受けているんだといわれた。

前に、実存主義哲学の「アンガージュマン」＝関与ということを述べた。良寛さんが備中の国玉島から長い道のりを歩いて越後の実家に帰ってゆくその心の中には、「受容・共感」といったものでは片づけられない人の生き方の本質のような、もっと清明な心情がある。「川へ飛び込む人も、一六人の国際養子を受け入れる人も、根ッコのところはほとんどかわりないのです」千葉さんはそういわれた。「てじかにいる子供から救う」というマザーテレサの生き方そのものが、千葉さんの映画にすべて投影されていた。

この映画の物語の場所が、偶然なことにスメット神父さんの故国ベルギーであったというのが又、何ともいえず嬉しかった。ベルギーが岡山市天神町あたりにある国に見えて来る。

以下は国際養子にまつわる私の思い出話。

◇

ヴェトナム留学生、ハ・チャック・サム君は、ヴェトナムで、金銀の行商をしていた両親の長男。大阪市立大学らに五年間学んだあと岡山大学工学部大学院に入学した。岡山に来て間もない時、ヴェトナム戦争で政変が起り、旧政府からビザをもらって来日していたサム君はとたんに無国籍者になった。以来私が日本における彼の身許保証人になった。

ある日サム君と、親友のフィン君（昨年日本に帰化）が、私に、「サイゴンへ帰る道」という民謡を歌って聞かせてくれた。その時には、彼らの古里の町サイゴンは、ホーチミン軍に攻めほろぼされ、「ホーチミン市」になっていた。だのにこの二人のヴェトナム青年は、私の前で目をつむり、思いをこめて「サイゴンへ帰る道」を歌う。ノスタルジアのこもったその民謡は、私の心を打った。私はすぐさまその歌を五線紙に書きとって今でも時折愛唱している。

無国籍者が学生の身分を失うと、フランスかアメリカに亡命する以外にない。就職しない限りサム君は、日本から出て行かねばならぬ。私は両備システムズの松田基社長にお願いしてサム君を社員として採用していただいた。両備としても外人の採用にはずい分ちゅうちょしたらしい。でも社長の大英断で、サム君は両備に数年間働くことができた（今はオーストラリアに住む）。亡命寸前、彼は松田社長のおかげで日本に留まることができたのだ。私は松田さんにお礼の挨拶に行った。その時の松田社長の姿は忘れることができない。社長はこういわれた。「波多野先生。このたびは、こんなにいいことを私にさせて下さって、感謝します。」無理をお願いしたのは私であった。だのに松田社長は、私の無理をこんなにも喜んで受けて下さった。

ヴェトナム政変後、無国籍の青年が日本の企業に就職したというのは、岡山ではおそらくサム君が初めてのことではなかったろうか。

それからしばらくして思いがけないことが起こった。約二千人のボートピープルが、命がけのヴェトナム脱出を企てた。そのボートは香港に強制入港をさせられた。ボートピープルのうち、生存者は香港刑務所に収容された。その中にサム君のフィアンセ、リー・レイ・ニーさんがいた。その知らせがサム君のもとに入った。我々は香港刑務所当局にお願いして、リーさんを日本に送り届けてもらった。サム君とリーさんは大阪空港でドラマチックな再会をした。ベルギーでは一六人の養子はニュースにもなんにもならないが、サム君たちの再会はたちまちニュースになった。

やがて私たち夫婦がリーさんの親代りになり、三愛病院の森芳典院長がサム君の親代りとなり、両備の八木富士雄専務が仲人役になって、結婚式もやった。

やめろ、やめろというのに、サム君はヴェトナムから両親と妹までを岡山の自宅に呼び寄せた。リーさんが懐任するや否や、彼は、両親や妹を岡山においたまま、オーストラリア銀行に二人で飛んで行ってしまった。すべてはサム君の「独立自尊のフロンティア精神」でとり運ばれた。寄り添う側の私はヘトヘトに疲れはて、「国際理解」なんてカラ念仏のように空虚なものに思えてきた。

彼らの祖先は中国人。ヴェトナムという国に住んではいても華僑だから、異民族。すごいエネルギーだ。こういう人について責任を持たされる立場に立つと、島国根性のぬけていない私はただオロオロ。日本では国際養子はできない。それどころか、血肉分けた中国孤児でさえなかなか養いきれない。各地で問題が起っている。日本人って心の狭い悲しい民族なんだなーということが、最近じわーっと分ってきた。日本に「地球家族」ができるのは、いつの日のことか。

五六　男の出会い

先日岡山カトリック教会で、「地球家族」という映画を制作した千葉茂樹監督は、主婦は家を守ること、男は義のために死ぬことが使命なのですよといわれた。さりげない千葉さんのその時のお話は、電撃のように私の魂を打った。

人の命は地球より重いといわれる。これは最高裁判決に出てくる有名な言葉だ。しかし男にとって、その地球より重いものがある。それが「義」なのである。義とは、利害を捨てて条理に従い、人道のために尽すことだと、広辞苑には書いてある。

義に生き義に死ぬことを合一している人の生き方が実存主義哲学にいうところの「関与的態度」であろうと思う。人のために奉仕するとか自己を犠牲にするという思いあがった心の人の中にはもはや関与的態度というような清明な心のあるわけがない。

今日は、私の尊敬してやまない海軍兵学校の大先輩である板倉光馬氏をとおしてそれを見てみたい。次のお話は、氏が昭和五七年一〇月三日、岡山で私たちに聞かせて下さったものである。

◇

私は昭和一〇年四月一日、海軍少尉に任官。「扶桑」航海士となり、三カ月後に巡洋艦「最上」乗員となりました。この軍艦は、当時の最精鋭艦であり、艦長鮫島大佐以下、一流の人物が配員されておりました。世の中、しかし、一流の人物だけでは動かない。私のようなお粗末な人間も、チャンと配員されておりました。

当時の海軍将校は、あれほど、海軍兵学校で時間励行「五分前」の訓練を受けておりましたのに、艦長などになると、全くその観念はない。男爵であった艦長鮫島大佐も同様でした。一〇時の迎えが朝まで待つことなど珍しいことではなかった。若かった私は、これが何より残念なことであり、胸の中には、いつもそのことがわだかまっていました。

ある日芝浦桟橋で待っておりますと、他艦のランチは、次々と迎えに来ますのに、「最上」のランチは、いつまでたっても来ない。ようやくにして来た。私は酔ってもいたし、一番先に上って来た男をぶん殴った。その男の後に続くのは、伯爵、候爵、華族のお歴々。

その前で、私はうちの艦長を殴ったのでありました。たちまち私は士官室に連れ込まれ、副長にこてんぱんに殴られました。

そして、「官給品と私有品を仕分けしておけ」と命令されました。

万事休す。身から出たサビです。

しかし、艦長からは、何のおとがめもなく三日後に「榛名」に転勤の辞令。

鮫島艦長からは、「お前なんでわしを殴った」と尋ねられ、本当のことをお話ししました。高級将校が時間を守らんのが情けなかったからだと。

間もなく、「帰艦時刻を厳守せよ」との海軍次官通達が出されたのです。

鮫島艦長は、衆人環視の中で、上官を殴った若い海軍少尉である私には、何らの処分もしなかった。それどころか、私の意見具申を即座に海軍省に伝えられたのでありました。

◇

それから八年が経ちました。私はイ号四一潜水艦々長として、ブインに物資輸送でゆくことになった。ブインへの航路というのは、当時極めて危険な海域であって、機雷原の上を通って行くのでありました。

当時の東南方面司令長官は、草鹿任一中将でした。その長官より、「おい、貴様。ブインには、鮫島長官がおられるんだゾ。お前が八年前に殴った……。」

鮫島さんは当時中将で、八艦隊の長官となっておられ、私は草鹿長官からこのお話をうかがい、ハーッと、八年前の事を思い出しました。

八年前……。私は忘れていませんでした。ああ……。私の命の恩人、鮫島さんが今、ブインにおられるか……。よーし。ブカに行けと言われても、私は、危険承知でブインに行かしてもらうぞ……。もう、私はその時くらい、感動したことはなかった。あゝ、私はご恩返しができるかもしれん……。人間はネ、一生のうち、何回かいろんな人のお世話になります。それに対して報いなくては、絶対死ねないという気持ですワ。本当……。心の底から、石にかじりついてでもブインまで行かなきゃならんゾ。そう決心しました。

◇

しかしブインへ行くまでは大変でした。先導の「大発」（大型エンジンがついている舟艇）が掃海しながら進む。その大発は、敵の高速魚雷艇と交戦、さらに飛行機からも機銃掃射を受ける、そして全員戦死……。私はこの大発のおかげで、無事ブインに着きました。

私は、ありったけの金で、サントリーの角瓶と、タバコを買って持って行っておりました。連絡参謀にこれを渡し、鮫島長官にこれをことづけてください。と。「八年前、長官を殴った板倉少佐、本日イ四一潜の艦長として参りました。これは、心ばかりのものです。召し上がって下さい」こういう手紙を添えてね。ことづけたのです。

◇

ブーゲンビル島の守備隊は、結局わが四一潜の補給のみで終戦まで持ちこたえました。物資を無事輸送できたのは、神仏のおかげでありました。

戦後、草鹿さんから、鮫島さんが脳溢血で倒れられ、ご療養中だとおうかがいしました。両手両脚、言語障害になっておられ、奥様の通訳で、鮫島さんのたどたどしいお言葉を聞きました。

その時、鮫島さんが、茶だんすの上を指差される。不自由な体を動かしてネ。その方を見ますと、茶だんすの上に、サントリーの角瓶があって、それに一輪の白菊が生けられておりました。

その時奥様は、こういわれました。

「主人はネ。ブーゲンビルから、着のみ着のままで帰って参りました。その時、どういうわけか、このサントリーの角瓶だけを、後生大事に抱え持ってきたのです。『これは板倉艦長が、ブインに持って来てくれたんだ。』と申しましてネ……。」

その奥様のお話を、私はうかがいましてネ。私……、人間のふれ合い、出会い、これくらい大事なものはない……そのように痛感しました。

これをもって、私のつたないお話を終らせていただきます。ご静聴ありがとうございました。

五七　聴く

昭和二二年といえば、東京では米麦の配給もあまりなく、夜はろうそくをともす生活だった。その時期一九歳の「苦学生」だった私は、土木会社でわずかな給料をもらいながら、帝劇にせっせと通ってはオペラを観ていた。R・ワグナーの「タンホイザー」が一九日間昼・夜ぶっ通しで上演された時には、三回も同じものを観に行くほどの熱狂的オペラファンだった。

そういう私にとって、西ドイツのバイロイトはオペラ・楽劇の聖地であり、一生にせめて一度はバイロイト詣をしてみたいと思っていた。その念願がようやくかない、この八月にバイロイト祝祭劇場でR・ワグナー楽劇の超大作、「ニーベルングの指環」第一夜「ワルキューレ」を観た。その感動は筆舌に表わしがたい。

幕間の休憩時間（一時間もある）にその劇場の白樺林を散策していた時、たまたま所沢市から来たという、若いバイオリニストの高浜さんという女性に出会った。音楽の極意を見極めようと、一カ月もバイロイトに滞在して音楽祭を次々観聴きしていたという。

その懐かしい高浜さんから、去る一一月一二日の夜岡山県の総社市で、チャイコフスキーのバレー「白鳥の湖」の上演があるのでオケの一員としてこちらに来るというお便りがあった。私は一一日彼女を岡山駅に迎えた。倉敷の美観地区を案内し、大原美術館を見学したとき、高浜さんは坂本繁二郎の「馬」の前にしばし歩を止め、私は坂本繁二郎がスゴク好きなのです、と言った。このような言葉をさりげなく言ってのける二五歳の若い女性とのその日の対話は、私にとってとてもぜいたくで貴重な時間だった。

次の日、バレー上演がはねた頃合を見計らって彼女の宿舎に電話をした。彼女は言った。「バイオリンを弾いていて、お客が総社市民会館にほぼいっぱいだったことは分かりました。でも、舞台の上で誰がどのように踊っていたか、どれだけカーテンコールがあったのか、何もわからなかったワ。楽譜を追ってバイオリンを鳴らすのがやっとで、バレーを横目でみるなんて、そんな余裕は全くなかったのですヨ」

総社の市民の目は、華やかな「白鳥の湖」の舞台に釘づけにされていたろう。しかし舞台の底の暗いピットの中では、高浜さんたちオーケストラの楽団員が必死で音を出していたはずだ。その音は、舞踊の意味づけをする、とても大事な意味のある音。そこには観衆の目はいかない。それは当然のことだとしても、音があってこそバレーであり、「白鳥の湖」だ。

◇

私たちがカウンセリングをこころみるとき、ちょうど観客がバレーを観る時と逆の気分的構造になるのではないかという思いが、その時、私の頭をよぎった。

我々がバレーを「観る」という時、人はどうするか。人々は、舞台下の暗いピットで鳴り響いている音の響きを聴きつつ舞台の上のバレリーナの動きを注視している。この聴えてくる音楽の部分を捨象して、ただ美しいバレリーナの動きに、自分なりの意味づけを与えて観るのではバレーを観たということにはならない。

バレーでは「観る」ということが主であって、その中に「聴く」ことが含まれる。カウンセリングではその反対だ。「聴く」ことが主体であってその中に「観る」ことが含まれている。傾聴があって、その後に観ることがつらなるのである。

◇

私自身の恥かしいグループ研修の体験に基づいてのこのことをよりわかりやすく述べてみたい。

ある日一人の孤独な青年が、昼間から焼酎の水割をチャリンチャリンと音をたてつつ飲みながら、電話の向うから語りかけてきた。一〇回も職業を変えたのち、今また失業し、失意のドン底で独り家にいる。母は親類縁者の非難を平然と受け止め、何一つぐちらず、ワシをじっと見てくれている。母はいつでもオレのために死ぬという覚悟がある。オレは、母のそういう自己犠牲の心なしには立ち上れない男だ。

私はこの青年の話の中に、①何とか立ち上がろうとするこの青年の明るさと健気さ、②それを支えようとする賢こく優しい母をまず「観た」。きたなくよごれた失意の男の背後に、すばやく彼の長所美点を概念化して観た。私のいう「観る」とは、この意味である。これがいけない。カウンセリングは「聴く」ことの中に観るという従的現象が続いて出て来てはじめて治療効果が生れるのであって、このケースで私がやったようにサッサと先回りして「観る」という概念化を急いだら、生れるのはカウンセラーの慢心のみだ。果せるかな、グループ研修の場にいた安芸先生や二期生の大塚さんは、私のカウンセリングに、いいところもあるが、片面的で独断的ではないかと、それぞれに貴重な批判をして下さった。

バレーは観つつ聴く芸術であった。カウンセリングは、私のように、いきなりしっかり観るのではない。どこまでもクライエントのくどくどしい嘆き悲しみの思いを、彼に寄り添い、そのままに時間をかけてゆっくりと聴くというその営みが、どこまでも優先する。そして、それがカウンセリングの背骨を形成する。その「聴く」というその中に「観える」という自ずからなる効果が浮き出し、輝いて来るのでなくてはならない。

いつかも述べたように、観ることの専門家であった梅原竜三郎画伯でさえ、八〇歳をすぎてから絵画へのオヘソが観えてきたといっている。ということは、聴いて聴いてなおかつよく聴かせていただいたあげくの果てに、クライエントの訴えの中心であるテーマすなわちオヘソが自ずと観えてくるということだ。

すなわち、カウンセリングの「聴く」という意味の中には「観る」という、この概念化的作用を当然に含み持つ。

このように「聴く」ということのその中に「観る」という作用が必然的属性としてあるという、そういう二重構造を説いたカウンセリング教科書はあまりないと思うが、今日述べたことは、カウンセリングにとって非常に重要な眼目なのである。

五八　金網の中で

一一月一九日、岡山少年院で、院生による「読書感想文発表会」が催された。例年十数名のいのちの電話ボランティアのために、院側はマイクロバスを出して傍聴させて下さるのだが、今回は都合で、岡山大学教育学部の木原孝博教授ただ一人を少年院にご案内した。

木原さんは、生徒指導とカウンセリングを、教育学の立場から研究している人だ。だから文部省系列の幼稚園、小中高等学校の教育活動ならば、よく見ききしてきた人ではあるが、法務省系列の各級少年院を見学・研究したという経験は全くもたない人だ。

前に、山陽新聞の「論壇」に書いた（第四六章）ように、岡山県内で「カウンセリングマインドをとり入れた教育」をしている最右翼の学園としての岡山少年院を、私は誇りに思っている。学校教育活動全般に、「カウンセリングマインド」の光を当てつつ再検討を試みようとしているこの木原さんという学者は、この日生まれて初めて岡山少年院を訪れ、親しく院生たちのナマの声を聞いた。姿勢を正して発表者の声に聴きいる院生たちの姿を見た。

教授はびっくり仰天した。しばらくは声も出なかったが、ややあって、感嘆の言葉が、こわれたレコードのように繰り返し出はじめた。

それからちょうど一週間後の二六日、二人はまるで申し合わせでもしたように、山口県の徳山市と柳井市へ講演に行った。その帰りの新幹線の中での話題は、あれだけ中学・高校のもてあまし者だった非行少年が、なぜあれほどまで美しい心の人になれるのか。なぜあれだけ美しい姿になれるのか。一体全体、少年院の教育活動は、どういう仕組みになっているのか、ということが中心だった。

◇

岡山少年院での教育は、院生が院内から逃走できないように、高いフェンスを張り回らせた、その金網の中で行われている（農耕作業のみは金網の外）。全国の少年院の中には、囲いのない施設がたくさんあるが、犯罪傾向の進んだ年長の少年を数多く収容している岡山少年院にはそれが設けられている。

金網の囲いの中での教育に、自由とか、主体性などというものが果してあるだろうか。木原教授が美しいと見た院生らの態度とは、ただ見せかけのものではないのか……。岡山少年院を知らない人々は、まず第一番にそのことを思うだろう。

今日はその話題に関連してお話をしてみたい。

◇

人間には自由意志があるという。しかしドイツのある高名な刑法学者（精神病理学者でもある）は、人間の心の中には、自由意志は五％程しかないという。残りの九五％は、一口でいえば、人間の業《ごう》ともいうべき無意識心理と社会のしきたりに強く規制された不自由の中に深く深く埋没しているのだ。例えば試みに、岡山駅から柳川交差点まで、全裸で「ストリーカー」をやろうとしてごらんなさい。そうたやすくできるものではない。別の例でいえば、ある高名な小説家のK夫人など、もうしないもうしないと涙の中で決意しつつも、何回となく万引を繰り返す。

少年院生にとっては、金網があるから、その中での教育は、常時心理的に圧迫され、点数かせぎの、不自由しかない押し付け教育だろうと思うのは、常識の人。今日、中学高校生だって、偏差値という目に見えない金網の中に閉じ込められている。

我々電話カウンセラーでさえ、社会や集団のしきたりという金網の中で毎日を生きている。なるほど相談中の対話の選択については、各人の完全な自由意志に一見ゆだねられているみたいだ。しかし、電話線の向うにいるクライエントという、姿の見えないその人の心の枠組の外で自分の個性をモロに出して自由に話しかけるというわがままは許されていない。

つい最近、今までいのちの電話をとったことのないスーパーバイザーのある先生が、初めて自ら電話機の前に座った。彼が受話器をあげたら、運の悪いことに、相手は常連の中で一番難しい「O・Cさん」からの電話だった。この先生は、こういう種類のクライエントの心の枠組の中に入り、その人に寄り添った体験など、おそらくなかったろう。すっかりグロッキーになった。かくいう私だって、相手がもし「O・Cさん」だったら、きっと悲鳴を上げる。

◇

ともかく電話カウンセラーは、ありとあらゆる種類傾向の人々との対話の中で、ほんとに五％ほどのわずかな自由意志で自分のアイデンティティを確認しながら、電話の相手に寄り添っていく。

その人各自の主体性とか個性・感性といった各々のもつ美しいもち物は、金網もなにもない野放図な「ストリーカー」のような自由な境地では、とても磨かれ育ってはゆかないだろう。拘束・制限されることが適切妥当であればそれだけ多く個性・感性は美しく花開く。常識人間の想像を絶する、異常な枠組を持つ人々の、屈折した心の鉄槌に打ち砕かれ、その業火でもって焼かれ、そんなにしながら各自の個性の不純物である「我」を取り去る。カウンセリングの学習・訓練ではこれが基本ではないかと、私は思う。

少年院の教育もこれと全く同じ路線の上を進んでいる。少年院の教官は、金網の中では身に警棒などをもたず、夜は寮舎の鍵も持たずに少年と同じ寮舎に寝る。徹底した人間信頼のみが教官の身を守る。だからこそあそこまで自己破滅をした少年を美しく育成できるのだ。

電話カウンセラーは、クライエントから物で刺され叩かれることはないにしても、心に深い傷を受けやすい。「相手の枠組に入る」という主客対等の関係を作り、そこで叩かれてこそ、各自の自主性、個性・感性が伸びてゆくことを、忘れてはならない。

◇

この夏の「意見発表会」で優勝した少年は、「社会を明るくする運動月間」のポスターで金賞をもらった少年だった。この会に四期生とともに参加して下さったIさんから、つい先日、その少年の言ったこと、とくに彼が生れて初めて絵筆をとって描いたというポスターに出てくる人々の顔から服の色のことまでくわしくうかがった。

涙が出るほどうれしかった。私はこの夏の、あの時の感動を、大方忘れかけていた。Ｉさんのお話をおききして、あの少年の描いたポスターは、もう、一生、金輪際忘れまいと心に誓った。

五九　わが人生論

この夏、ある出版社の依頼で、青少年に贈ることば「わが人生論」の執筆をした。一一月初め、でき上ってきた本は、岡山県出身の政財界名士たちの自伝的随筆集であった。私はいささかがっかりした。

しかしともあれ、私はせっかく書き上げた小論を、皆さまに読んでいただければ、せめてもの幸せと思い、その一冊を、「岡山いのちの電話文庫」に寄贈させていただいた。

◇

その本に書いた私の人生論の題名は、「この一筋につながる」である。これは今年四月、わが師、団藤重光先生が岩波書店からお出しになった名著「この一筋につながる」の書名を、そのまま無断で拝借したもの。そんな失礼なことをした私は、おそるおそるではあったが、その本の一冊を団藤さんにさしあげた。さっそく先生からお手紙を頂いた。そこにはおとがめのお言葉はなかった。むしろ反対に、私宛のご書面は、先生の後をしたいつつ進む、うだつの上らない一学徒に対する熱い励ましのお言葉で満たされていた。

拝復　本日は御芳書ともに「わが人生論岡山編（中）」をありがたく拝受、さっそく玉稿〝この一筋につながる〟を感銘深く拝読しました。

松本師の話、この短文で拝読するだけでも、涙が出るようです。感受性の強い少年であられた学兄が受けられた感動が思いやられます。

御養父の御遺言は、何というすばらしいことばでしょう。「偉い人」になるな、というだけでも大したことですが、「後ろ姿を拝まれるような人」になれというのは、おそらく仏道の奥義でありましょう。御養父様の本当の偉さが想見されます。

牧野先生の教育刑論へのつながりも、それでこそわかります。牧野先生の霊も、学兄のこの御文章に感じておられるにちがいありません。

小生のことにまで言及して下さり、光栄のいたりです。

学兄のいままでの歩み、そして現在の御活躍を拝見していて、まさしく「この一筋につながる」ものであることを感じ、心から敬服します。

巻中、他の諸名士の筆になるものの数編も読んでみましたが、玉稿はまさに白眉であり、ひとり青少年といわず、すべての人に読ませたい大文章であります。学兄の人間に対して、改めて衷心からの敬意を表わす次第です。

どうぞ御自愛御活躍あらんことを祈り上げます。

一九八六・一一・二九

◇

この一一月三日に、学者にとっての最高の栄誉、文化功労者となられた団藤さん（一九九五年、文化勲章受賞）は、「なずなの花」のような私に、歩を止め、あたたかいまなざしを向けて下さった。容易ならざることだ。昭和二八年（一九五三年）に、恩師牧野英一先生（一九五〇年、文化勲章受賞）に捧げた喜寿記念論文「浄土教思想から見た目的刑主義」を、牧野先生に激賞されて以来の体験だ。私の人生において、これ以上の喜びを味わう機会はあるまいと思い、以上まったく私的な事がらを書かせていただいた。

◇

旧帝国海軍の名将、山本五十六元帥は、次のような言葉を残している。

やってみて、言うてきかせてさせてみて
　ほめてやらねば　人はうごかじ

団藤さんは、戦後間もない食糧事情の悪い時期に、ご自分のゼミの学生四名を、次々刑務所に送り込み、受刑者と同じ体験実習の動機づけをなさった。そのあと先生はといえば、東京大学教授の身許をかくし、篤志家になりすまして密かにニセの囚人たちに面会を求め、「元気か」と声をかけて立ち去られたという。

団藤さんによって「言うてきかせてさせてみせ」られた学生の一人は、四年前まで岡山地裁の所長を勤めた鬼塚賢太郎判事だった。鬼塚さんは、重刑を受けている極悪人の中に美しい心を見て驚いている。団藤さんの、そういう動機づけ自体の中に、そしてまたつらい受刑生活に耐えている愛弟子を、つい慰めに行ってしまうという関与的態度（アンガージュマン）の中に、弟子たちが大きく育つ素地が生じた。

カウンセリングの技術は、心理学的教養や訓練で段階的に伸びてゆくものとされているようだが、必ずしもそうとばかりはいえない。例えば今回の場合にしても、団藤さんは、私の小論を涙を流さんばかりの感動をもって深くお読み下さった。先生は、私や養父のささやかな思いの中に、大きな美点・長所を観てとられた。そしてそれを引き出し、さらに大きくして下さった。私はこのように、世の中でいちばんほめてもらいたいと思う人にほめられたことによってはかり知れない力を得、輝きはじめた。端的にいえば、このような感動的体験に直面した時に、カウンセリングの心（共感）の花は自然《じねん》に開く。

◇

以下は余談。

団藤さんという方は、皇太子殿下直じきのご指名で東宮職参与になられた。その皇太子さま（今の陛下）について、一つのエピソード。

今から五年ほど前、チャールズ皇太子の結婚式からお帰りになった殿下は、昭和五六年八月七日、新聞記者たちに向ってこういわれた。

「……日本ではどうしても記憶しなければならないことが四つあります。終戦記念日のほか、広島、長崎の原爆、そして沖縄の戦いが終結した六月二三日です。沖縄は地上戦があった唯一のところで、三人に一人は亡くなっています。私は、この四日間、必ず黙とうをしています。テレビでは終戦記念日と広島原爆慰霊祭が必ず放映されますが、なぜ長崎と沖縄の慰霊祭は実況中継されていないのですか……。ぜひ皆さんの力で実況中継をやってほしいと思います。」

「なぜ……あなたがたはなぜ目を向けようとしないの？……」殿下に言われてみなければ、我々平和になれた現代人はこのことがどんなに大切なことかわからないのだ。

やさしい心は、必ず「なずなの花」に向う。そしてなずなのような平凡な存在に、大きな意味づけをし、新しい価値を生む。なずなに限らない。小さな何かを大きく劇的に変える。私がことあるごとに皆さまに伝えてきた「共感」とはそういう「力」をもつものだ。

六〇　九十にして惑う

昭和五二年、弁護士、北尻得五郎さんが日弁連会長をしていた時、私は北尻会長に一文を送り、日弁連に弁護士以外の人の血を導入するため、弁護士以外の人で「日弁連懇談会」を作るようにと提言した。北尻さんは私の提言をいれ、ただちに小林直樹東大教授ほか約一〇名の名士に依頼状を出し、昭和五三年「日弁連懇談会」を発足させた。その制度は今日もなお続いている。

なぜ私がそういうものを作ってほしいと思ったか――

終戦直前（昭和一八・九年）の頃、時の海軍省高官は、自由主義の血を海軍部内に摂取するため、谷川徹三氏をはじめ、安部能成、天野貞祐氏ら、自由思想をもつ一流の文化人を海軍部内に招き、密かにその人たちの話を聴く会を持った。終戦は陛下の、全国民よ、戦いを止めよとの放送によってもたらされた。その「戦争停止命令」を収録したレコード」（玉音板と呼んだ）を陸軍に取られまいとして決死の行動をした当時の海軍少将、大井篤氏が先日岡山に、同期生であるわが師芳根広雄先生ら数名とともに来られた。もし、井上成美大将という偏屈な先覚者がその時海軍の中核にいず、井上さんが、谷川徹三氏ら自由文化人たちの血を組織内に吸収しようとする努力をしていなかったら、玉音板もけしとび、今日のような平和な日本は実現していなかったかも知れない。

約一〇年も前、読売新聞の「自伝抄」というコラムに、その当時の経緯を、谷川徹三氏が書いておられたのを思い出し、さっそく日弁連会長に提言したまでのことである。

谷川徹三さんはこのように、哲学者として、わが国の起死回生に絶大な力を注いだ人だ。若い頃私は、谷川徹三氏のほん訳されたゲオルグ・ジンメルの、「カントとゲーテ」を読んで血をたぎらせた。この本はたしか岩波文庫の星一つの小さな本だったと思うが、その重さは無量。また哲学書にして、それほどの名訳を私はいまだかつて読んだことがない。

先週の土曜日（一三日）本屋に行った。本棚をふと見ると、谷川徹三氏の『九十にして惑う』という本があった。発行日は一二月一五日。全くの新刊本だ。その本の形式は谷川さんと、湯川秀樹、田中美智太郎といった有名人一一氏との対話を収録したもので、最終章が「九十にして惑う」である。第一章の、湯川さんとの対話の中には、「自分の意志を阻害されるというところから、何か壁に突き当った人間というものが、結局、ものを考える。自分の思ったことがなんでもできるというような人は、一向にものを考えない」と。こういう言葉がキューッと私の心を吸いつける。

同じ章下で、「世界の全体を大きく見通すような、そういうものの考え方が出てこないことには、今日の時代の不安は消えないですね。弁証法的唯物論というものは現代において古典哲学の大体系とその精神を継承している。しかしそれが究極のものとはいえないが……。」と、谷川さんは述べ、それを超える宗教か何かのようなものを見すえようとしている。

奥村二吉先生は、弁証法的唯物論を偉大な哲学とし、それを超えたところにある浄土教思想によって先生の人生観・世界観を作ろうとされている。私は、奥村先生と同じく弁証法的唯物論の道を進む求道者である（私のカウンセリングの理論と実際は、その上に体系化され、本書の全巻にちりばめてある）が、谷川徹氏という日本を代表する哲学者が、奥村二吉先生や私どもとほぼ同じ哲学の道を進んでこられた方であることを知った喜びは大きい。

奥村先生は、学問修道によって聖者の域に近づこうとされるのではなかった。むしろそれとは反対に、「いやになるよなざまたれじじ」に沈潜しそこに信仰心を得ようとなさる。谷川徹三氏はというと、九十にしてなお「惑う者」にとどまることを欲している。ゲーテは、「人間は努力する限り迷うものだ」と言っている。心あたたまる、やさしい言葉だ。谷川氏の、この大きな著作の、小さな「あとがき」の中から、特にカウンセリングを学ぼうとする皆さまに、次の言葉を書き抜いてお目にかけたいと思う。

「私は生涯一書生をもって自らを律してきた者だ。昭和四十年九月六日、新聞はシュワイツァー博士の死を報じている。

『私は生涯を通じて、いつも少年時代と同じように考えたり、感じたり、努力しなければならないと努めてきた。本能的に〝円熟の人〟になるまいと心掛けた』

という、博士のこの言葉は私の好きな言葉だ。

私が好きだというのは、その言葉に私が同感しているからでもある。〝アフリカの聖者〟が私と同じような心境をもっていたことで、親愛の情をも感じさせる。

九十にして惑うのは、私が一個の平凡な人間である証拠であるが、同時に私が、常に理想に取り憑かれているからでもある」

「『私は人間である。人間にかかわる、いかなることも私と無縁ではない』このゲーテが愛した言葉を、私も愛している。しかしこれは考えれば考えるほど、世の経験を積めば積むほど、中身のふくれ上がってくる、怖ろしい言葉である」

日頃、怖ろしい人間からかかってくる電話におののいておられる皆様は、右の言葉に、どれほどの重みを感じられるだろう。

谷川徹三氏はまた、道元をこよなく尊敬される人でもある。

去る一二月六日、私は仙台のいのちの電話事務局を訪れた。部屋の壁には道元の思想を平易に書いた「修証義」第四章の冒頭にある、次の言葉が貼ってあった。

◇

己れ未だ度《わた》らざる前に、一切衆生を渡さんと発願し、いとなむなり

その意味を、その晩、鈴木仁一君（日本心身医学会々長）の家に泊った時、彼に問いかけた。彼は言った。「自分はまだ仏になれる身ではない。不でき、未熟者である。そういう己を知りつつも、苦界に沈む一人ひとりを救済しようと決意し、こうして惑い悩みつつも活動しているのであるというほどの意味だ。とくに最後の、いとなむなりというところに無量のおもみがあるんだなァ」と。

いのちの電話相談員とは、「九十にして惑う」という谷川徹三さんのように、自ら悩み惑う者でありつつ、なお日々いとなむものでありたいと思う。

六一　寄り添う

ずーっと以前、一人の少女が高校在学中に家出をして、前科七犯という熟年の極道の愛人になり果てた。男は

長期の刑を受ける身になり、二人の愛は、司法官憲によって引き裂かれた。

その直後に、少女の書いたSCT（文章完成法検査＝心理検査の一種）の一節を皆さまにお目にかけよう。

「私の喜びは……パパと一緒に寝ていろいろなお話をすること」

「私の悲しみは……こんどパパの身の回りのお世話ができなくなったこと」


パパとは、少女の愛人・極道である。なんという乙女らしい素直な気持ちの表現だろう。少女の両親は、煮え湯を飲まされる気持ちでそれを読んだと思う。

彼女のそのやさしい乙女チックな心に私一人が寄り添うことによって、彼女の心の中には、自ずと（あゝ、自分はパパとは、一生涯暮してはゆけるわけがない。やっぱり父母のもとに帰ろう）という「気付き」が生じ、やがて輝くばかりの美しい少女に変容した。

◇

話かわって、若い女性が妻子ある男性を愛した。男は愛する女に命じて、何度も中絶させた。彼女の不倫の愛が、世の人に美しいと映るはずがない。両親にしてみればなおさらのこと。それが彼女を狂気に駆り立てる。

彼女はやがて精神病院に入れられ、カギ付きの個室に幽閉され、一カ月も泣いたという。「泣いた」などという言葉で表現できるものではなかったろう。彼女の愛は、社会的正当性という尺度で計る人たちから加えられる圧力の度合が強ければ強いだけますます燃えさかる。男の正妻の子どもでさえ憎い。八つ裂きにしてやりたい。そういう言葉が彼女の口をついてポンポン出る。

ある冬の日些細なことから、彼女は生きる力を失った。男の運転する自動車に飛び込み自殺をしようと決意した。

私は、緊急電話で急をきき現地の公衆電話に急行。やせ衰えて幽鬼のような姿をしたその女性に会い、彼女の肩を抱き、彼女の心を聴き、言葉も絶え、ともに泣いた。半袖シャツ一枚の彼女の全身は一一月末の寒空のもとで震えている。「汝、姦淫する勿れ」という社会規範に厚く覆われたその下で、自分のおなかの子を次々と殺さなければならない母親が狂わなかったら、人間ではない。オバケだ。彼女は罪の苦海を独り泳ぐ者だ。その愛憎の深さ悲しさを、しんに分ってあげる人が一人も彼女の身の回わりにいなかった。

◇

精神病者でもなんでもない、ただ愛憎にたけり狂った女を、社会的害悪とみるような証人は、即時何十人でも作れる。彼らの告発によって精神病院の回転椅子に座っている医師は、適当な病名をカルテに書き込み、彼女を閉じ込める。「私は精神病じゃあない！」この言葉ほど、精神病患者らしい特質を表現する言葉はない。女がそう叫ぶと医師たちはますます信念を堅め、プロらしい善意でもって、彼女を苦海に深く沈め込む。

私はその若い女性を雇っている社長に面会した。

「ヤツは、わたしらがなんぼ言うて聞かせても分らん女でサァ」社長はそういう。

ところがその社長は、私の話を聞いて間もなく考えを改めた。「こらえてナ……あんたの苦しみが分ったヨ」社長が両手を机について彼女を受け容れる。すると彼女の方はどうだろう。やっと聞きとれるほどの恥らいの言葉ではあったが、今まで、各方面にさんざ大迷惑をかけた悪い女でした。と、肩をゆすって泣きながらそういった。

◇

この秋、岡山大学医学部で、「新しい精神医療を考える市民集会」が行われた。「犯罪を犯した極悪人でさえ、国費でもって弁護士をやとう権利が与えられている。だのに、何も悪いこともしない人間がゆえなく無期限に精神病院に閉じ込められ、『出してくれ』と言う権利もない。もちろん弁護士を雇う権利はない。少なくとも、今までの精神医療は、患者の人権を守るための医療というより、むしろ患者以外の正常者の社会を狂暴な精神病者から守ることを目的とした医療だった」

その日のシンポジスト達はこのように述べ、岡大精神科の中島豊爾講師は、これからは弁護士を増やしてゆき、こういう本末てん倒の誤った精神医療を告発しつづけ、「日本収容列島」を解消してゆきたいと結んだ。

そういうたぐいの精神医療改善を考える集会は、最近とみに多くなった。しかし、これにたずさわる人たちの考えていることは、少しピントがずれているように私には思える。いくら弁護士を増やして告発の火の手をあげようとしてみても、前に述べた若い不倫女性のように、信用も名誉もない弱い精神病患者ともいえない患者が闇から闇に葬られ、一声もあげられない社会のしくみの中で患者に何ができようか。それよりも、「寄り添う」というカウンセリングマインドを考える方が先だ。

◇

先日ＯＩＤＥでも、私は発起人になって「新しい精神医療を考える会」を開いた。中島豊爾先生のほかに、精神保健センターの山本昌知所長を招いてお話を聞いた。私は、「彼が医学的にみて精神病者かどうかを診断確定することよりも、彼に寄り添うことの方が大切なことなのだ」というテーマを、明確に確認してもらった上でこの集会を終らせようとした。まさにその時、元精神病院の心理判定員だったＩさんが、最後にこのテーマをこわしてしまった。彼はその晩一晩悩んだといった。Ｉさんにしてみれば、「たかが電話相談員。彼等が精神障害者に寄り添うなどということはとうてい不可能。山本昌知名人にして初めて寄り添える」という、いかにも医療従事者らしい思いがあって、つい口がすべった。といい、さらに語をついで、だけどこの「寄り添う」というテーマは大切なことなので、第二回目も企画して下さいと、Ｉさんは私にいわれた。

◇

妄想性統合失調症で放火もやり、四〜五回も精神病院に入った男が、この秋、私の口ぞえで、山本昌知先生から統合失調症は治癒したという証明書をもらい、岡山県公安委員会のした「運転免許永久剝奪処分」を取消してもらった。そして一昨日、その男は、ニコニコ顔でピカピカの免許証を見せに来た。

彼の妄想は決して消失するということはないであろう。消失しないでもいい。寄り添う人が一人あれば、精神病者であるその男は、社会人として立派に通用する。

この事例は、そのことの一つの例証である。

六二　年頭感慨

昨年一二月二六日、東宮職参与、団藤重光先生からの新著「わが心の旅路」が届けられた。扉には献呈の辞。胸のときめく一瞬であった。思えば、私は昨年先生から三冊の新刊書をいただく光栄に浴した。

装丁は団藤さんの親友でいらっしゃる元法政大学総長、中村哲氏。団藤さんのご先祖の郷里高梁市の秋景が、見事な筆さばきで、鮮やかに描かれていた。

先生の新著第一編「わが心の旅路」は、実存主義的原理に底礎された法理学の一大体系を構築されるに至った先生の半生の精神史ともいうべきもの。

そのあとに第二編「わが師・わが友」が続く。

先の東宮職参与であった慶応義塾大学総長、故小泉信三氏の御著「師・友・書籍」にヒントを得て、私はかつて私の発行していた海軍兵学校クラス会誌に「わが師わが友」と表題をつけた。団藤さんの御著にあっては「わが師・わが友」。その冒頭第一章が「牧野英一先生のご逝去を悼む」であった。今から一七年前の昭和四五年、牧野先生ご逝去の年に書かれたその章下に、私は熱い涙を落した。恩師の死を悼む団藤先生の痛恨の涙が、深く大きな共感となってわが胸に刻まれた。

第二章は「留岡幸助先生と牧野英一先生―北海道家庭学校のことども―」であった。第三九章に私は「良寛の涙」と題して留岡幸助と北海道家庭学校のことなどを紹介した。

牧野先生はその昔、「オヤッ、憲法の講義録を忘れてきたゾ」、といっては「デカルト歿後三百年」と銘打って哲学論へ脱線されたり、留岡幸助の思い出から社会福祉論へと脱線されたりなさったことが幾度もあった。

団藤さんの本で読むと、留岡幸助は、自分より一三歳も年下の若い牧野博士をあつく敬い、博士より贈られた一本の松を記念して、家庭学校に「牧野英一林」を作ったりもした。その標柱の傍らで団藤博士と谷昌恒校長が並んで撮られた写真も挿入されている。

◇

大晦日は、私の電話当番の日だった。この日、正月三が日を過ごすほどの元気もないという青年が、Iさんとわずか一〇分間程の対話によって輝くばかりの精気を取り戻した。そしてわざわざ感謝の電話をかけてきた。それを私が聴かせていただくという幸運にめぐりあった。

年の瀬に恩師の新著に大きな感動を体験し、「いのちの電話」では、改めて我々の社会的責任を自覚させられる二人の人々に出会い、一九八六年は、美しく大きな節目をもって暮れた。

◇

年が明けた。数百通の年賀状の中に、かつて私に「メゾ」とは「優しい」という意味なのよ、と教えて下さったNちゃん（中三）の年賀状と、ボランティア協会岡山ビューロー事務局長増田励《つとむ》氏の年賀状があった。

Nちゃんのものには、

「年末私の一人旅で、大原美術館に行って来ました。ルオーの道化師の目が、『あんたいったい何をみとんや』と問いかけ、あの一枚の絵の前で、二時間くぎづけになりました。自分と語り合う時間を持たせてくれたルオーに、今感謝しています」

とあった。これは、Nちゃんの、自分自身との出会いである。

増田さんの年賀状には、雪の永平寺で入浴する時のことが書かれてある。

「服を脱ぎながらハッとした。コートとズボンは亡き兄の遺品、背広は前副会長の遺品、マフラーは事務局を手伝ってくれている人の手織、上下の下着は山口県のボランティア、山村君の贈り物、チョッキは女房の手織、どれ一つをとってみても、他者からの温かい愛情の贈物である。

「脚下照顧」足下を忘れるな！　今！　生かされているのだ、と強く胸を打たれた。自然と合掌し、一生忘れられない入浴となった。愛情をいかに返してゆくか。日々の課題であろう」

◇

「出会い」とは一般的には自分が他の人や物に出会うという社会的事象だと思われている。そういう意味も、もちろんなくはない。しかしカウンセリングの領域でいう出会いとは、自分が他との共感を介して、自分自身と劇的な出会いを出会うことに他ならない。

昭和五五年クリスマスの夜、雇主夫妻を焼き殺した少年があった。こんな恐ろしい犯罪を犯したその少年Mは、「正義を行ったまでだ」と豪然肩をそびやかしていた。Mはその後私のすすめで内観をはじめた。Mの昭和五六年六月二三日の手紙。

「良子さんが私のところへ面会に来て、私たちのしたことが当然だというのです。私たちが正義で、相手の社長とママは悪だと……。

私はその時、あゝ、自分もつい最近までこんな顔をして、こんなことを考えていたんだと……。情けない自分でした。今は、日に日に両親のことが世の中でいちばん大切なのだと心から思うようになりました。言葉では言っても、こんなに心の底から分ったのは、恥ずかしながら初めてのような気がします。だからよけいに残された二人の遺児の、今の気持ちが分かるような気がします。

こんなことを考える毎日になりました。」

◇

大原美術館の観覧者にとっては、ルオーの絵、道化師は同館収蔵何百点のうちの小品一点にすぎぬ。これが見る人間と、みられる物との間の共感によって、Nちゃんが自らを省察する力を生むのみならず彼女を作り育てる力となる。増田さんにとっては、雪の永平寺でのただ一回の入浴が、「人びとに生かされつつ生きている」という増田事務局長の感慨を生んだ。

M少年にあっては、かつての女友達がM君をなぐさめるつもりで語ってくれた一言が自分の魂に突きささった。そこでMは自分自身を再発見し、驚愕した。こういう共感による出会いというものこそ真実の出会いである。この出会いが、Mにこの世の中でいちばん大切なものについての気付きを与え、Mを新生への道へ進める転機となった。

◇

日夜、カウンセリングの山野を彷徨する私どもが、世の中に起こる些細な社会的、個人的事象を、その人の内面の精神現象としてとらえなおしてみると、「出会い」がその人にとって、どんなに大きな意味をもつかがわかるような気がする。

六三　主体的自立

「いのちの電話カウンセリング」という本の他に、「みんなでカウンセリング」とか、「ボランティアの心」というような、素人にわかりやすく書かれたカウンセリング指導書の著者であった新村豊北九州大学教授が、昨年一一月お亡くなりになった。

私のもつ「みんなでカウンセリング」という本の扉を開いてみると、そこに私は、「昭和五八年二月奥村先生にいただく」と書いている。当時奥村先生はこの本をお読みになって多大の感銘を受けられた。それもそのはず、この本の第一章第一節は「内観法について」である。奥村先生は、それだからこそ後輩の私に、ゼヒ読むようにと勧められたのだ。

この本の三ないし四ページには、次のように非常に大切なことが書いてある。

「身近かな人の間でごく自然のうちに行われるカウンセリングは、精神病医による治療や専門家によるカウンセリングよりも、しばしば効果的なことが分っています。それだけでなく、より重要でさえあるのです。この理由はいろいろ考えられますが、第一に、身近かな人によるカウンセリングは、自然のうちに、自覚されないままに行われるので、異常感が全く伴いません。

第二に、専門家は権威を持っているので、専門家に対した人は依存心を持ち、心まで任せがちです。主体性を放棄しがちです。しかし専門家でない身近かな人に対しては、心まで安心して任せるわけではないので、主体性の放棄が起きません。この主体性は精神的立ち直りや、治療にとって大切です。そこで専門家はカウンセリングの技術には優れていても、この面では困難を抱えています。」と。

◇

このことばは、一冊の本の「はじめに」というところに書かれている言葉であるから、著者としては、このわずかの言葉に非常な重点・力点を置いているわけである。

それで思い出すのは、昨年いのちの電話全国研修会で、福岡のいのちの電話事務局長（九州大学教授）の安藤延男先生が、「たかがいのちの電話。されどいのちの電話」といわれたことだ。この意味はいかようにとられてもかまわないが、私としては、

「カウンセリングの素人たちが集まって、市民運動としてやっている、たかがいのちの電話だと、知らない人は虚仮にするだろうよ。とんでもない。きびしい訓練を受け、ボランティア精神に豊んだ人たちが、悩み悲しみ苦しむ人々に対し、身近かな人として優しく話をきいてゆく、価値ある電話カウンセリングなのですよ」と、ある種の自負の気持ちをもって世間に呼びかけている、とてもスバらしい言葉だと思っている。

◇

去年の九月、ある中学校のS子が学校を休みはじめた。私はS子の父母や校長先生に頼まれて、最初の一回目だけは、Qさんと二人で面接した。その後はQさんに全てをお任せした。校長さんからは、S子が変わってきた、助かっている、という感謝の電話もあった。

Qさんは昨年一二月ころ、S子に手紙を出された。早速S子さんからQさんに返事が来た。私がQ子さんからS子の手紙を見せられたのは、昨日一月一〇日になってからだ。

ご参考までに、このS子からQさんに宛てたお便りの全文を、S子さんのお許しをえて皆さまにお目にかけたいと思う。

ども　こんにちは　どーも　おれいといってはへんですけど私のはなしをします。さいきんおちこんで一人でなぐさめます。よく子どもは　おやをえらべないというけど　うまれる前のことは　だれもしらない　もしかするとえらんだりして。

だから　生れるとき自分の人生を自分でえらんだとすれば……

もし　勉強　スポーツ　ともだちなどのなかみなどでとってもたのしい一三歳でおわる人生と、なやみばかりでくろうしながらなが生きる人生のどちらか一つだけえらべといわれると　もちろんたのしく　みじかい人生のほうがいいと思うけど、一三歳で死ぬときは　もっとくるしくても生きたいなと思うにきまっている。

そのはんたいも同じ。

けっきょく　この二つの人生をてんびんにかければつりあうと思う。

私はいま　マイナスだけど　きっとそのうちプラスがあると思う　生きる前に自分で　てんびんにかけてえらびぬいた人生だから　自分でえらんだ人生なら　今がマイナスでも　信じていればきっとプラスになる　知らないうちに。

そしてさいごに自分でえらんだ　このからだとこの人生をこうかいしないと思う　だから今は　自分をしんじることだと思う　と思えばなぐさめになる。

◇

このS子の書いた文章は、実存哲学の教科書にでも出てきそうな難解な思想を含み、私自身も、六〇年に近い人生で、初めて目にする、主体性のしっかりした創意に満ちた文章だ。最初二、三度読んでみてから、ひょっとして、S子は誰かの書いた人生論でも読んで書き写したのかもしれないと思い、私は彼女におそるおそるその点念を押して確かめた。

「おふろに入っていた時思いついて、寝る前二時間かけて考えながら書いたのよ。ただそれだけ。中学校に毎日通ってたら、忙しくて、こんなことゆっくり考えるひまはないでしょうネ」S子はそういった。

◇

私たちの学んだカウンセリング理論（主としてロジャーズのもの）は、人間を、自ら決断する自由な主体的存在（実存）と考えるところからスタートする。

そう考えると何が発生するか。例えばQさんの扱ったS子の実例のように、クライエントに自らを考える力を与え、突じょとして劇的に自分自身を認識するという事態が発生し、主体的自立への出発点が出現する。

QさんとS子の共感関係が、S子の右の実存哲学的言葉を生んだ。本当にスバらしいことだ。

六四　愛語回天の力

昨年七月末に岡山県青少年対策室のきも入りで「岡山県青少年相談機関連絡会」が開催され、年末には第二回目の会合が行われた。全国いのちの電話が一〇代二〇代の青少年から受ける相談の比率は、約六四％だから、日本いのちの電話事業の中では「青少年相談」というものは無視できない。岡山でも同様。

私はＯＩＤＥを代表して、その他の官製の六つの相談機関と共にこの連絡会に参加した。

この日出席された県教育センターでも、全県下の小中高等学校の教師の中で、カウンセラーを育成すべく研修をやっているとのことだった。ところがご多聞にもれず、ここでも研修生の中から、カウンセラーが育つのは難かしいことらしい。

「君たち、まず自分の枠組を捨てるんだ！」

指導の先生が研修生を叱る。すると研修生たちは、

「そう毎日毎日叱られると、ワシらは塩をかけられたナメクジのように、溶けてなくなりゃいいのかっていう気持ちになりますよ。」

というらしい。人づくりの難かしさが身にしみている所長さんの述懐だった。

◇

人は誰でも、子どもの頃から営々として自分の「城」を心の中に築く。カウンセリングを生涯教育として選んだ者は、このようにしてせっかく造営した自分の「自我城」に火をつけて焼きほろぼさないといけない。いかに上手に城を焼き尽すか。それがカウンセリング教育の課題だ。焼き尽された城のやけあとから双葉が育つ。それがカウンセリングマインドの芽だ。

私はボランティアの人たちとお茶を飲みながら、時折そんな話をする。そんなある日、Pさんが突然、真剣な顔をして叫んだ。

「私は人が何といおうと、ゼーッタイ自分の城など焼きませんからネ。もし焼いたら、その焼け跡には、私の焼死体がころがっているでしょうヨ！」

山本昌知先生によれば、城の全焼が難かしいなら、せめて半焼でもさせておくれと。

この連絡会議では、右のような、禅問答のような話が出た。それだけが妙に記憶に残った。

◇

昨年九月のいのちの電話全国研修会で私は「カウンセラーの認定基準」という問題を、研修会冒頭の全体会パネラーとして発題した。全日本カウンセリング協議会でも認定基準などは決っていない。だから私は「二一世紀の問題として提唱する。軽い気持ちで聞いてほしい」と、特につけ足した。

いま、ＯＩＤＥで、研修生をどのような基準で相談員として認定しているかというと、「クライエントに危害

を加えなくなったらＯＫ」という程度のところらしい。巨大な自分の城を築いている各人がその城のあるじとして、撃って出て、人々に何らのダメージをも与えないということは、言うべくして簡単にできることではない。会社の公器（厚生大臣から認可された社会福祉法人）としてのＯＩＤＥが、仮にも人にダメージを与える機関であるというのでは困る。せめて「フンフン」と人の話を聞くだけの機関を作るだけでも、天下の大事業なのだという自覚が必要だ。

私は、「フンフン」になったら、自分の城を半焼できた人だろうと思う。一年間の研修過程で、我々が研修生を変えるのは、せいぜいそれくらいのところまでだ。それからあと（次に述べること）は、以後の相談体験と継続研修にまつもののように思える。

◇

昨年四月一八日号のＯＩＤＥ内部報に、高木さん（一期生）が、次のような一文を寄せておられた。

「貧しい私の心を豊かなものに育ててくれる電話がかかってくる。電話を切った時、このクライエントに会えてよかった……。クライエントに育てられている自分を実感する時です。この実感を、いつかはクライエントにお返ししてゆきたい。クライエントの情感にふれるような電話を……。」

人の魂をゆさぶらないではおかない美しい文章だ。先日も安芸義雄先生と電話で話した。「研修生たちは電話機の向こうのクライエントに導かれて成長する。僕らは有難いことにその電話を傍受させてもらって太る。世間にさまざまなカウンセリング教育の場があるだろうが、こんなにスバらしいカウンセリング学習機関は他にはないよ。エーなアー！」

安芸さんは第四期研修生のやった電話をモニターで聴いていて、喜びがこみ上げたのだった。

◇

私のいう認定基準とは、この高木さんの感慨そのものだ。このような感慨があるかないかをもって、相談員の

「仕上り基準」とすれば、基準が客観化され、認定に要する労力も半減する。私は、横浜で行われた全国研修会で高木さんの前記の文章そのままを引用させていただいて聴衆全員に訴えた（マリーン大会レポート一一〜一二頁参照）。

我々は優しいメゾカウンセラーを目指す人種だ。メゾカウンセラーとは、目線を限りなく下げてあらゆる人や動物や物体の心に、愛語をもって寄り添う人をいう。

傾聴し、優しく語り、共感すると、道元禅師の「愛語回天の力あり」の言葉（修証義）どおり、力衰えたものに、絶大な生気、活力が与えられてゆく。

灰谷健次郎さんも、「優しさとは、情緒の世界にあるのではない。他人を変え自分を変える力として存在する」といっている。

だから相談員がクライエントに愛語をもって寄り添い、その美点・長所に触れ、これにしんそこホレ込むと、その瞬間、相手は、沈み行く太陽が山の端から再度浮き出し、ひときわ明るく輝くように劇的に変化する。のみならず、寄り添う側の人も等しく変わる。

だからこそ高木さんのように、「あゝこのクライエントに会えてよかった……　いつかは……」と、クライエントに育てられている自分を実感するのだ。　この高木さんのような感慨があるかないかを調べるのは、おそらく十分かそこらの個人面接で、明瞭に認知できるだろう。

昨年私は西ドイツで、三つの都市のいのちの電話センターを訪問したが、ニュールンベルクではこのようにして、個人面接で「仕上り基準達成度」を確認しているとのことだった。この認定基準は、そうはいっても、いささか欲ばりすぎで、初心者には到達困難の気配をなんとなく感じる。その点に難点ありとされようか。

六五　少年院物語

一月二八日岡山少年院で、三人の少年に面接した。私は昭和四九年以来同院の「篤志面接委員」という名のボランティア公務員である。面接カウンセリングの味わいを知っていただくため、私は時折歴代院長のお許しを得て、私の面接相談の場に、いのちの電話相談員の方を同伴し、同席してもらっている。

この日はPさんが私の面接に同席し、自らもまた面接カウンセリングの体験をされた。

① 最初のN君との面接の場では、N君の何気ない対話の中にあらわれた「人間の尊厳」という超微弱な電波を、Pさんのアンテナがキャッチした。Pさんは即座にこれを増幅し、少年にフィードバックされた。カウンセリングは私を離れ、この二人の間の対話の内に進められた。世の誰にもまして自分の美点・長所にほれ込んで下さったPさんの共感に対し、頬を紅潮させながら勢い込んでPさんに反応してゆくN少年の美しい姿。私は自分の鼻腔に、自ずと熱い涙が流れ落ちてゆくのを覚え、声を発することもできなかった。N少年とPさんとの出会いは、時間の長短を超越した。ただ一度の二人の出会いの、何という重さ、そして密度の濃さ。私はひたすらに驚嘆した。

南第一寮という新入生の入って来る寮舎で新入生のケアー担当者という、大きな責任を負わされているN君の顔は、向上・希望に輝いていた。あと二～三カ月で仮退院の日が来る。ゼヒ聴いてほしいというサインを発信する少年Nの声にならない誇りも、それをキャッチする感度の高いカウンセリングマインドがなくては、共感の輝きは生れない。共感の輝きを引き出して下さったPさんに対し、N君はこれからの一生涯、どんなに心の中で感謝し続けるだろう。

②　次に面接したＫ少年は両親が全くいないに等しい不遇の中に育った少年だった。そんな不遇不幸の中に生れたというのに、面接の間、Ｋ君の顔には終始微笑が絶えなかった。Ｋ君には長い淋しい苦しい日々の連続であったろうに、今はこんなにも明るい。

ダイヤモンドは暗い敷物の上に置かれて光を当てられる時、より美しく輝く。今日のＫ君は、彼の過去の暗さを敷物とし、その上に置かれたダイヤモンドの輝きを見せてくれたのだった。

ふとＰさんを見る。Ｐさんの頰には、大粒の涙が流れていた。Ｋ君の微笑の奥にあるＫ君の苦しみと、それを克服してきたＫ君の優しさに対する深い敬愛の念が、Ｐさんのひそやかな落涙を生む要素となったのではなかろうか。

真山美保の名作に出てくる少女「泥かぶら」は、ある日老僧に会う。泥かぶらは美しくなりたいんですと老僧に訴える。老僧はそれならば、と、次の三つの言葉を少女に与えて立ち去る。

ひとつ。自分の顔を恥じないこと。

ふたつ。いつも微笑を忘れないこと。

みっつ。人の身になって考えること。

私は老僧の言葉をかたくなに守って生きた泥かぶらの話を、Ｋ少年に語ってきかせたことであった。

③　三人目のＳ君も、全く身寄りのない少年だった。彼は「今日は自分の恥かしい心の中も、恥かしがらずにみな正直に言ってしまった。素直になれた自分が嬉しい」と感想を述べた。

◇

私はいつも岡山少年院を訪問するたびごとに、「特権」ということを思う。なぜだろう。ここに働く人々は上は福島院長さんから下は新入教育中の予科生のただずまいまでが、たとえ初めて会うという人たちであっても不思議と美しく、懐かしささえ感じさせる。そういうところにメゾカウンセラーとして少年たちの声をきくために行かせていただく間に、私自身が変えられてくる。岡山少年院を自由に訪問でき、院生たちの心の友だちになれるということは、私にとって何ものにもかえ難い特権でもある。

しかし時にそのような思いを、身びいきからくる自己過信ではないかと反省もする。だがこの門をくぐった多くの人々がその都度少年院についての認識を新たにして下さる。この日も初めて面接の場に出られたPさんは、N君の言葉に感動の色を隠さず、K君の優しさに大粒の涙を見せられた。こうして私の「関与的意識」（アンガージュマン）がまたしても強くなる。

◇

翌二九日は、山口県岩国市が始めた教育相談員養成講座の、開講講義のため同市に出張した。この三月からの一年間は、毎月一回行くことになっている。この日は午前午後を通し、三時間半余りにわたってカウンセリングの講座を私ひとりで担当した。

今年度（六一年三月まで）に市から推薦を受けた相談員養成講座の受講生は一六人だった。

昼の休憩時間に受講生のお一人である、元福岡少年院長であった千間義治先生が私に話しかけられた。

「私は岡山少年院初代院長であった川嶋真一先生（注、私を内観に導入して下さった大恩人）の頃に、同院の教務課長をしていたものです。ところで波多野先生の書かれた山陽新聞『論壇』（第四三章参照）をみますと、『少年院でさえカウンセリングマインドのある教育で、少年たちを美しく変容させた』と書いてありますが、ここの、『でさえ』というのはちょっとおかしいのではないでしょうか……。」

少年院に通わせていただく面接委員としての自分を、この上もなく誇りに思っていた私は、この日、岩国市まで来て、矯正人のOBから痛烈な一撃をくらう羽目になった。ここのところの文章は、「でさえ」ではなく「だからこそ」と書くべきだったのだ！（注＝改訂ずみ一四五頁）

二〇ページ以上もある資料の中から千間さんは、目ざとくも、私の未熟さをこの部分に発見。的確に指摘された。私は何とか弁解しようとうろうろしたが、遂に一こともなく、ただ頭をたれた。少年院を、日本におけるカウンセリングの宗家とも思い、生涯学習の道場とすら考えている私にとって、「少年院でさえ」というのは不遜極まりない言葉でしかない。

◇

昭和三五年頃、ＲＳＫ（山陽放送）が岡山少年院のある院生の内観の声を「ざんげの記録」として電波に乗せた。その頃の教務課長が千間先生であった。日本に何十万人といる内観者のうち、誰一人知らぬ者もないこの名作「ざんげの記録」の生みの親とのその日の出会いは、このように感動的なものであった。

六六　消極的努力

消極的努力。いかにも聴き慣れない言葉だ。昭和五一年一月三一日、東京の東郷会館で、元海軍大将井上成美さんの追悼会があった。その時、作家の阿川弘之さんが、終戦直前の天皇陛下や井上大将の努力を評してこういったのである。当時世は上げて一億玉砕、米英撃滅の火の玉だった。陛下や井上さんは、その時代、国民の大勢とはまるで逆の方向に向って戦争終結のために努力をなさった。そういう国民の常識と外れた考え方とか努力を、阿川さんは消極的努力とか、マイナス方向への努力というのであった。

私はどうか。ここ数年来、岡山県民のみならず、今は遠く広島、山口県あたりにまで出かけて、子供を小悪魔集団と考え、その荒れる心を理解するのではなく、外形から規制してかかる青少年補導を「国是」と考える市民たちを相手に、「反国是」の方向に目を向けさせる消極的努力をしている。

◇

さて、いのちの電話相談員研修生の訓練には、必ずといってよいほど、「感受性訓練」とか、「エンカウンターグループ」という、自由討議を主体にした少集団訓練がつきものだ。この訓練技法のあり方がいかにも羊頭狗肉で、内容に大問題がある。北九州の秋山聡平先生も、こういう私の見方に賛成されていた。北九州大学の新村豊教授は、この一月一五日に発行された新著で、そのウソと危険性をズバリ指摘されている。いうまでもなく新村教授は（昨年一一月ご逝去）、いのちの電話にいちばん近い距離に立っていた学者である。

遂語録にもとづいてグループ研修をすることを相談員の必須訓練と考えるのは、これもＯＩＤＥでは、当然のことと考えて疑いをさしはさむ者がない。これもおかしい。この方法を二十数年試みてきた立教大学の村瀬孝雄教授（日本内観学会々長）は、これがカウンセラー養成について効果があったとは思えないといっていることも、以前から述べてきた。

◇

一部のスーパーバイザーの指導ぶりを見ていると、小粒相談員の養成をしようとしている人が時に見受けられる。ボランティアの中にも、この養成過程を利用しつつプロのカウンセラーになろうと密かに考えているらしい人がいる。このように些末な技法に執着・固執していると、「ボランティアとしてのＯＩＤＥ」が鼻もちならない小びとの集団に、音を立てて変質し、崩壊する。

今日は、皆さんを、カウンセリングの技法を超えたその奥にある「人間的空間」にご案内しようと思う。その部屋は長年のあき部屋でクモが巣を張っている。今さらそんなカビ臭い部屋に……といわれるかも知れない。しかし皆さん、いちどその部屋のクモの巣の声を聞いて下さい。

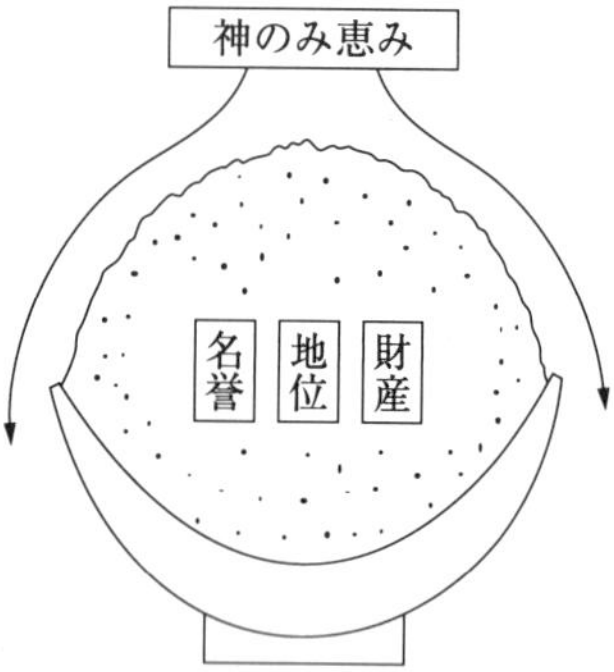

今日、葬式と法事以外にすることのない日本古来の諸宗教は、衆生済度の力を失ってしまったと思っている。その中でキリスト教が生きている。

先日も家庭裁判所の首席調査官室に入ったら、神の栄光をたたえる石井重次の書の拓本が掲げてあった。不幸な青少年を、多い時は一日二千人も養っていた石井重次。そして非行少年の父と仰がれる留岡幸助もキリスト者であった。

◇

この四月にスメット神父が生れ故郷のベルギーにお帰りになる。その前に一〇回の、スメットさんによる聖書の研修会が、いま行われている。聖書のことなどよく分からないが、スメット神父を尊敬している私は、毎回出席している。そしてスメットさんの一言半句をも聴き逃がすまいと、傾聴している。

第二回講座の時、隣りの人と、神の救い（アナウイン）について語りあっていたところへ、スメット神父がのぞきこまれた。と、神父は教室の全員に向ってこう言われた。

「いま波多野さんは、アナウインについて図面を書きました。チョトみてください。心貧しい人とは、このカラポのうつわデッス。この器の中に、富・名誉・地位というようなものがたくさん入ってくればくるほど、このよーにネ、神のみ恵みは器の外にこぼれ落ちて行きまーす。神のみ恵みをより多く受けるためーには、この器に自分で積み上げた物を取り除かなくてはならなーい。波多野さんのアナウインの解釈は正しいデスネ。」

◇

私たちは、カウンセラーである前に、ボランティアである。人を受容する心は、私の描いたアナウインの図のように、神のみ恵みをひたすら感謝の心で待ち受けるカラッポのうつわでなくてはならない。専業主婦が心理学を勉強したりなどしていると、大事な感性はくもり、さらに毒を盛ることにもなりかねない。

かつて松島で行われた全国いのちの電話研修会で私は、「ハナクソまではムリでも、せめて自分をメクソの位置にまで下げてハナクソを笑える人になりたい」といって人々の不興を買った。そこに出席していた人々は、いかにして自分の主体性を確立し、感受性を磨いてゆこうかという、「積極的努力」の意欲に燃える善男善女だったのだ。

相談ボランティアとは、限りなく自分の器をからっぽに近づけるという「消極的努力」の人を目指すもの。そのことによって、どんな非常識をも平常心で受け容れる広い心の空間が生れてくる。

また何事にあれ、事業がレールにのって協会の決議によって制度・取決めという枠がはめられ、組織がおとなびてくると、魂のない形式が独り歩きし始める。これがキリストのきらった「律法」であったのかも知れない。

「相談ボランティアは、あくまでも、チマチマしたこびと集団にされないよう注意が肝要だゾー。そのためには大勢順応に反逆する「消極的努力」の心を、つねに平常心の中にもつことが大切なんだヨ……。」

奥の部屋のクモの巣は、ある時こう語った。

六七　クロのひとりごと

ボクはクロという雑種犬である。栗毛の犬なのに「クロ」とは変だネ。ボクの主人は波多野二三彦。彼の妻君は、早くいえばボクの召使だ。約一〇年程前までは、ボクは野良犬であった。マッ黒に汚れた体で家々をめぐり歩いてメシにありついていた。保健所のワナにかからなかったのはなぜかって？　近所の子供たちが「クロ、クロ」といってボクの首に革帯をつけ、いかにも飼犬のようにして、みんなで保護してくれていたからだ。

主人の家の隣に、磯田といううちがある。磯田さんちの奥さんは、岡山大学のマックリモン先生の教え子だ。だからやたら野良犬の世話をするという習癖がある。やがてボクは磯田家に拾われてここに住みつく。がこの家に来た時にはボクの他にも先輩格の野良がいた。二匹も三匹もは大へんでしょうというて、主人の妻君がボクを自分の家に引き取った。

◇

飼犬というのは、すぐその家の主人に似てくるという。犬を見ればその家のご主人のクセもわかる。ボクはやがてその個性的習癖のゆえに、周囲の人たちのアイドルになった。若い時は野原で、やたらとダンスをした。何時間でも夢中で穴を掘った。掘りに掘るから、野原は穴だらけだ。蝶々や野鳥を見つけたら、とことん追っかける。イナゴやバッタは捉えて食べる。これはうまい。カエルは野っ原にいっぱいいる。散歩の時は、カエルを見つけては、こいつを空に投げ上げて踊る。空を飛ぶ鳥をおっかけては踊る。リズミカルに踊るので人々はボクのことを「ダンスをする犬」といって珍重した。

カエルや鳥がいない季節には、主人の振り回わすボロ切れを獲物になぞらえて、ダンスの練習をした。夏は暑い。夕方の散歩の時は、毎日首までつかる小川に入って水浴びを楽しんだ。道行く人は「へェー」といって感心してみていた。ボクの散歩といえば一時間以上かかる。穴を掘り出すと、やめられなくなる。召使いはしびれを切らして、そこらの柵につないで帰ってしまうこともある。暗くなって主人がボクをつれに来ることもあった。

よその犬はよく群れて遊ぶが、ボクはいつも独りで遊ぶ。好きな犬も二〜三匹いるにはいるが、あまりベタベタしない。水浴の時間も長い。一時間もやる。召使いは、ムギワラ帽子をかぶってボクの水浴が終るのを、じーっと待ってくれている。主人はわりと短気だから、穴掘りでも水浴びでもせいぜい三〇分しかやらせてはくれない。でも思い切りダンスをさせたり、へこたれるまで鬼ごっこをさせてくれるから、主人と散歩するのは野生味たっぷりで楽しみだ。

◇

大体朝と日曜祝日の散歩は主人の担当だ。時に主人の起きる時間が遅い時がある。そういう時は、主人の寝室の下へいって「ヒーン、ヒーン」と悲しい声をたてながら足でノックする。主人は「よしよし」といってすぐにボクを散歩に連れて行く。主人がお勤めに出るやいなや、ボクは召使いのいる部屋の前にいって、ガラス戸をドカンドカンとたたく。でもはじめはたいてい知らん顔だ。だから仕方なく「ウー、ワンワン」と猛烈に吠える。これは、「何してる。はよう朝飯の用意をせえ！」という合図だ。夜は八時〜九時が夕食タイムだが、召使いは忙しいのかよく忘れる。ガラス戸をたたく音もだんだん強くなる。それでもいうことをきかん時は奥の手で猛烈に吠えてやる。召使いは「ワカったよオ！」といいながらしぶしぶ夕食を持って出て来る。その食事には心がこもっている。

◇

召使いの友人がしょっ中家に遊びに来る。召使いにとって好ましい客の時は、ボクはじーっと黙って何時間でも待つことにしている。召使いのキライな人の時は、ようしゃなく吠えて自分の存在を知らせる。こうやると客も不承不承帰って行く。

ボクには人間の会話がだいたいわかる。大方は主人と召使いで「クロはおりこうネ」といってボクのことをほめている。又ボクをホメているなと思うとボクは居間のガラス戸の処へ行ってニコニコする。あまえて吠えることもある。その姿がまたかわいいといって時にオヤツをくれることがある。

ボクの嫌いなものはカミナリだ。人の死臭もいやだ。ドーンという打上花火の音もこわい。尻尾を巻いて家の中に逃げるが、すぐに追い出される。

いつか「犬を一〇〇匹殺した」という経歴をもつ少年院帰りの少年が泊まりに来た。生まれてこの方、この少年の顔を見た時ほどの恐怖を感じたことはない。ボクも彼に殺されるんじゃないかと思った。全身の震えが一時間も二時間も止まらなかった。

人間は賢いようでわりとアホーなところがあるから、ボクたちへの「共感と理解」ということになるとわりにダメのようだ。夜中にウンコをしたくなって大声で吠えたりすると、「コラーッ」といってすぐおこる。朝になって汚物が庭のあちこちに散らばっているのを見てはじめて、気がついて「あゝそうだったんだ。ごめんネ」といって謝まるんだから……。

◇

ボクの年齢は、人間でいえば八〇歳位になった。だから今はもう、野鳥を追ったりダンスしたり、鬼ごっこもできなくなった。ご主人と以前よく鬼ごっこをした広場に来ると、ボクは自分の老衰がただただ悲しくてじーっと涙をためて主人を見上げる。すると主人はすぐしゃがんで黙ってボクをなでたり抱いたりしてくれる。

ボクの余生はあと一～二年だろう。ボクもやがて土にかえる。

思えば生れてこの方、岡山市学南町の三百メートル四方がボクの世界だった。これ以外に出たことはない。この狭い地域を自分の世界と思って、満足して一〇年生きた。発情のよろこびも苦しみも知らず、メス犬との愛の交歓をも知らず、それが当然のように思って生きてきた。人間の勝手で去勢手術をさせられたので、僕には全然青春がなかったというわけだ。「ヒューマニズム」という西洋の言葉を、うちの主人はわりときらう。人間が隣人のみならずぼくら動物や植物を、自分に合うように作りかえ、悦に入るというのは、どうも人間の特性らしい。

六八　新生体験

二月二二日の日曜日「第四期生を迎える会」が行われた。それから三日経った二五日、四期生のMさんからお便りがあった。彼女と私とのかかわりは、昨年三月の面接試験以来のもの。一昨年暮、彼女の身に突然降りかかった、左眼失明という大きな不幸を克服し、自分を受容するまでに一年余りかかったという。

以下手紙文――Mさんのお許しをえて――

「二月二二日という日は、第四期生の私たちが、先輩たちから熱烈に歓迎され、その輪に入らせていただいた日でもありましたが、私個人にとっては同時に、それまで着ていたボロボロの古い衣を脱ぎ捨て、新しい、輝くばかりの自分を、あの会場の中に発見した記念すべき日でもありました。そのことを隣の席の先生（著者）にお伝えしたかったけれど、感激のあまり、一言もいえませんでした」

Mさんは、養成講座カリキュラムをこなしてゆく研修の間に、併せてご自分のうちそとを自ら整え、卑屈なマイナスの心をプラスに転換し、自らを受容するという大きな仕事をやり遂げられたのであった。その有様を、私はひそかな期待をもって終始見聞きさせてもらっていた。

二月二二日が来た。その日のテーブルは、すべてクジで決められたのであったが、Mさんは偶然にも私と同じテーブルで、しかも私の左隣であった。Mさんの生涯の中で、これほど記念すべき新生の日に、私が彼女と同じテーブルに並ばせていただき、お話できたとは、なんという幸運。

いつか奥村二吉先生は、カウンセリングの極意は、クライエントに気付きを与えることにあるといわれた。他人に気付きを与えうるためには、カウンセラーはその前に、少なくともMさんのように、自分が自分を受容できる人になっていなくてはならない。

Mさんのような劇的変容を、内観法では、「新生体験」とも呼ぶ。生れ変わったような感動……それはいささか「回心」に似ている。

◇

「気付き」とは、そして新生体験とはどんなものか。今日はそれをもう一つのケースに基づいて、わかりやすくお話ししてみようと思う。

昭和五三年八月頃、私は、女性のヒモになって遊びほうけて悪事ばかり働いていた、前科四犯の放火・窃盗犯、小野君（三一歳・仮名）の弁護をした。彼は自分の悪いのは棚に上げて、ただ自分を悪の道に追いやった他人に罪をなすりつけ、平然として恥じるところはなかった。例えばこうである。

ある日教室で、女子の大筆が失くなった。その大筆が小野君の机の中の筆巻の中に入っていたことがわかった。このことだけで担任のS先生は、小野君を犯人呼ばわりした。彼は盗んでいなかった。彼は身の潔白を訴え、必死で先生にとりすがったが、先生は聴く耳を持たなかった。小学校六年生の彼はそれで自殺の覚悟を決め、H市の自宅から九州方面に家出をした。

彼は面接の都度、この時の悔しさを私に語ってきかせた。「S先生のこんなひどい仕打ちがなかったら、私もこれほどの悪党にはならなかったでしょう。S先生は憎んでも憎んでも憎みたりない！」当時彼の心は、このことで完全に占領されていた。

小野君は間もなく、私のすすめで内観をはじめた。それから五カ月経った翌年一月二五日、彼は次のようなことを、一気に私に語った。

☆ 担任のS先生は、家に父がいないこと、そして私がアルバイトをやっていることを知った。S先生は、「感心なやつだ。困ったことがあれば、何でも先生に相談に来いよ」といって下さった。
☆ 遠足の時、私は桜の枝を折った。S先生は皆の前で私をきつく叱られた。私は皆の前で叱られたのに腹を立てて反抗した。先生はそのあとで巻ずしを食べろといって下さった。父のような気がした。
☆ 夏の修学旅行の時、私は病気になった。先生はバスの中でも汽車の中でも、アイスクリームをたくさん買って来て私の頭を冷して下さった。「せっかくの旅行だ。早うようなれよ」先生は、私につきっきりだった。一生けんめいだった。やさしかったS先生の顔が浮んでくる。涙が出ます。
彼はそう言って泣いた。
☆ 冬の寒い日、朝礼をサボッてストーブにあたっていたら、「みんなガン張っている。お母さんが知ったら悲しむぞ」といって私の頭を力一杯殴られた。今までその痛さを忘れていた。申し訳なさで一杯です。
私はこんなにも私にやさしくして下さっていたS先生を、今の今まで恨んでいた。先生は私が貧乏人の子だからわけへだてする人だと、すぐそう思い、先生を恨んでしまった。

たしかにその時は盗んでいないのに盗んだといわれて、私もずいぶんと辛い思いをしたが、それが原因で今のような自分になったという気持ちを、今の今まで持ち続けていたという私の心の方が、どれだけ私という人間を、了見の狭い人間にしていたかしれない。

◇

小野君は岡山刑務所未決監での内観を終え、輝くばかりの人間となって懲役八年という長い刑に服した。刑に服する小野君の姿に接した、K広島矯正管区長（中国地方の刑務所・少年刑務所・少年院・少年鑑別所の統轄者）も、「矯正人でありながら、いたずらに年を経た自分が恥かしいほどです」と嘆息した。

「人を恨むなかれ」という抽象的な教義を、知識の領域に、いくらつめ込んでみても、「気付き」とか新生体験の生まれることはない。小野君のように、ある日ある場所での具体的歴史的事実の連鎖の中で、誰かに愛され、誰かにひどいことをしたという体験を想起する中に、「自分との出会い」が生じる。それが「感謝」と「謝罪」のアクセルを強く踏ませ、他人や運命へのノロイ・恨みから自分を遠ざける。

六九　五円の意味

二月一六日（月）は朝から夕方まで、岡山少年院に、内観の指導に行った。午前中は内観棟の待機室で、三人の内観指導担当の教官と木戸教務課長さんに、内観法やカウンセリングの、どこが、少年に「新生体験」をひきおこす要素になるのかについてお話をし、午後は一時間おきに、三人の内観中の少年について、実際に内観の指導面接をした。

内観の指導面接は次のようにした。

① 少年の居室のドアの外で立ったまま合掌して少年を拝む。

② 静かにドアを開き、少年を礼拝して入口に座る。そして再び合掌し両手を突いておじぎをする。

③ 両手をつき、頭を低くしたままの姿勢で少年に対し、「ただ今は、どんなことをお調べ下さいましたでし

ようか……」と問う。

④ 少年は例えば、「小学校低学年時代の母に対する自分を調べました」といって、約三分間その結果を話す。多くは母にしてもらった外形的な思い出話を話す。初めのうちはそれは仕方ない。「次はどんなことを調べていただけますか」「小学校中学年の母に対する自分を調べてみます」「しっかりやって下さい」私は合掌礼拝して、少年のもとを辞去する。

三人の少年は、それぞれに調べていることが異っている。月曜日から日曜日まで一週間がコースになっているので、最初の二日半は思いが千々に乱れ、古い昔のことを想い出すのはとても容易なことではない。三日目の昼すぎに、人は誰でも、ようやくにして自分の記憶庫の扉を押し開き、自分を見ることができる。それまでに四〇時間という時間が必要なのである。

指導面接者である私は、礼拝しつつ少年の居室に入った。少年の居室は「聖域」であるからだ。少年のお話を聴かせていただく時、両手をタタミに突き頭を垂れていた。これは、少年の秘密を慎んで聴かせて頂くということを姿かたちの上で少年にわかっていただくためである。人の秘密にまさに接してゆこうとする時の内観面接者の姿はこれである。内観面接者はひたすら傾聴する。電話相談員も同じ。両者そのあり方において少しも変るところはない。

◇

さて、前回は、小野君という極重悪人の内観の一部をお目にかけた。今回は、内観法による、自分自身による、自分自身のための自己分析が、どのようなものかということを、前回と同じ小野君の内観記録の中から拾い出してお話ししてみようと思う。

昭和五三年一二月二一日の、小野君の、母に対する内観

私が一〇歳の頃は、私の家は貧乏のどん底でした。ある日買物に行った時、釣銭をごまかし、自分の小使いにしました。わずか五円のお金をごまかしただけです。そのころ母は、電車賃一五円を惜んで、仕事先から疲れた体のまま、深夜一時間近くかけて五キロもある夜道を歩いて帰ってくれていた母です。夏は暑い中を辛抱し家に帰って水を飲み、七円の風呂代を節約するために行水で済ませ、冬の寒い時は、ウドン一杯でも食べたいのに、私たち子どものために、アンカの豆炭何コが買えるからと、寒さに身をちぢめながら歩いて帰ってくれていたのです。

草履の底のタイヤが破れるたんびに、ゴムノリで修理して履いていた母……。一五円もあればコロッケが三つも買えるといっていた母……。

母一人が寒い思いや暑い思いをしていたのです。母は時には、母の着物を質屋にもって行くことさえありました。

そのようにして、爪に灯をともすようにし、コツコツと必死でその日その日を一生懸命生きてきた母でした。そんな母にとってこの「五円」は、わずか五円ではなく、大変に貴重な五円だったと思います。

家には父はもとより母さえいないということで、子どもらが淋しい思いをしていないか。子どもたちがよその家庭をうらやんで、悪いことを考えはしないだろうか……。母の胸のうちは、ただそのことのみを案じ、日々の辛苦をいとわず尽してくれていた、そんな母でした。

◇

内観の創始者である吉本伊信師のもとで作られた内観記録は、おそらく万をもって教えられるほどあると思う。私もその中の何百何千編かを読みあるいはテープで聴いた。が、その中で右の小野君ほどの名作に接したことは、おそらくはなかったように思う。

右のものは、小野君が刑務所内で内観をやろうと決心してからわずか一三日目のもの。しかも母に対する第一回目のものであったが、その内容は非常に深い。

小野君は母に対する内観の中で、自らを、母の、子を思う心の中にスッポリと没入させ、その位置から、吹けば飛ぶほどの自分の罪をこれほどまでに厳しく追求している。初心者の多くは、ひたすら自分の方から母の愛を眺める。小野君のものの中には、母の心を心とする厳しい自己対決がある。

たいていの内観者は、幼少の頃母のお金の五円をチョロマカしたという事実を思い出しただけで、ヤレヤレこれで指導者に一つしゃべる事ができたゾ、と思って喜ぶ。小野君にあっては、「五円」というものの意味を、母の無私の愛にことごとく結びつけ、絶叫している。内観体験のない、ごくフツーの人間だったら、「小ゼニの五円くすねたくらいナーンダ」と善人面してうそぶきかねないところだ。小野君は、くすねた金の額をこえ、自分の、極めて微細なマイナス行為を深く深く掘り下げることでこれを、親の愛の広大さに即時転換し、感謝と謝罪という、輝くばかりのプラス方向の意識へと変革している。この意識革命が、小野君の新生体験を生む、大きなバネになるのだ。

小野君の、ここのところが、いかにも内観らしい自己分析の特色といえるであろう。

◇

奥村二吉先生は、内観は、人があらゆる宗教的救済の門に入るためのパスポートだとおっしゃる。小野君のように、わずか五円の意味を知ることが「罪びとの自覚」につながる。その意味で、小野君の、その部分の内観記録だけでも再読、三読、味読願いたい。

七〇　無為にして化す

河合隼雄先生の近著『宗教と科学の接点』（岩波書店刊）に、先生が統合失調症の心理療法家として世界的に有名な人から聞かれたという、「無為にして化す」というお話が載せられている。その要旨は、どんなに妄想や幻想をもち、荒れ狂っている患者に対しても、それをこちらが治そうとするのではなく、こちらが自らの中心をはずすことなしに、ずっと傍にいると、だんだんおさまってくる、ということだ。しかし、と河合先生は云う。「中心をはずさずにいる」とか「何もせずにいる」ということは、エネルギーのいる仕事なのだと。

◇

五年程前、近所の家々に次々放火し、墓をほぜくり、乱行のために母が自殺しても葬式も出させないという妄想性統合失調症の男がいた。近所の人々は、精神病院の天井を何度でも破って逃げ出すこの男には手がつけられない。万策つきて私に救いを求めてきた。法廷でも彼は検事や裁判長に罵声を浴びせるという猛者だった。

私は刑務所長にお願いして、カウンセリングのための特別室を作ってもらい、数回面接に通った。いつも二人は回転椅子に座り、両脚を机の上にハネあげ、ねころんでたわいもない話ばかりした。これをいつも見学していた刑務官が、今ＯＩＤＥの事務局にいらっしゃる石井さんだった。

「中心をはずさずに何もしないでいる」とは、彼の病を治してあげようなどと、大それたことは考えず、懐中ひそかに「自分のアイデンティティ」という刃物をしのばせておいて、ワーワーすきなことを言って帰ることと思っていただけばよい。

その彼は普通人とほとんど変らない、やさしい男になった。それで私も彼に仕事を与える決心をした。最近になって彼は「運転免許永久剝奪処分」を取消してもらい、ピカピカの自動車運転免許証をもらって、遠くの県に行き、立派に働いている（二〇〇三年現在でも）。

◇

こんな話をすると、百人が百人、「それは波多野名人にしてよくなし得ること。凡人にはとても……」というに決っている。今日はそういう俗説を打破するために一つの事例をお目にかけようと思う。

それはYさんというフツーのサラリーマンの人にまつわるお話である。

彼は今から数年前まで、親戚筋に当るK青年の素行が修まらず、悲嘆にくれていた。Kは覚醒剤にも手を出し、二年間に二度岡山刑務所の未決監に入れられた。

いいあんばいにKは裁判所の恩情で、二度目の執行猶予をもらい、それからちょうど一年が経過した。私はYさんに招かれてその日、ご馳走にあづかった。私はその時、「Kは相変らず悪い連中と付き合っているんでしょう」と言った。Yさんは、「と、とんでもない。Kは毎朝五時起きし、一日マッ黒になり、汗を流して働いています。これも先生のおかげと思い、今日お招きしたんです」と言われた。「エーッ！　私のおかげ？」けげんそうな私の顔つきにYさんは座り直し、次のようにおっしゃった。以下が大事なところ。

「先生はKの事件の時、あなたはこれから毎朝一番に欠かさず刑務所にKに面会に行くように。しかし一言たりともKに言葉をかけてはならぬ。ひたすら聴くだけです。彼は荒れ狂っている。その荒れ狂う彼の気持ちを、体でうなづくのがあなたのなすべき唯一のしごと。といわれました。

私は先生の言いつけをしっかりと守り、毎朝刑務所に一番乗りして面会し、来る日も来る日もKの繰り言を、ひたすら聴きました。親戚縁者グルになってワシを裸にしようとしていると怒号する、その絶叫は全身で受けとめ、一言も逆らわず、黙々とうなずいて二五日が過ぎました。
その頃になってKは沈黙し、涙声で、「にいさんもう面会はよして」と言いました。私はそれで面会をやめたのです。しかし、たったそれだけの、うつろな受身の連続だけで、あれだけ狂暴な義弟が、生まれ変ったような人間になるとは思いもよりませんでした」

私はYさんにそんな指示をしたことなど、きれいに忘れていた。だから「私のおかげで」といわれても、キョトンとするだけだった。

一昨年暮、あるデパートで「センセェー」と私を呼ぶ声がするので振り返って見るとK君が中学生の娘を連れて買物をしていた。長いこと妻子にも逃げられていたKが、今こんなにも幸福そうな姿になっている。私はその姿を見て胸が一杯になり、あいさつもそこそこに足速やにその場を去った。

◇

第一の事例では、私のカウンセリングを見学されていた石井刑務官にしてみれば、長い刑務所職員としての生活で、かつて見たこともない奇妙な情景だったに違いない。来る日も来る日もこの弁護士と被告人は机の上に寝ころんでダベってばかりいる。

第二の事例では、カウンセリングのカの字も知らない素人のYさんが、荒れ狂うKに寄り添った。もしKに会うYさんが、「耐え難きを耐え、忍び難きを忍び、歯をくいしばって、忍の一字で」Kに会っていたとしよう。もしそうだったとしたら、荒れていたKは、Yさんの、誠意と真心の中に、「何かを期待する下心」を嗅ぎとったはずである。もしKがYさんのそんな「期待する心」を悟ったならば、彼はトットと逃げて行き、前に述べたようなKの自己変革の事態は発生しないはずである。
カウンセリングに無知な人は、むしろKに、Yさんの誠意と真心を悟らせてやればいいのにと思うかもしれない。その期待心は見えない毒素となって弱いクライエントをおびやかす。無為とは期待という毒素を捨てることである。

ちなみにいうと、Yさんが刑務所に通った約一カ月の間、彼は一度も私と会っていない。だからこの間Yさんのカウンセリングは、Yさん独自で遂行されたもの。その意味では、自己を放下《ほうげ》してかかりさえすれば、カウンセリングの技術はいかに素人であっても、専門家よりはるかに偉大な成果をあげることができるということになりそうだ。

七一 吸う息吐く息

私は今から一一年前、検査のため国立病院に入院した。この時には、山田無文禅師の著書、たとえば般若心経の解説書などをたくさんベッドに持ち込んで読んだ。無文禅師は現在の臨済禅を代表する高僧であるだけでなく、戦前にも多くの有識者に絶大な影響を与えた方である。禅師は京都花園大学の学長を十数年勤められたのち、臨済宗では最も大きい妙心寺派大本山の管長を勤められた。

岡山市円山の曹源寺にもよく来られ、雲水（修行僧）の指導もなさったし、両備グループの総帥松田基さんの山荘にもよくお泊まりになった。

私も一度だけ松田基さんに招かれ、両備山荘で無文禅師と三人で夕食をともにし、このたぐい稀な高僧の謦咳に接したことがあった。

◇

臨済宗といえば皆さんよくご存知の、インドの高僧達磨大師が中国に伝えたもの。何年間も岩の上に座って座禅をし、睡魔に襲われマブタが垂れてくるとマブタを切りとってまで修行に励み、両脚もなえてしまった。その形が今選挙の時によく使われるダルマの形。最近作家の水上勉さんが、「ダルマさん縄飛びの図」という短文と水墨画を描かれたところ、聖僧達磨大師をバカにしたと一派の宗教学者が水上勉さんに食ってかかったという。この学者には水上勉さんのこのような温かいユーモアが理解できなかった。

日本で臨済宗を創始した開祖といえば岡山市出身の栄西禅師で、栄西といえば中国からお茶を持ち帰った茶の祖ということでも有名。そのほかに総社の宝福寺で幼少時を過ごした画聖雪舟も臨済宗の僧であった。

◇

数年前の朝日新聞「天声人語」に山田無文禅師のエピソードが載せられていた。禅師はある時期肺結核を病み、生死の境をさまよったことがあった。その頃のある日、禅師が縁側に座っていた時、風が吹いた。風が吹いたことによって禅師は空気が動いたことを知った。自分は自力で生きていたのではない。自分の周りをくまなく空気がとり囲んでおり空気を呼吸させていただき、仏様の恩恵によって今の今まで生かされていたのであることを禅師はその時突じょとして悟られた。

誰でもそうだと思う。深呼吸をする時だけは、自分で意識して呼吸するが、人は睡眠中でも無意識の中でも呼吸している。そのような無意識の自発性を「自力だ」として疑わないところに科学や医学が成立する。空気を与えられ、呼吸させられて生かされているという、上から与えられる生命の不思議さに目を向けると、そこに「他力」という畏敬の念が生じる。自分の自力で呼吸するのではない。自分で生きようとして生きているのではない。

この三月には、スメット神父の聖書研修会で、神父は、神の恵みの構造（アナウイン）が親鸞のいう「他力」にほかならないものであり、神の側から我々の意識あるなしにかかわらず、呼吸を賜わり恵みをたれ給うものであることをしみじみと話された。

◇

聖書には、口に入るものは人を汚さない。口から出るものこそ人を汚すのであると書いてある（マタイ十五・一一）。空気や水が人の体に神の恩恵として入ることを思えば、まさにこれらは尊い。だがしかし、それによって生命をいただいている人々の口から出るものは、「忠告」一つにしてさえ、えてして毒物である。私どもの電話相談が、「指示しない」「忠告しない」ということを大前提においた相談活動であり、カウンセリングがそこに成立の基礎をおいているということは、忘れられがちなことではあるが、大切なことである。「フンフンそうだね」とクライエントに語ることをそしりたい人はそしるがよい。ただしそれは右の聖書の言葉をあざ笑うおろかしい人のやることだ。

◇

つい先だって新聞は岡山東工業高等学校の難波紘一先生が亡くなったことを伝えた。難波先生は長年筋萎縮という難病と共に生きてこられた方だった。しまい頃は生徒が講演会場に先生を背負って運んでいた。私は先生の骨だらけの体をその背に感じることのできた生徒は、本当に大切なものを得たと思う。書物ではえられない人生の宝物を得たと思う。

過日その難波先生の告別式が西川筋のある教会であった。葬儀が終って会衆に挨拶に立たれた難波先生の奥様が、次のようなことを言われたという。

ある日私は苦しさに負け、大きなタメ息をしました。その時主人は私の吐いたタメ息を即座に全部吸い取って下さいましたと。

全会衆はこの難波夫人のいわれた、たったの一言に声をあげて泣いたという。

山田無文禅師の大悟は、空気に生かされて自分があるという自覚であった。となれば吐く一つの息でさえ、おろそかにはできない。神の与えられた呼気であり仏より賜わった空気だ。難波紘一さんは、死の間際まで「神より賜わった呼吸」というそのお気持ちが全身全霊を包んでいたに違いない。だからこそ、奥様の嘆きのタメ息を、感謝の心をもって即座にわが体に吸われたのだと思う。

私は岡大病院に入院中に、Kさんからこのお話を聴き、大きな感動を受けた。

私は、カウンセリングを行う時、自分を限りなくメクソの位置に近づけ、ハナクソを笑える人になりたいと念じている。親鸞には、「石、瓦、礫《つぶて》のようなわれら」という言葉がある。メクソとか石ころ、瓦には自我《エゴ》はない。

私どもは今幸いにして健康をいただき、上よりの恵みをいただいて電話相談にかかわらせていただいている。

「相談員の倫理」などということが今やカウンセラーの中で問題になっているやに承っている。倫理の下部には、ドロドロに汚れた人間集団のハラのさぐり合いがある。法律や規則でもって相談員の倫理とか守秘義務を規制するのはいとたやすいこと。しかし我々のいのちの電話集団には、人の嘆きを吸いとらせていただき、悲しみを聞かせていただくことがどんなに尊い仕事かというその厳粛な思いが人々の魂の中に存在しているであろうか。

それを思わずして守秘義務や倫理という理屈を論じるのはやめにしてほしい。

七二　心の二進法

私が今回岡大附属病院に入院して二週間経った三月下旬、Kさんから電話があった。

「Iさんが網膜剝離を起こし、視力ゼロになっている。緊急に入院しないと失明しそうなの。すぐ入院の手配をして！」

私は友人の教授に事情を話し、入院の手配をしてもらった。二日後にはIさんが入院して来た。重症であった。

ベッドに横になったきり、頭を全然動かせてはいけない。両眼に眼帯。手術しても失明するかも知れないという不安の念が常にIさんの胸に蟠居していた。「私はなんでも自分でやる。自分でできる」Iさんは、そういう自立心の強い生活態度で生きてこられた。そのIさんが入院の日から、強くて頑固な寅年生れのお母さんに介護してもらわないといけない。口では言い表わせないほどの心の苦痛と不安がIさんを襲って来たという。

先日、何人かのボランティアでIさんの退院祝いの会をした時、Iさんはその席でこういわれた。

「私が入院した時、波多野先生は私に、『あなたには当分、ありがとう、ごめんなさい、この二つの言葉しかないのよ』といわれました。あの時期、その言葉は、頭でなく私の全身に響きました。しかし自立心の強い私が、すべての介護をしてくれる母に、それだけを口で言うすべしかない。他になにもして返せないのです。相手は母とはいえ女同志。恥かしく辛かった。その中で、『お母さんありがとう』を毎日続けてみて、身体障害者の人の心は、いつも自分と同じなんだなァ、ということが、自分の病の体験を通して、よく理解できました」と。

◇

昨年二月、恒例の県民福祉講座に来てお話をされた「心の学校」の波場武嗣先生は、「コンピューターはすべてを0と1の二進法で処理している。コンパクトディスクから流れる美しい音楽だって0と1の組合せの中に生れます。私どもが社会の中で生きていく上でも、『ありがとう』『ごめんなさい』の、この二つのこころ構えさえあればよいのです。心のしくみも、やはりこういう二進法です」といわれた。

ある中学校で、荒れる一人の女生徒に対して、他の全員が、「私たちはあなたの気持ちを分ってあげようとしなかった。ごめんなさい」といって心からわびたところ、その荒れていた少女も、涙とともにわびたというお話もなさった。

そうなのだ。「ありがとう」「ごめんなさい」の二進法を頭で覚えて口で唱えただけでは「自己対決」はない。この言葉の底（魂）には、自己対決がなくてはならない。この説の二進法を体が覚えた時、自分の目の前に自由の世界が開けてゆく。

◇

自己対決に裏打ちされた心の二進法の構造を、もっと分かりやすくお話ししてみたい。

ある日Lさんが、こんなお話をされた。

「ある時小学校五年生の娘が、家族全員の写真を入れてある写真立てをこわしたのです。娘は何度も何度も苦労してその写真立てをなおそうとしました。だけど机の上に立てると、まもなくパターンと倒れる。その有様をしばらく見ていて私は娘にいいました。『Sちゃん、Sちゃんがひとこと母さんに〝ゴメンなさい〟とあやまってくれればいいのよ。母さんはこんな写真立て、どうってことないんよ。母さんにとってSちゃんの気持ちの方がうんと大切なんだもん……』

するとSは、『ゴメンなさいというのは簡単だワ。でも母さんがその写真立てを、今までどんなに大事にしていたか私はわかっている。それを知っているから、ただ、口で、母さんゴメンネだけでは済まされないと思ったの……ゴメンなさいお母さん……』といってワッと泣きました。

私は私の予想もしなかったわが子の深い思いを、その時初めて知り、思わず娘を胸に抱いて私もうれし泣きに泣きました」と。

二年程前、「受容」も「共感」も知らないわが子から、無言のうちにカウンセリングマインドを学ばされたと、二期生の大塚さんからお手紙を頂いた。このことは第四章に書いたが、Lさんだってカウンセリングはおろか「自己対決」も知らないわが子に、「母さんゴメンネ」の一言の底にあらねばならない「自己対決」の尊い構造を、カウンセリングの技法の理屈としてではなく、態度で教えられたというのである。

◇

もう一つ。昭和五七年暮。岡山いのちの電話創設準備期のある日、夜警をしてわずかな手当をもらっているG

さんが、三万円もの大金をもって準備事務所である私の法律事務所に来られた。私は「ありがとう」と当然いうべきだった。けれども貧しい生活をしていらっしゃるGさんが働いて得た尊いお金を私に差し出された時、それは何百万円にも思えた。私は胸が一杯になり、遂に一言のお礼もいえないままGさんと別れてしまった。先のS子ちゃんではないが、「Gさんありがとう」では済まされないものを感じた。その時は、そんな薄べったい言葉は通用しない気持ちだった。

それから一、二カ月経って、このエピソードとともに、岡山いのちの電話が第一期受講生を募集していることを「こんにちは新聞」に広告として投稿した。

こんにちは新聞は、「あなたの心の宝石は輝いていますか」という見出しで、岡山いのちの電話相談員養成講座受講生募集の記事を、前記Gさんのエピソードとともに載せた。

Mさんは、ことあるごとにいう。「この小さなエピソードのある広告記事に心惹かれて相談員養成講座受講生になったのです」と。

◇

私どもいのちの電話というボランティア運動では。「ありがとう」「ごめんなさい」の心の二進法は、あるいは運動の原理といっていいかもしれない。そしてそれを口に出して言えない人々のあることを自分の体（魂）にしっかり覚え込ませる自己対決の学習の場でもある。福祉活動の前に徹底した自己学習が予定された運動だ。その原理を体が覚えないうちに、いち早く二四時間受信体制を敷けば、電話の実質は、たちまち「岡山みじめの電話」になるだろう。

第二部　リーガルカウンセリングの臨床

一　畑山君の回心

畑山君（仮名）。昭和一一年六月東京都向島区に生まれる。母の名を知らず、五歳の時母は病死。一八年東京空襲で○○市に疎開。翌一九年○○市で父と離別。小学校一年を六カ月で中退。以後小学校生活の経験なし。一○歳から養護施設・救護院に入退院を繰り返しつつ日本全国を放浪。○○歳で岡山県の教護院誠徳学校。一六歳から一九歳まで○○少年院に三年間入院。そのすぐあと○○少年院に一年。ここで成人を迎えた。

二○歳から今回の犯行で逮捕されるまでの一六年間に、おどろくなかれ、前科一一犯の実刑を重ねている。ほとんど全部が窃盗だった。

こんどは、うっかりしのび込み先の家を一部焼いたから、七、八年は軽くいこう。長いつとめになりそうだ。未決に入った時から、この際、自分の人生を自伝的に振り返って書いてみようという気になった。

その地方独特の方言や、受刑者の使う陰語を交えて、身の上話を長ながと書き寄す。読む方は、まったくたまったものではない。正規の学校教育を受けたことがほとんどないのだから、やたらと独自の「造語」を創作する。書いているうちに、自分が主人公となり英雄になってゆく。三文文士気取り。

せっかく、身の上話しを書く気になったのなら、ちょっとおもしろい「悪の歴史」を綴ってみてはどうかと、話をもちかけた。「弁護士の私だって今までに、千や二千のウソや盗みはやってきた。君だって……。」という話法でも、英雄気取の彼にはカチンときたらしい。長々と書き送った自叙伝が価値なしとして無視されたと思ったからだ。

その頃の畑山君の手紙。

四七・六・一二

先日面会の際、先生（私のこと・弁護人）より、「反省ができるまで手紙をくれるな。お前のは外づらばかりで、ひとつも中味がない。今までに悪いことをした数は、少なくとも二千や三千はあるはずだ。手紙には、自分がのろわしい、苦しいと書いてあるが、それはお前が内観できていないからだ。一、五〇〇の悪事を内観すればお前はもっと気が楽になるはずだ」ときびしくいわれて、私は正直いって腹が立ちました。

自分だって反省している。口で言い表わせないほど悩んでいる。なんとわからぬ弁護士だ……。おれの心までわかったら、そいつは神さまか仏さまだ……。と思い、先生とお話しているのが、もうわずらわしく感じました。でも、冷静になってあとから考えてみれば、事実先生のいわれたとおりです。先生は、私のような男に、内観を教えてやろうと思って下さる。それは、弁護士のやる弁護の仕事を超えて、大へんなご厚意なのだ。おれはその内観がわからぬから、こうして毎日苦しんでいる。先生のいわれるように、静かに過去を底の底から、しらみつぶしに調べてみよう、と思い立ちました。

彼は雑居房から独居房に移り、それから約一年四カ月半という長い間、専心内観の修業をした。

「内観は、ただひたすら過去の記憶を調べてゆくだけの作業なんだから、途中で、これから真面目になろうなんてことを言ってもらっては困るのだヨ。メソメソ感想を書き綴るのは、絶対おことわりだヨ。」

彼はいつも、弁解しながらこういった。

「いくら先生から感想を述べるなと言われても、押さえていられない。時々少し書くので聞いて下さい。」

このようにして、時折、遠慮がちに書き送って来た感想だけを集めたのが次のものである。

四七・六・一七

今日現在でようやく六〇書けたばかりです。あと一四四〇。はじめ、二、三日はただ徒らに楽しい想い出ばかりが脳裏をかすめました。夜遅くまで眠れない時、股間の物をもてあそび、空想裡に美女の姿態を描いて発汗し、忘我の淵に落ち、ぐったりと疲れてねむってしまいました。お叱りにならないでください。私の真実を申しているのです。

四七・七・五

今日は胸がふさがって、思うように書けません。長い間、幸福に背を向けて放浪してきた私です。全身に染みついた虚無感を、ここでキッパリ捨てるべくがんばります。

四七・七・一三

一日一日と、日を重ねるごとに、自分の汚なさ、はずかしさ、人の親切の有難さがわかってきました。私の過去は、何度も申すようですが、ほんとにヘドみたいなものです。私の汚ないヘドを吐き上げてしまわぬ限り、私は胸が楽になりません。私は今、吐きかけです。時に誰かに、背中をなでさすってもらいたいと思うことがあります。

四七・七・二一

自分は人の為に、何か一つでも役に立つことをしたであろうか……と考えます。ありません。みな悪いことばかりでした。出所したら奈良へ内観に行って、今度こそは、幸福を盗む大泥棒になってやろうと思っています。

四七・七・二二

昨日は午後二時から、私の公判で、先生から、あれほど力づよい、真実のこもった人情味あふれるご弁護をいただけるものとは、夢にも思いませんでした。

まことに見ぐるしいことながら、私、あの時、あまりのうれしさに、緊張しなければならない神聖な法廷で、つい耐えていた心の堰が切れ、涙がこぼれ落ちてしまいました。そして、女みたいに、涙が、こらえても、あとから、あとからというふうに、あふれ出てしまったのです。

私は過去服役前科一一犯もある男です。その全部を国選の弁護士によって弁護していただいて参りました。でもこのたびのように、心の底から私の不遇にご同情いただき、そのうえたびたびの篤志（著者注・差入金）を賜わりました事は、今回が正直いって初めてなのです。今回の過弁護、これこそは、神仏が人知れず私を守ってくれたのだ。犯罪者冥利に尽きることだ。でもこれが、自分にとって最終の加護かもしれない。と、閉廷後、下の暗いたまりの中に降りてきて考えました。するとまたまた涙があふれて出てしまったのです。

世の中に、金のない者の味方である弁護士が、本当にいた、ということを、前科一二犯目にして知り確かめ得ただけで、私は、もういつ死しても悔いのないくらいです。

今一番つよく心に、残念に思うのは、波多野二二彦という弁護士を、もっと早く、一〇年以上も前に私が知っていたらば、内観を知っていたならば……私は、とうの昔に足を洗って、正しい道に入ってまともな生活ができていたであろう、と悔やまれることです。

感想を書きすぎて、また先生に叱られますが、真実だけはこの際、はっきりと語りたいのです。お許し下さい。

閉廷後、バスに揺られて刑務所に帰りました。独房に入ると机の上に先生よりのお手紙がのっておりました。手を洗い、口をゆすいで正座し、内観する前にひらいて読みました。

——ケチをつけるようで申し訳ない。
なんて、先生とんでもありません。私はズバズバッと言われる方がかえって人情味を感じうれしいのです。
こうして、先生のご厚意で内観のご指導をうけることのできる自分は、なんと果報者でしょうか。頑張ります。死ぬまで絶対、内観を続けていくつもりです。

四七・七・二六
先生、私は果報者です。内観をするようになって、不思議と職員から親切にされるようになりました。昨夜の夜勤の職員からは、私の言葉使い、態度が変ってきたといわれました。
ほめられることは、いくつになっても、子供のように嬉しいものですネ。みんな内観をしたおかげです。

四七・八・七
四つの壁が、のしかかって来るようです。サウナ風呂のようなむし暑さの中で、ついボーッとしてしまいます。居眠りすることもあります。今日は六八思い出しました。これで九三六です。
こういうことを書いて、一体何になるだろうか……と思う時もあります。でも私は、今日あって明日なき命だという気構えで、流れる汗を拭き拭き書いています。少し大げさのようですが、本当です。いつ死んでも事実の記録は、先生のお手もとに残すのだ、という気持ちでないと、こんな恥かしいものは書けません。自分を突き放して書くということは、とても苦しい作業です。
自分がどういう人間であったか、ということがわかってくるから苦しいのです。

四七・八・二四

今から二〇年も前のでき事が、まるで昨日のことのように思い出せるのは、みな先生から教えいただいた内観という記憶想起法のおかげです。こうして幼い時からのことが、ありありと想い出せたのは、生まれて初めてです。貴重な体験です。

四七・八・二六
今日は六〇を書いて送ります。これで一一三〇になりました。繰り返しのきかない大事な人生―少年期―を無駄に送ってきた自分であったとわかり後悔しながら◎（注・悪事の数かず）を並べています。

四七・九・二
こうして内観していると、あゝ有難いな、おれはこの思いを忘れてはならないぞ。今度こそは……と思います。

四七・九・四
今日は◎印五七を書き送ります。合計一二二一となりました。一五〇〇までもうすぐです。今まで私のやってきた犯行は、すべてが許しがたい罪です。みんな吐き出さなくてはなりません。でもペンをとっていて、ふと（こいつは止めとこうかな……）と思うことが幾つもあります。
自分が二つになって、一人がもう一人の自分を調べていると、苦しみの中にも楽しみが湧いてきます。本当に自分がよくわかってきました。

四七・九・一九
九月一五日敬老の日。父のことを思い、孝行できなかったことを心でわびながら、この日は食欲がなく、特食の汁粉とバナナ一本も食べられず、夜おそくまで眠れませんでした。
たとえこの日のペンが使用許可になったとしても（日曜、祭日は、ペンの使用は許可されません）、父以外の内観は全くできなかったと思います。一ひら、また一ひらを思い、出てくる記憶に、なつかしさもまた悔恨もあります。ワーッと叫びたくなる時もあります。真夜中にだって、幾度ふとんの上に身を起こすことでしょうか。偽らぬ私の気持ちです。

四七・九・三〇
日に二分ずつ日が短かくなっていくこの秋に、私の心は、私の深さに沈んでいきます。
私の独房には、先生にお送りいただいた国語辞典一冊と筆記具の他には、通俗的娯楽雑誌等は一冊もありません。この静かな秋の夜中に心を徹して頑張っております。
私という男は、どすぐろい血を持った人間です。今日はわずかに三五。次便まで。

四七・一〇・五
私が◎印一五〇〇に向って内観した記録のまとめを表にしました。

月	発信数	便箋枚数	◎の数
六月	六	五〇	四三〇
七月	一〇	八一	四〇六
八月	七	五五	三二七
九月	六	六六	二八一
一〇月	一	一一	五七
計	三〇	二六三	一五〇一

四七・一〇・一三
私は、かたい夏みかんの厚い皮を、爪のない指先でむいているところです。かたいかたい夏みかんの皮が一片むけると、う

れしさの中に、目の中に皮の汁がとび込んできます。痛いくらい目にしみます。皮がむけると、今度は白いわたかすのような筋をとらねばなりません。

この要締のもとに、最後はきれいにむけた記憶想起の実を先生にお見せし、召上っていただけるようにと願い、がんばっている次第です。

四七・一〇・一九

父母という者のいない私。このごろ内観のたび、先生の温かい心を思って、うれしさに、ご鴻恩が身に沁みます。

――世の中の人間は、誰でもみな罪を犯しているのだ。それなのに他人の罪ばかり責めようとしている。罪のない人間だけが、罪を犯した人を責め得る。だけど、そんな仏様みたいな人間は、逆立ちしたってこの世にいるわけがないではないか――

そう思っていた人間です。私という男は。

このごろ、やっと人の親切のありがたさがわかってきました。

人間は、どんなにつよがっても、一人で世に生きる事はできないんだ。精神・物質・自然のめぐり、ふれあいによって世間は循還しているのだ。人の親切に対する感謝を忘れてはならない。それを忘れるようでは、もはや人間ではない、とわかりました。

四七・一〇・二一

度たびのご高配、感謝申しあげます。毎日が感激新た、生きていることのよろこびに満ちております。

いま私は、先生のご指導によって、初めて心に痛烈な一針を打ち込まれ、日々にあらた（特に夜は）、汚辱の過去を振り返って頑張っております。はじめは、(俺は何というバカなことを便箋の上にしゃべりはじめたのだろうか……)と思ったこともありました。しかし現在は、自分の古い殻を破って思いもかけないほどの明るいところへ出られたことをよろこんでいます。近視眼(〇・三の視力の私)が、初めて眼鏡をかけた時のように、現在、すべての物がハッキリと見えます。

浅い浅い内観ですが、つねに怠らぬよう努めます。

四七・一〇・二九

生き抜こう! 立ち直ろう! 私はいま、こういう意欲をもって何もかも包みかくさず赤裸々に語っている次第です。

でなければ、一升枡の中の米粒を一粒ひと粒と数えるにも等しい今の作業は、とても毎日々々できたものではありません。

人生の迷子であった私は、いま、社会の人々の体から流れた汗の結晶である税金をもって日々養われています。有難いことです。

思えば、私という人間は、今までに◎印にして語ってきましたように、人倫をはずれることははなはだしかった人間です。性愛の対象として同性を選んだり、人の顔に糞をぶっつけたり、神社の賽銭箱の中に脱糞したり……まだまだ、とてもとても人道上ゆるせない罪を犯してきた人間です。

それが今は、死の輪に入る覚悟で、何もかも告白できる人間になったことは事実です。

信じて下さい。◎印発見に頑張ります。

四七・一一・六

先生にいわれて内観をしている中、人間は本来無一物であるということがわかってきました。自分を固く包んでいたものが、溶けはじめたのです。何事も感謝の念をもって考えなくてはいけないことがわかってきました。

先生も知ってのとおり、私という人間は、夏の初めての頃まで、心の欠乏ばかりを嘆じていました。職員に注意されても、素直に非を認めてわびることのできない男でした。

現在は、夜ねむれぬことがあっても、内観をもって過去を辿っているため、いつの間にか眠り、朝も快く目が覚めます。外はどんなに暗くとも、横臥したままで内観します。

そうしていると空が白みかけてきます。独房の空から、きらめく暁星を仰ぐことは、とても清々しい気持ちです。この気持ちは、ペンをもっては語りきれません。

遠い記憶を辿っては書き、辿っては書きしていると、一日がとても早く過ぎ去ります。働いている人たちのことを考えると、もったいないくらいです。

夜になると、◎印したことを、もう一度振り返って想起し、こうして過去のことを順序立てて思い出せるのは、内観法の力であり、今まで無反省であった自分は、こんな汚ないことばかりしていたのか……と、自己嫌悪を覚えます。驚いたり感謝したり。人間とは、随分複雑な感情がもてるものですね。

なお、一層がんばってみたいと思っています。

四七・一一・八
◎印三〇送ります。現在一六六八です。◎印の生活をしていた頃の自分を、現在憐みの心で一つ一つ思い浮べては便箋の上に、こころをこめて、針の先でほじくって出しています。順序を追って書き並べながら、私は時々、このまま沈黙したくなる時があります。
泥棒をしてもうけた金を使っては幸せそうな顔をして繁華街をよたり歩いて、いやしいことをして満足していた私でした。ばかの限りでした。
現在にいたり、心の底の方に、当時は楽しんでいたようでも、あの時代は自分で幸福をつぶしていたのだったなーと、痛みと懐かしさと、いとしさと、無駄な半生を捨て去ってしまった後悔とが、混り合った感情で湧き上って来るのです。長い間の自分の泥棒根性の確かさを考え直してみて、なさけなくなります。でも、感傷に浸っていたのでは、あとが続きません。一字一字自分の心の中を整理するように、連日念を込めて記憶を辿り、反省を重ねております。つとめてがんばります。

四七・一一・四
先生のご厚情によって、かたい私の心の抵抗は破られました。が、先生のご厚情にお答する道は、どう考えても、結局、私には、内観一筋しか残されておりません。そう思って頑張っております。
時々私は、自分が、脂も血液もかれて、このままむくろになってしまいたい、と思うこともあります。けがらわしい、いまわしい記憶、私の運命をかき乱した記憶、多々ありますが、私は今まで、まじめになろうという方に心を働かせもせず、知恵も汗も出そうとしなかった男でした。
これから寒さが増してくる、嵐のせまってくる冬の野原に、私はひとり素足のまま飛び出して行くような気持ちで、これからももっと◎印をさぐり求めて行きます。どのようなきびしい夜の吹雪の中でも、つき進んで行くつもりです。

四七・一一・二五
冬の気配を、ひしひしと感ずる頃となりました。

夜、耳の中に涙が入ります。

一心に辿っています。

けれども、ある所から、急に断ち切られたように一切の記憶が失われるのです。

いまあらためて思い出す罪の数々を◎印にあてはめて、ざんきに耐えません。耐え切れぬので、つい感想を語りたくなります。淡々と語れば、実が薄いように思われ、ついくどくなり、申し訳ありません。

私は今まで、人をあざむく才能を日ごと養ってきた男でしたが、現在は、浅いながらも、それらを顧みる気持ちが働くようになってきました。

先生のおかげです。先生は本当にいいことを教えて下さいました。「ウソと盗みを一五〇〇書け」と。全くウマいことをおっしゃったな……現在感謝いたしております。

四七・一二・五

私は毎晩、眠っている筈の頭脳の一隅に、忘れ去ることのできない記憶を辿っているのです。

私はある確信を得ました。自分の行って来た悪事というものは、たとえ忘却の彼方に去ってしまったようなものでも、それは必ず自分自身の脳細胞の深層に、しっかりとこびりついているものです。

その遠い昔の悪事は、脳細胞の内張の中で、かすかに夜の明けるように、または海に大浪が起こるように揺れ動きながら、そのうちどっとふくれ上って、よみがえってくるのです。

これは、真剣に記憶を辿ったことのない人にはとても理解できない事だろうと思います。

四七・一二・一三

混沌とした語り方で、◎印一八七七まで辿ってきました。その間、幾度も大脳の表面に薄い膜が貼りついているような感じにとらわれたこともありました。そんな時、先生との面会で、静かな先生のお言葉、そして先生のお手紙のお言葉をかみしめるたび、暴風雨のような嵐にたたきつけられ、再び清新な気持ちにたち帰ることができました。

自分というものを、客観的に見れるようになった自分に、ある面では尊敬を感じ、反面嘲笑を感じます。◎印を記すごとに、あゝ自分は、何と無駄で無意味な生き方をしてきたものか－　と心の底から痛い反省をせずにはおれません。だからその反動で、奇声を上げて咆哮したくなったり、にぎりこぶしで壁を叩きたくなったりします。昼間はさほどでもないのに、夜になるとよけいにそうで、やるせない寂しさに陥ることもしばしばです。

四八・一・一八

先生が私の事件を担当されて、一年と八カ月になります。

先生からいただいたご尊簡（注・手紙）は、全部大事に保管してあります。私の人生において、これほど沢山の手紙をもらったことがありません。

娑婆に出たら本にし、死ぬまで持っておくつもりです。「不忘の秘」という本にして。

四八・一・二〇

厳しい寒さが続いています。座っていると、とても冷え込みます。二〇〇九件を思い出し、自分の哀れな寂しさを知ります。

私は我流の内観により、自分を完膚なきまでに裸にし、俎上に載せることに徹して参りました。誇りにしています。

川の水の表面は、太陽の光を反射し、また月を写しますが、その水のすぐ下には、長年月の間に沈積した有機物が、どろっとして横たわっています。裸足で入ってみない者にはわかりません。足でさぐり、進めば進むほど、濁りがいっそうひどくなってきます。

恐ろしいながらも前に進みたいのです。

四八・一・二四

先生宛に身の上話を挿入しながら、山のような罪を語り送って、◎印も現在（昭和三一年・年令二〇歳）まで辿って二〇〇九です。

現年令まで、まだ一六年あります。えぐり出せば相当な罪の数です。

私の半生は、「一日の情」によって狂った人生でした。

自分で自分を破滅の谷底へ、足を踏み外すような危険な道ばかりを進んでいたのだなあと、今あらためて痛切に知りました。大変な損をした人生でした。

数滴の涙を布団の上に落としても、犯した罪のつぐないにはならない。あれを思って自分に腹が立ち、これを想って自分がみじめで悲しくなる。こんな私です。いまの私は。

静かなる心　心の奥に　越えぬべき

千年の山は　ありとこそ聞け

先生より送っていただいたこの崇高な歌（注・明治天皇御製）を、私の感銘をこめて、ノートの表紙の裏に書きこみました。

四八・一・三〇
犯罪者の恐怖というものを、心の真底からあじわうのは、追われている夢を見て、全身びっしょりになり、ハッと目ざめた真夜中です。それは、物音一つしない、長い刑舎の、幽玄に沈んだ独房の中で、独り味わう、悲惨極まりない味わいです。この惨めさは、体験者でなければ、誰にもわかりません。

布団の上に、ガバッとはね起き、かいた盗汗（著者注・寝汗のこと）を着ているシャツを脱いで拭きながら、腹の中が凍るようなショック。

――何という自分であろうか――

泣きたくなるような、いや叫びたくなるような、孤独とのたたかいです。

でも私は、孤独に負けません。

四八・二・二
昨日、私は久しぶりにバスに揺られて裁判所から刑務所に帰る途中、バスの窓から眺める娑婆（著者注・刑務所の外の社会）は、なんともいえぬくらい明るい世界でした。

三野公園裏の旭川の土堤では、老若男女が一生懸命に土ならし作業をしておりました。それをみて、むかしのように、わあ、土方が働らいてらあ、と笑えませんでした。どうして笑えましょうか。今の私は、人間の中でも一番最低の人間です。

私は、手錠を架された両手を顎の下まで上げて、敬礼の気持ちで手を振りました。労働者も手を小さく振って応えてくれました。ただこれだけでも、娑婆の人と交流できたようで、とてもうれしい今の私です。

ああ早く俺は、苦しかった体験を、楽しく語れるような、貧しくとも清らかな生活者になりたい、と思いました。

四八・三・二七
窓からはるかに高い青空をながめては、たまらなく野外が恋しく、あゝあの青空の下で思い切りねころんで、冬の間凝結していた血を奔流させながら思案にふけってみたいなーと思うことがあります。まだまだ独房の中は春とはほど遠い寒さです。
このところ、重苦しい日が続きました。一歩たりとも身動きならぬ窮地に立っているようでした。親・兄弟。ともだちのいない自分にとって、最後の助けとなるのは、自分自身だと思っています。だから、力いっぱい重い記憶のトビラを開けようと毎日頑張っております。今日は六六碁布しました。これで二二七〇です。

四八・三・二八
昨箋（著者注・きのうの手紙）に次いで今日は二一継筆致します。これで二二九一となりました。
春の彼岸がきても、父母の霊がどこに眠っているのかもわからない親不孝者の私は、涙で顔を洗い、その顔を拭くこともなくそのまま夜は眠ってしまい、翌暁闇に目がさめました。
私はさびしさに耐えかねて、瀬戸町局区内・わがよろこび社の太田静湖氏より、新約聖書一冊を差し入れてもらいました。

四八・四・三
すっかり春になりました。三一日の面会ありがとうございました。御書簡も拝受しました。先生の力づよいご支援が、私には千欣となり千鈞の重みとなり、心肝を徹します。

私は非才ながら、全身全霊を内観に打ち込んでおります。「この恥ずべきものを」と書きあげた便箋を引き破ったことも幾度あるかわかりません。だけど、今は、先生に赤裸々にすべて吐ろし、ぶっつけてゆきたいのが今の私です。今日は、二三三一になりました。夕方鳥が二、三声鳴くのを聞けば、まるでこの作業をつづけている私をあざ笑っているように聞こえることもあります。人間とは「一念三千」(注―人の一念には宇宙の全存在が備わっていること)で、本当に業の深い生きものですね。特にこの私は。

四八・四・一七

去年の六月一二日からの独自の入観以来、先生宛てに語り送ってはや一〇カ月になります。額から汚を流したり、悲壮な感激があったり、悦びがあったり……前途暗たんの感を抱いたり、心を刺されるような苦痛を味わったりしつつ心の垢をこすり落してきましたその努力は、とても理解してはいただけないでしょう。これからもこの作業は続けて行きます。

現在二三九四です。

　真夜中の　観に哭して、布団嚙む

四八・五・七

万物みなうごめくシーズンとなりました。緑も花も、水も生き生きと新しい生命をうたっています。しかし、それらに手を触れ、においを嗅ぎ、足の下にしっかりと土を踏みしめることもできないのが現在の私です。

去年の六月一二日から、亀の歩みにも似た歩き方で、自分の過去を辿ってきました。私は、本当は息が詰まるほどの苦しみで、言葉も使えなくなる時だってあるのです。でも一つ一つの悪行を、当時の心境を、分析して語らなければ内観にならないと思い、沈思猛考で想起に徹しております。今日は四七送ります。これで二四七〇となりました。

何月何日、何時何分頃、どこで、どういう状況のもとで罪を犯したか、その日は晴であったか、というところまで、即答できないような内観だったら、それは値打ちはないと思います。

先生と初めてお会いしたのが昭和四六年八月。この時先生は内観をすすめられました。「内観なんて、アホらしくてできるか」と思っていた偏屈者の私が、それをやる気になったのが翌四七年六月一二日。その日私の誕生日。この日を私の新生の日にしようと考えたからです。

約束の一五〇〇件はとうに過ぎ、現在は二〇〇〇件を越え、まだ続いております。

今の裁判が終って刑が確定して、どこかの刑務所に押送されても、内観を続け、釈放後は奈良にも実践に行きたいと思っている現在です。

一本のハーモニカには、たくさんの穴がありますネ。こんなにたくさんの穴は要らないのにと思うくらい、たくさんの穴があります。しかし、一穴でも欠損すると、美しい音調は出にくくなります。私の駄文も、ハーモニカの穴だと思ってください。

今の私は、刑が軽くなりたいとは思っておりません。自分の真実を、自分で知りたい、ただその欲望あるのみです。

四八・五・一七

懐メロを一曲聴いて、あゝあの時はあだったなーと、次々、その曲にまつわる当時の思い出が、いくつも幾つも前後して思い出されるように、一つの記憶の周囲には、必ず、いくつも幾つも前後した思い出が重なり合っているものです。

私の過去は、類似犯行の累積……。この中からえぐり出す「罪」の一つひとつ。これらを順序正しく、年代順に分類し並べていくのは、とても困難な作業、いや大事業です。先生にとっては、一読駄文の一行でも、私にとってその一行は、錯綜した記憶を辿るために昇る階段——長い階段——の、一段々々です。

私が「私」になって動く、貴重な足もとなのです。文中の人物は皆実名です。犯行地も確実。その時の天候も、はっきりおぼえています。

今日は六四送ります。これで二五三四になりました。

四八・五・二五

人間は誰だって、道徳的に向上しようという希望を持っているものです。

心は孤独、長距離レース。谷あり川あり山あり、険しく長いマラソンです。先をいそぐ内観者には虚像が多いということを断言しておきます。まあ見ていて下さい。先頭走者は観衆の目には華々しく見えても、やがて後の走者に追い抜かれるのが常です。デパートの規格品みたいな内観とはちがいます。私の内観は。縦三五文字、横一九行で、わが過去の罪をます目にはめこみ、あと便箋に三五〇枚。前文は別で。これは秘密にしていましたが、何もかも計算した上での私の内観における走法です。

青い空に光が笑い、風が鳴り、緑がささやきかけています。長いコースです。

四八・六・二

静かな夜半から閑静な払暁にかけて、寝床の中でする罪の一つひとつの想起では、胸の奥に、淋しい孤独の身悶えが絡み、口にするのも忍びない、あさましく卑しかった犯行当時の自分の姿が瞼に浮かび、頭から布団をひっかぶって身を震わせ、慟哭して夜を明かすこともたびたびです。これも神に誓って真実です。

内観の実践者である少年問題の研究家であるという先生には、こういう人生の悲しさというものがわかっていないように思われてなりません。「追想にひたり、溺れてしまって、いい気分になり、我を忘れていないか」そんなことはありません。私が先生に書き送るのは◎信のみです。しかし私は、◎以外に想起作業をいたしつつその日記を書き残しています。私がこんなことをしていることは、ご推察もいただけないでしょう。そのノートは、私の魂であり、相談相手です。

今日は四二送ります。これで二六七〇です。

四八・六・八

先便では失礼いたしました。四五送ります。これで二七一五。現在の犯行日時（昭和四六年六月二日午前二時）まで、あと九年にまで迫って参りました。

気持ちの上では近いようでも一つひとつを辿り拾い集めてゆくと、決して近くはありません。今までの完全掘り起こし作業方式の手を抜いて、途中から飛び石方式にしたくはありません。察して下さい。

今の私は、真っ裸になって、先生と一つの浴槽に浸って語りたいほどの気持ちです。

四八・六・二二

きのう二〇日は、おいそがしいところ、実地検証まで行っていただき、まことに恐縮致しております。感謝で胸がいっぱいにふさがるばかりです。小生、生涯忘れは致しません。あたたかい思い出として肝に銘記しておきます。そのためにも残る九年、力を注いでえぐって参りたいと思います。三〇〇〇までもうすぐです。この作業は自分のためです。忘れていた自分の罪を、自分の力で思い出すのですから、これほど尊く貴重な勉強はありません。

四八・六・二三

一昨日は夏至でした。また段々と暑くなって参ります。

ペン先、便箋、封筒、それに総まとめをするのに白紙が必要になります。ご支援下さい。

明日は日曜日でペンが使えません。専心黙座します。

先生宛てに浄書する◎印のメモ用紙を見るたびに慄然とする冷たいものが、首すじから背すじの髄にかけ抜けます。なんとも言いようのない寂寥感と後悔の念に駆られます。

一時は、私は人間に生まれずに、野山を駆ける獣にでも生まれておけばよかった、とさえ思ったこともありました。本当です。

今日は四八送ります。これで二八一七となりました。

四八・六・二七

二四日付ご尊簡、昨夕拝読いたしました。たび重なる先生の力強きご弁護に浴し、みなしごの私は、聖《ひじり》に救われた気持ちで日に日にあらたな芽吹きを覚えます。みちあふれるよろこびとともに、感謝、感謝が身に染みます。

昨夕は、先生のご篤情に胸がいっぱいで、一粒のご飯も食べられず、夜も布団の中で、静かに雨の音を聴き、想起・反省を続け、ほとんど眠っておりません。払暁にも想起・反省しました。

今朝も、朝食三分の一を食べたきりですが、全く空腹をおぼえません。社会の善良な人々の血税によって日々養われている身の上を思えば、そのうえに先生から頂いたお金で、時にカンズメを食べることなどもったいなくてモッタイなくて、とてもする気にはなれません。罪の償いにもなりませんけど、ただ嘆き、詫び、もっともっと孤独《ひとりみ》に熱いなみだを流し、お世話になった人々の愛を想い起し、自悪《にくしみ》を知り、心の闇に向かってひたすら突進し、罪をえぐってゆかなければならぬこの私です。

現行事件まで、あと五年半にこぎつけました。五五送ります。これで二八七二です。三〇〇〇になったら、一応整理し、次には第二次の深部に突貫するつもりです。

四八・七・三
雨のふる中を面会に来ていただき、誠にありがとうございました。

長い間の放浪と悪事によってすさみきっていた私の固い心も、先生のご篤情の前には、こっぱ微塵に打ち砕かれました。先生のお言葉、先生のお手紙、どれもこれも弁護士というより、厳父の言葉として、心の晴天に慈雨を感じます。今後も頑張ります。世にひとり身の私は、今とてもしあわせを感じています。

石に石をぶっつければ、カチンとはね返ります。でも優しく聴きとり包んで下さる人の前では、涙もろい私です。

過去を振り返ってみると、人々から、ずい分権威をもって弁駁されたことがありました。その場では卑屈な気持ちで頭をさげても、本意ではありませんから裏面で赤い舌を出します。しかし、先生のおことばには胸が詰まって泣かされ、夜ねてからでも反省せずにはおれなくなります。先生のふかいご愛情とご熱誠によって、この渋柿の男は、日に日に甘味をもった男になり、人に好かれる人間になりたいと思っています。頑張ります。

四八・七・一七
昨年同様、サウナ風呂のような蒸し熱い独房の中で、汗を拭き拭き頑張っております。辿っても辿っても尽きません。

◎三〇一七件の内訳

嘘　　　八四二

盗み　一八四三
無銭乗車　三一
無銭飲食　三〇
恐喝　一四
暴行・傷害　一八
鉄砲・刀剣所持　一八
淫行　一二〇
低級な悪意による軽犯罪等　一〇二

昭和四三年（一九六八年、年齢三二歳）まで辿って、三〇一七になりました。自分ではげしい驚愕をおぼえています。

卑劣な私欲をみたすために、ずい分多くの人たちに迷惑をかけ罪を犯してきたものです。こんな自分に堪え難い不憫をおぼえ、いくら悔いても足りぬ思いが致します。八千度悔いても、とり返しがつきません。漫画本や週刊誌が読みたくてならぬ時期もありましたが、私はここ一年読んでおりません。房内のラジオも、スイッチを切ったままです。現在の静かな心境は、努力で獲得したものです。大切にします。

四八・九・八

一審で求刑七年が、判決で六年、未決通算四二〇日。控訴して三〇〇日。併せて七二〇日の通算なので、四年の実刑を言渡されたことになります。

放火は別として、常習累犯窃盗がついているので、ここが精一ぱいのご判決でしょう。

これ以下の軽刑になれば検事控訴のおそれがありました。

残りを頑張って剔抉するために上告は一八日に致します。すぐに服役すれば得になりますが、敢えて二、三カ月損をし、娑婆に出るのが遅れても悔いはありません。

四八・九・二二

面接ありがとうございました。お礼の言葉も、涙が胸に逆流して、思うことの万分の一もいえませんでした。大きな石の下で生きているミミズやさまざまな虫は、石をおこすと光に当てられてうろたえます。罪ある私は、今まで明るいところを嫌って暗いところばかりを求めて歩き生きてきました。淫につよければ盗みの業はふかく、「淫乱と泥棒は兄弟なり」という丹羽文雄のコトバを思い出します。

四八・一一・一

二九日に上告を取り下げました。

このお手紙が先生のお手もとに届いたころは、私は受刑者になっております。

ほんとうにながい間、いろいろとお世話になりました。

賜わりましたかずかずのご鴻恩、決して忘れはいたしません。

もう何も言うことはありません。

胸がいっぱいです。

この刑をもって、刑務所生活を最後にするつもりで、うんと自分を苦しめて、満期で（注・成績のいい受刑者は、刑期を残して仮釈放されるが、成績の悪い囚人は、刑期一杯努めさせられる。これを満期出所という）帰りたいと思っています。

昭和五三年（一九七八年春）には、自由の身となって、先生のところへお礼にお伺いいたします。

畑山君はこうして、岡山刑務所未決監に拘置中の昭和四七年六月二日から、昭和四八年一〇月末まで、満一年四カ月半の内観を実践した。

畑山君のように連続して一年四カ月以上も専心面壁して内観に打ち込んだ人物は、おそらく刑政史上にもないであろうと思う。

◇

内観をやり残したまま服役するのは心残りだといって、出所がそれだけ遅れるという損を覚悟の上で、敢えて上告をし、なおも最終目標の時点のところまで内観を続けた、というのも、なかなか普通人間にはできないことであろうと思う。

彼は、〇〇刑務所で服役した。その間にも何通かの便りが私のところへ寄せられた。

四九・七・一一

五、六月と無音に打ち過ぎましたことをまずお詫び申しあげます。

現在は金属工場で選米機を作っています。

つねに健康には留意し、「馬鹿」になって頑張っています。

当所の上司に請願して「夜間独居」にしてもらいましたので、今精神的には静かで恵まれています。夜は独房において省察・修学に徹しています。

六日、先生のご講話。後部席で拝聴いたしました。手を挙げて、「先生ー!」と叫びたい衝動をおぼえ、あわてて太腿の肉をつねって抑えました。

先生とは、毎日でも会いたい。会って話したいことは多々ありますが、出所してからのことです。

上告取下までに内観した悪事は、三三一〇件でした。実をいうと、上告判決まで未決に居たかったのです。

四九・一〇・一〇

清々しい秋になりました。キリスト教教誨（著者注・刑務所のおこなう、自主的宗教教育行事）に入会し、欠かさず教誨に出席しています。

キリスト教の人太田静湖先生から、毎月欠かさず、小冊子「わがよろこび」を差し入れていただいています。この間は、何かに使って下さい、と千円在中のお手紙をいただきました。私は救われた人間となりました。毎晩二時間、みっちり勉強しています。

五一・六・二七

現刑に服してから作った俳句を書いてみます。

刑舎凍てて　看守廊下に　鍵落す
獄夜寒　老囚叱られ　語尾濁す
冬日影　堀に映りし　塀の影
若き囚　尻薔薇色にして　初湯出る

次の句は矯正協会誌に投稿し、昨年一〇月一日号に、特選で載った句です。私の自慢の句です。

若葉風　川面に揺らぐ　黒い城

選者は金子麒麟先生、頂いた評は、

「単なる情景のようであるが、よく味読すれば、静寂なる郷土の情景が目に浮んでくる。いかにもどっしりした句である。」

そして同誌一一月一五日号にも同じ選者で

秋陽柔し　病衣のままの　試歩の庭

が特選になりました。毎月投稿していますが、今年はまだ選句がありません。

私は、たった一七音で自分の気持ちを言い表わすこの俳句という芸術が、とても好きです。私の好きな道ですので、どうか先生、親になった気持ちで、私の成長を見守っていて下さい。

私の刑は、あと残り四九〇日。早く出所して先生にお会いしたいと願っています。

五二年一一月初め、畑山君は、〇〇刑務所を出所した。私は彼の求めに応じてその年の八月五日に刑務所で面接した。

出所してからの彼は、とびを主な仕事として各地を転々と渡り歩いているが、どこでも雇用主のみならず、社会の人々に愛され、平和なこころを維持しながら働いている。私の方から手紙は出せないが、向うから、各地の事業場の飯場に落ち着いた頃に、近況を折り込んだ便りをよこす。

後記（S・六二）

畑山君から最後の便りを受け取ってからもう七年にもなろうか。今、彼は、どこでどうしているやら……。

二　少年Mの心の軌跡

(1)　自分は正義を行った

昭和五五年一二月クリスマスの前夜、一八歳の少年Mは、二〇歳の成人二人と共同して、勤め先のバーの雇主夫婦（当時三九歳）就寝中に、その雇主夫婦にガソリンと灯油の混合液を振りかけ、マッチで点火、二人を焼殺した。夫婦の寝室で寝ていた二人の小学校へ通っていた息子と娘らは、二階から飛び降りて、生命だけはたすかった。

その店は恐ろしいバーだった。少年たちの勤務は時には連続三二時間にも及ぶことがあった。いたたまれなくなって、店を逃げ出した女店員は、暴力団に追いかけられ連れ戻された。

地獄のような世界から逃げ出したい。そのためには雇主を殺す以外にない。三人の店員がその生存権を全うするためには、放火殺人を犯すこともやむをえない。三人の若者達はそう考えた。

切羽つまって雇主夫婦を焼き殺した三人は、昭和五六年正月すぎ間もなく逮捕された。家庭裁判所で審判を受ける時にも、この少年Mは、ただ正義を行っただけだと、ごう然と胸を張っていた。

窮地に追いつめられて、これだけおそろしい犯罪を犯した少年たちには、取り調べにあたった警察官も、検察官も、かなりの同情を寄せていた。この同情がM少年を甘やかした形になった。どんな理由があるにせよ、二人の人間の焼殺に手をかしたその男が取調官の同情に甘えて、「正義を行った」と豪語していたのでは、彼の弁護人である私としては、まともな弁護活動はできない。

少年の父母や叔父たちも、胸を張ったスタイルの少年Mに面会するたびに涙をこぼし、「いっそ、わしらの手で、ヤツを殺してやりたい。」と、歯ぎしりした。深い悲しみが少年の親兄弟、親戚全体を覆っていた。

母親は、息子のあまりの非人間的態度に、発狂寸前のところまでいった。その悲しみを自分独りでは持ちこたえられず、ある日、M市に住む祖母にM少年の犯行を手紙で伝えた。少年鑑別所でこれを知った時のM少年の手紙。

母さん、なぜぼくのこと、おばあちゃんに知らせたの。そりゃあぼくが悪いことをしたのは分かるが、それをおばあちゃんに知らせるの、これは許せないね。そんならおじいちゃんにも知らせろよ。知ったら、びっくりして早死にするからさ。それと同じことなんだよ。おばあちゃんにしらせたことは。このことは、うらみますよ。ぼくおばあちゃんがすきだからさ。

これ以上、家族そろって、ぼくの傷口に指を突っ込んでいじくり回すのは、やめてください。そりゃあ、ぼくの方が、あなた達を苦しめたかも知れないけど、それ以上に苦しんでいるのもぼくだということを分ってほしい。

子を持つ世の父母は、えてして、耐え難い気持ちを前後の見さかいなくまっ正直に表現する。そして時にまたみえみえの芝居もやる。この少年の母の場合もM少年をひどく傷つけた。少年の母親は、こんどの事件では、自制心をすっかり失ない、こんなことをして少年をひどく怒らせた。それだけではない。少年の予言どおり母の送った手紙でショックを受けた少年の祖父はその年の六月二六日、農薬をのんで自殺した。

(2)　暗黒の中に涙

少年Ｍが未決に入所したその年の三月初めから、私は足しげく拘置所に通い、Ｍに対して、内観法の実習をすすめてみた。Ｍはもちろん容易に私の誘いに乗ろうとはしない。肩をそびやかし、虚勢を張るばかりだった。しかし、次第に殺人犯に特有の不安が夜ごとに少年Ｍを襲い、精神をかき乱しはじめた。ごう然と胸を張って一見無反省に強気を装っている人々の心の中には、しばしば、美しい心が宿っている。私はその美しい自立の心に自分で気付かせたいと思った。

その年四月末ころＭの、私宛の手紙

今の気持ちは、前より沈みがちです。なぜあんなことをしたんだろう。なぜもっと外の方法をとらなかったんだろう。被害者の方がたに、何をして返すんだ。何もできないではないか……、と悩んでいます。取り返しのつかないことをしてしまった……。

こんなことを毎日考えているので、毎日が不安なのです。この先どうなるかは分かっています。でもその先が恐ろしいのです。毎日卑下して生きて行くのかなーと思うと、なおさらです。

先生、何かいい答えはありませんか。私は自分の道がわからず、歩けず、困り果てています。

同じく五月はじめころの私への手紙

先生の言葉を考えてみました。でも「不安」という二つの文字はとれません。早くとりたい、早くとりたいと思えば思うほど、不安が強くなって行き、とれるどころか、以前にもましてひどくなってきました。

毎日、新聞を読んでいると、「殺人」という字が目につきます。こういう時は一睡もできません。先生は、内観しさえすれば、そんな不安は、じきに消えてなくなるよ、とおっしゃいます。疑いの気持ちはありますが、ともかく信じてやってみます。

六月中旬、私への手紙

今日は、今までの私の心の移り変り方を、少し書いてみます。

鑑別所でも刑務所の中でも、逮捕されて以来、考えることといえば、将来のことと被害者のことばかりでした。そんな時に、過去の悪いことばかりほじくる内観のことを、先生から聞いたのです。

この、めんどくさくて、楽しくない内観が、私は、ほとほと嫌いでした。内観でいやなことばかり調べていると、私はますます自己嫌悪に陥っていきます。まだ今でも、「死」とか「殺人」という言葉が、私につきまとって離れません。

先生、こんなことが、これから先、一生つきまとうのでしょうか。私は不安で、苦しくて、なんともいえないいやな気持ちです。苦しまぎれに聖書とか般若心経でも読んでみようかと思っています。今、何か大事なものがないみたいで落着かないのです。

少年Mは、日一日と苦しみを増し加えていった。私にすがり、楽になりたいと心から願っている様子が、いじらしくもあった。しかし、楽になる道はただ一つ。内観に励むことのみ。それをしないことには、決して楽にはならない。不安へ、自己嫌悪へと落ち込むばかりだ。今の君を救うものは、神でも仏でもないんです。ひたすら自己をみつめ内観する。そのうちに、目の前に強烈な光が差し込んで来る。

そんなことをなにげなく笑顔でいいながら、四カ月余り拘置所通いをした。

内観導入までの過程は、こちらに功名をあせる気持ちがちょっとでもあってはならない。こういう時期にこそ大切な心は、「忍び待つ心」である。君の自立の心を信じている。口で言うのではない。体で、態度で、そう語りかけつつ、ひたすらにしのび待った。そうしているうち、ついに彼に気付きの日がきた。少年Ｍは内観の扉を自分で押し開いた。

五六年六月二三日　私への手紙

大原良子さん（仮名）が私のところに面会に来て、私たちのしたことが当然だというようなことを言ったのです。私たちが正義で、相手の社長とママは悪だというのです。

私はその時、あゝ、自分も、つい最近まで、こんな顔をして、こんなことを考えていたんだ……。情けない自分だったと、今日も反省させられました。

そして、日に日に、両親のことが、世の中でいちばん大切なのだと、心から思うようになりました。言葉では言っても、こんなに、心の底から分ったのは、恥ずかしながら、初めてのような気がします。だからよけいに、被害者の二人の子供さん達の、今の気持ちが分かるような気がします。

こんなことを考える毎日になりました。

少年の本格的内観は、くしくも、少年を心から愛していた祖父の自殺した六月二六日から始まった。少年の父母はこれを読んであまりの嬉しさに号泣した。

五六年六月二六日　父母への手紙

私は、起きては反省、寝ても反省という毎日です。

最近手紙を書くのは、父さんと母さんと波多野先生だけにしました。そうしなければ、何か迷いを感じるからね。例えば、私たちのしたことが正しいと思っている人などと面会のときに会うと、自分もこんなことを考え、こんなことを平然と言っていたのかと思い、情けなくなってきたのでね。こんな人に、心を許して話はできないと思い、外部との連絡を断ったわけです。

父さん、いつも父さんに、にがい水を飲ませるようなことをしてごめんなさい。

(3)　被害者に対する内観

六月二六日に回心した少年の内観の深さには、まことに目を見張らせるものがあった。父母について雇用主夫婦のことについて内観した少年は、内観にはいった以後、雇主のことについて悪口一つ書かず、どんなに社長とママが陰になりひなたになって、自分をいつくしみかわいがってくれていたかを、山のように書いて寄こした。警察からも、検事からも、そして近隣の人々からも、同情の言葉一つかけてもらえない被害者の遺族たちは、そんな内容の少年の内観記録を手にしたとき、どれほどうれしく思ったかわからない。

犯罪者の内観が、父母親戚を喜ばせることは言うまでもないが、被害者の遺族がこれによって慰められ、生きる力を得たということは、スバらしいことであった。

最愛の両親を、一瞬にして失った洋一君と真子ちゃんにとって、世間の人たちが、殺された最愛の両親に冷たいにくしみの目を向けつづけることには耐えられなかった。殺された上に、なぜ世人は同情の一ひらも寄せてくれないのか。その思いが幼い子どもたちの心を深く傷つけた。そういう中にあって、次のような少年の内観は被害者の親族たちにとってはひときわ尊いもののように思えたであろう。

被害者（ママ）に対する内観

ママは、お客さんから色々とお菓子などをもらうことがありました。そんな時のママは、いつも、「こんなにしてもらえるのも、皆のおかげだ」と言って、もらった物を分けてくれるのです。そんなママの心使いでも、私は、あたり前だと思っていたのです。ママにしてみれば、そうやって店員との心の結びつきを深くしていこうと思っていたに違いありません。今になって、ママの心が分かります。

私は、ママの心の優しさなど、わかろうとしませんでした。それは、自分自身が自由にできない不服、そして、自分の失敗に対して怒られたことへの恨み、ただそれだけの自分の汚れた心故に、ママの心をゆがめてとり、ママを疑っていたのです。数々してもらった事に対しても、それは見せかけで、心の中ではママは何を考えているのかわからない。そのように、私の汚れた心が、私の心を染めて行ったのです。

ある時ママは、私に、「よく働いてくれますね。頑張ってちょうだい」といって、むらさき色のセーターを、プレゼントしてくれた事がありました。この時のママは、とても優しく私には見えました。

今になってその時のママの心を考えてみると、その優しさは、自然に出て来る優しい心だったと思います。水道の蛇口をひねれば水が出て来ないのがおかしい。ママの愛情は、そんな自然の愛情でした。

私が歯が痛くてたまらない時、ママは、自分も歯痛で困り、病院で痛み止めをもらってとってあるから、といって、私のために家まで帰って、痛み止めをもって来てくれました。風邪で少し熱があり、顔色がさえない時、ママはすぐにそれを察し、「顔色が悪いわね。よくきく栄養剤があるから」といって、買って来てくれた事もありました。

ママの心が汚れていたら、けっしてそんなことはできないはずです。しかし、それは今わかったことで、その時には、ママの愛情はみせかけだと、思い込んでいたのです。利用できることは、利用してしまえとも思っていたのです。

自分の恨み、ねたみ、汚れ、今さらながらひどいものだったことにおどろきました。それもこれも、自分の幼い頃から今日までの汚物が、たまり積もって、自分の心をふさいでしまっていたのです。愚かな私でした。ママは自然の愛情で私に尽してくれていたのに、私のは、して上げるでなく、「してやる」でした。

ひとつひとつ考えてゆくと、ママはこんなにも私にしてくれていたではないか。それに対して、お前は何もしてないではないか。恐ろしい自分が見えてきます。

ママのもとで働きだしてたった一年半、その間に、一人の人を恨んでしまったのです。

今やっと、本当のことがわかった。でも、ママを殺してしまった今では、気づくのが遅すぎました。しかし、これからの私のためには、このことは、とても大切なことです。その事が、もう一つ割り切れませんが、被害者の方のために、自分のために、回りの人のために、更生し、罪のつぐないをしてゆきたいと思う、今の気持ちです。

被害者の子どもたちに対する内観

洋一君と真子ちゃん二人の気持ち、信じる心と、優しい心、この二つの心を私にみせてくれました。そして二人とも、人間として大切な物を持っていました。私はこの二人を見るのに、二人の両親に対する恨みの心を通して見ていました。ひどい自分だったと気づきました。私は、二人の、もっとも大切な両親の命を奪ってしまいました。この優しい二人の子供たちの事を、本当に心で分っていたならば、そんなことはできなかったと思います。

今、二人の泣き悲しむ声が聞こえてくるようです。子どもたちには、何の罪もありません。やっとその事までわかりました。今にして、やっと二人の心がわかるようです。

内観すればするほど、人として大切なそれらの事がわかり、そして、何が一番尊いことかが、心に深く、わかるのです。

私は、この一字一字を、書くのがとてもつらい思いです。自分のした罪の大きさ、深さが、とてつもなく大きく、二人の心の傷が、とても深く、それを一つ一つ認めてゆく時、邪悪な私の心は、ある一面で、反発しようとしています。しかし、今は、自分の真実の心が勝っています。ですからつらいです。しかしそれでも、二人の心は、もっとつらいはずです。私は、もっともっと内観してゆかなければなりません。人の気持ちを考える。そうすると、自分の心のあり方が、わかります。こういう心を、これからいつまでも持ち続けたいと、心から思います。

(4) 被害者が慰められた

その年の八月、私はM少年の書いた被害者ご夫妻や遺児に対する内観記録を、M少年の内観時の感想などと共に、被害者ご夫妻の兄弟姉妹に届けた。お詫びやおくやみの言葉を添えて。

被害者のご遺族にとって、この悲惨な事件後、これほどに淋しい心を慰めてくれるものはなかったという。なぜなら、これ程の悲惨な被害に遇いながら、なぜか世間のみる目は冷たかったのであった。

そういう時期に、M少年の内観記録がとどけられたのであった。

被害者の日常生活をよく知る身内の人たちにとって、同情すべき多くの点が、死人に口なしで、誰にも知られず葬り去られるのは、我慢のできないことであった。くやし涙に暮れているその時期に、M少年の証言として、故人たちの数々の美点が法廷に顕出されることになった。それは思いもかけないことであったろう。だからこそ、被害者のご親戚の方がたに、たったこれだけの内観記録が、いい知れぬ慰めを与えることになったのである。

通常の刑事被告人であれば、少しでも刑の軽くなることを願い、語りにくい故人の悪い面のみを列挙したであろうと思う。ところがこの少年にとっては、他人の悪いことは、これすべて、自らの邪心のあらわれにほかならないという、深い自己洞察がある。だから、昭和五六年六月二六日以後の、M君の作った内観記録には、被害者の非難や中傷の言葉など一言もあらわれては来ない。すべてが、肺ふをえぐるようなお詫びのことばであった。

御遺族やご親戚の方がたは、被告人Mのみならず、少年の両親に対しても次第に心を開き、自ら少年Mの両親を車に乗せ、被害者の眠る新墓に案内した。そこで被告人Mの両親とともに、墓前に花を供え、線香供物を手向けて礼拝したのであった。またそのあと、仏様の供養のためにといって、墓前において、被告人Mの態度を賞めたたえつつ、持参のお供え物などを、ともに食べながら、故人の話をし、長い時間を過ごしたという。

殺人とか放火という凶悪な事件にあって、犯人やその親族が、被害者の遺族たちに近づくとか、まして被害者の眠る墓地に案内されるなどということなどは、けだし希有のことである。どれ程犯人が改悛していようと、やはりそれは難しい。太古のむかしから、人間の復しゅう観念のし烈さは、どんなに世の中が進化しようとも、変ることはないからだ。

Mの両親たちは、故人の一周忌をも迎えないその前に、苦しい胸を抑えつつ、二度、三度と墓参を許された。一周忌法要には仏前へのお供え物とともに、ご参集の親族の方がたへおくやみの言葉まで届けることを許された。幾多の凶悪犯人の弁護をしてきた私にとって、こんな体験は、初めてであり、おそらく今後も絶無であろう。Mの両親は、二人の遺児が成人に達するまでといって、毎月相当額の金員を贈っているが、少年Mの内観記録の尊さに比べれば、その値打は比較にならないものであろうと思う。

(5)　非行についての内観

五六年七月一〇日

はっきりと私を変えたのが、小三の時の万引きでしょう。友達と、その日、なんとなくデパートに行き、どちらからともなく、腹がへったねと言い出し、お金ももっていませんでしたから、お菓子を万引きしたのが初めてで、見つからず、次の日も、次の日も、と、万引きするようになりました。

だんだん欲しい物が大きくなり、電動車を盗んだところを捕まったのです。あの時、両親に、ネチネチと叱られたのを覚えています。しかし反省はしませんでした。

小四、小五と、したい放題で、小四の時には、デパートで、ミニカーのたぐいを盗りました。小五の時は、一段とはげしく、盗ってきたものを、安値で売ったのです。みんなもそれぞれ盗ってきたものを、売っていました。そして小五の時また捕まりました。

そのうち、両親の貯金箱から盗る。兄のから盗る。しまいには、友人の家の物にまで手をつけるようになりました。

盗みだけではなく、車にクギで傷を入れたりパンクさせたり。今のお金になおすと、二〇〇万円くらいの損害をかけたでしょう。

ケンカして相手にケガをさせたこともありました。

中一の時は本を万引きして捕まりました。反省するひまもなく、シャープペン、ノート、筆箱、カセットテープ……と盗りました。

中二になる頃は、人の車を盗んで乗り廻したこともありました。タバコもおぼえ、セックスまで知りました。学校では番長的存在でしたから、お金はおのずと集まりました。

中三になって、オートバイを盗み、乗り回していたところを警察に捕まり、この時初めて家庭裁判所に行きました。

高校に入ってからは、私の非行は本格的になり始めました。ケンカして家裁にも行きました。

この頃の私の気持ちは、自由、自由、自由、でした。悪友と知り合い、先輩もでき、暴走族を作り、一升ビンを肩にかついで○○海岸で飲み、気にくわない奴がいると、一升ビンで、「頭を叩き割るぞ！」と、平気で怒鳴っていました。万引き、暴力、暴走、好き放題でした。

こんなことは、実は、両親も知らないことが多いでしょう。捕った、という事実でさえ、両親は知らないと思います。

私が今度のようなことをしたのも、これまでしたことが、たまりたまって行きついたもので、今思えば、あまりにも浅はかでした。

お菓子ほどの、まるで子供らしい万引きから、長ずるに従いオートバイや車まで盗むようになる。高校に入る頃は、ケンカ大将の暴走族に成長しました。

Mは、そういうふしだらな日常が、今のような凶悪犯罪を犯す自分を作りあげたことを知った。

こうしてM君は、現時点までに犯したウソと盗み七一〇個を発見した。

「湧き上がれば書き、書いているとまた湧き上がります。少々くたびれました。もし波多野先生と会っていなかったら、私の人生は、同じことの繰り返しであったろうと思います。私のことだから、たぶん「仕方ない」、「仕方ない」といって前と同じ道をつっ走っていたでしょう。」

(6)　自分の大事さに気付く

五四年七月一三日

一人ひとりの優しい人たちに、どうして私は悪いことばかりしてきたんだろうか、と考えてみました。それは、どんな悪いことをしても、心の底から反省せず、頭だけで悪いことをしたと思うだけだったからです。心全体では、さほど悪いことをしたとは思っていなかったのです。
先生は、今まで頭の先っちょで考えていたことを、心の底まで届くように、一つひとつゆっくり時間をかけて考え直してみなさいといわれます。おろか者の私ですが、頑張ってみます。

五四年七月一六日
先生のお手紙は、ガソリンのようです。私を走らせます。もうこれ以上、ひとつも思い出せない、と思っているところへ先生のお手紙がきます。先生のお手紙を読みますと、そのたんびにくじけかけた自分の気持ちが立ち直るようです。
不平と不満で不完全燃焼していた私の何かが、チラチラと炎をあげて燃えてゆき、今では感謝の火焔となってきました。私は爽快な気分で燃えています。前へ走っています。

五六年八月三日
私は今まで数えてみて、千いくらという、ウソや盗みをして来たということがわかりました。それをなぜしたのだろう、と考えてみました。それは、人への思いやりとか優しさ、そんなものが私にたらなかったせいではないか。それと、自分だけのものさしでしか他人や物を見ていなかったからではないか、とも思いました。
先生が今年の二月から、ずーっと今日まで、私に何を言いたかったのか、今ごろ、やっとのことで分ってきたようです。ひと口でいえば「愛」ではないかと思います。私の愛は、あまりにも小すぎました。「愛」というのはもっともっと大きいものでした。それを知っていたようで知らなかった私。人間としてダメでした。

五六年八月一五日
この一〇日間は、つらかったです。途中で何度も逃げ出したくなりました。しかしその都度、いつも先生のいわれる「男になれ、人になれ」というお言葉がどこからともなく聞こえてくるので、頑張らなければ、と必死でやってみました。

今の気持ち、何というのか、難しい問題が、自分の努力で解けた、そんな感じで一杯です。先生、本当にありがとうございました。

私はまた、新しいスタート地点に立つことができそうです。今度は自分の力で、自分の足で、しっかり踏みしめて歩きます。

どうすれば、罪の償いができるかということにつきましては、まだ心の中で解決ができていませんが、これについても、必死で考えてみます。先生、頑張ります。また新たに。

五六年八月二一日
今日、母と祖母が面会に来てくれました。祖母も今度の事件のことで、体まで細くなっていました。このことでも、私のまわりの人たちの苦しみがわかってきました。

そして母も、奈良県大和郡山市に内観に行って来て、涙を流していました。「私が悪かった。私が悪かった」と母はいうのです。私は、この人たちのためなら、というような気持ちにさせられました。

人を愛することの尊とさ、そして深さ。スバらしく大きな気付きを与えられました。私は今まで、このような人々の中で生きていた。私は、本当にこの人たちにとって大事なものだったのだ。小さな物では無かったのだ、ということに気付きました。そして今、自分の内観を手紙に移して、また一段と強くそれを感じました。

今、体の中が、熱いエネルギーとでもいうのか、ウンウンとうなり出してきているようです。

私の過去は薄汚なく、汚物のかたまりでした。しかし、今は美しい物として、素直に自分に目を向けるようになりました。以前のような卑屈な気持ちなどありません。

先生、私はここに入って、先生に会って、人間として一番大切なことを学びました。先生、先生、本当にありがとうございました。自分で自分を苦しめた甲斐がありました。

少年Mは、そのつい四カ月前までは、不安におののいていた。そして、この先一生自分は殺人者として、価値なきものとして卑下しつつ生きていくべき小さな者でしかないだろう、と困り果てていた。

そのM君が変った。激しい変革を遂げた。

自分の周りの人たちから、自分がどんなに大事にされているかを、心底自覚することができた。罪に汚れた過去を背負った者ながら、それなりに体の中に、ヤル気が起ってきた。ウォーンとうなりを生ずる、熱いエネルギーのような力を全身に感じつつ少年は自ら立ち上がり、自らの足で歩きはじめようとしている。かたい卑屈の殻にとじ込められ、まさに窒息しようとしていたM君が、新生へのスタート地点に立った。自らを展望し、自らを愛する地点に立つことができた。

その力は、私の助言とか忠告によって生れたのではない。厳しい自己否定の連続によって生まれたのだ。父母、兄弟、被害者への内観、ウソと盗み、何百という非行についての内観に裏打ちされ、不動の確信として、M少年が自らつかみ取った真実の宝物にほかならない。内観とは、このように、優れて弁証法的な構造をもつものである。助言者は、ただ、くじけようとする内観実習者に、継続の勇気を与えるだけの存在に留まらねばならない。

(7) 自愛から他愛へ

卑屈の中にうずくまって自分を価値なきものだとかこっている者には自己愛とてなく、まして他人からいただく愛情に目ざめることもない。

卑屈と謙虚とはまるで異なる。少年Mは内観によって卑屈から自己を解放し、人々からいただく愛情に心から感謝しつつ生活する人に日一日と変っていった。

五六年九月三日
最近内観していて、ふと思いました。それは、どんなにやっても底がないのです。なんというのか、初めのうちは、汚物をとり除いてゆくと、今度は人として大切な物が、どんどん、出て来るようです。私も、あっ、一つ気がついた。と思いそしてまたよく見ると、それで終りではなく、なんのなんの、探せば探すほど、出て来ます。

人の心、思いやり、優しさ、愛すること、といったことが、深く胸にしみこんで来るようです。次々と湧いて来ては、しみ込み、その繰り返しなのです。しかし、そのくりかえすことが大切なように思います。

毎日が内観のように私は思います。それは「人生」という絵を描くようなものだと分りました。ひとつ間違えば、ひとつ汚れてゆきます。しかし内観し続ければ、絵の構図から色彩まで、美しく現われて来ます。私はそれが内観の意味ではないかと思うのです。

私はやっと、下書きが終ったところです。これから配色です。私は、内観できれいになった心で描いてゆけば、大丈夫なのです。それが人として大切な事だったのです。

少年は、毎日真剣に内観を続けた。そして時折、弁護人である私宛にくれる手紙の中には、珠玉の真実のことばがちりばめられていた。一通、一通の手紙にきざまれた一語一語に深い感動を覚えないわけにはゆかなかった。九月初め頃、私は九月三日付けの手紙（前掲）をよんで少年に宛て手紙を書いた。

「汚物をとり除いてゆくと、人として大切なものが、どんどん出て来るようです。」

ほんとに貴君のいわれるとおりですネ。地獄の下に、一枚の、うすい天井があり、その下に極楽があるということですが、いま、貴君のおてがみを読みますと、地獄の底に、極楽がある、というその話を思い出します。どうぞ、「地獄への住民」として、地獄の底の底まで降りて探検してみて下さい。

貴君がそうやって汚ない思い出を探している様子が、目に浮びます。そのとき発見される汚物こそが、貴君を支える宝物に、即座に変っていくのですよ。その「汚物」こそが、やがて貴君が地獄の底に貼ってある、極楽に通じるアルミホイルの天井を破いて突き抜けるためのパスポートです。

「人の心、思いやり、優しさ、愛すること、といったことが深く胸にしみ込んで来るようです。」

胸にしみ込んで来る……。いい言葉ですね。どうか十分、しっかり胸にしみ込ませて下さい。

何度も何度も、繰り返し、くりかえしやることが大切なことも、わかってきてくれたのですね。毎日内観しながら暮す。こんな美しい姿はありません。貴君のお手紙は、いつも私の心を打ちます。長い間、暗黒の世界にいた貴君。いま、目が開けていられぬほどの幸せな思いで、汚物と宝物を前に、吐息しているのでしょう。たった一〇数年の人生しか経験したことのない貴君が、ここまで深く進んでくれるとは、思いもよらないことでした。ありがとう。

少年の内観記録は、かつて私の指導した多くの非行者、犯罪者に見たこともない、一つの徹底した姿勢を保持しながら深められていったものであった。一八歳と何カ月の少年には、とても思えない、修道者の厳しさを秘めたものが感ぜられた。その記録の中には、真剣に修業したものでなくては口にすることのできない、珠玉のような創見が、随所にちりばめられていた。

五六年九月一五日　故おじいちゃんへ

私は、私のために亡くなられたおじいちゃんの墓にも、まだお参りできないでいます。せめて手紙だけでも、出さずにはいられなくなり、書いてしまいました。

おじいちゃんの仏壇に供えてもらえばと思っています。

南無阿弥陀仏

おじいちゃん！　私は、やっと、まじめに立ち直れそうです。これも、私を、私の周りで、優しくとり囲んでくれている皆さんのおかげです。やはりそれは、おじいちゃんのおかげかもしれませんね。いつも、どこかで見守っていてくれるように思います。これからも私は、しなければならない仕事がたくさんありますが、音をあげず、歯をくいしばって頑張ります。どうか見ていてください。

おじいちゃんの姿は、私の心の中に、いつも居てくれます。小さい頃から、長い間、おじいちゃんの優しい姿は、けっして忘れることはありません。私はおじいちゃんが好きでした。私は、何もできませんが、更生だけはします。愚かな私を、見守ってやってください。

五六年一〇月二一日

今日の内観で、あらためて「被害者」について考えてみました。

被害者といえば、故Tご夫妻はもちろんそうです。その二人のお子さん、親戚の方がたもそうです。当然の事です。しかし私の共犯者であったPさんやQさんにしても、私からみれば被害者です。私の両親も、兄も、亡くなったおじいちゃんも、叔父さん叔母さんたち親戚の人々もみな、そうです。

私の一つの行動が、多くの人を「被害者」にしてしまったのです。私は人を苦しめるために生まれて来たのか、と、自分を恐ろしく思いました。しかしその恐怖から逃げてはならないことが、やっとわかりました。そこから逃げると、また多くの人々を苦しめることにも、今、気がつきました。

そうした心を持ち続けるためにも、頑張ります。

五六年一〇月二七日

内観をしていると、真っ先に人の気持ちを考えるようになりました。その人の気持ちになるのはむつかしいですが、思い出をたぐってゆくと、意外とはっきりその人の気持ちに入りこむことができます。

今では、皆の心が、とても美しく見えてきました。そして最近は、人々に対しての怒りもなくなりました。人としてまるくなってきたみたいです。自分の視野が変った事によって、見る物すべてが輝いているような気持なのです。先生、内観はすばらしいですね。自分の心が満ちてくる、そんな気が、私はします。

どこでいつ習ったか忘れたが、私は以前、次のような短歌を教わったことがある。

よしあしの　写る心の水鏡
　よくよく見れば　わが心なり

人を悪しざまに言うな。そういう心のおこるのは、それは自分の汚ない心がそのまま写っているにすぎないのだ、という、自己へのいましめの歌であったろう。

M少年にとっては戒めの歌ではない。そのまま少年がこの数カ月歩んで来た心の旅路そのものの感想を歌った歌のようだ。

刑務所の未決房の中で、半年もかかって、気付いた、彼を含めた人々の美しい心そのものを歌ったものに他ならない気がする。

(8) 内観を内観する

五六年九月二〇日

私の内観ノートを、もう一度読み返してみて思ったのです。はたして、自分のやった内観に、ウソいつわりがなかったかと。私が内観をしてきた時、どんな気持ちでしてきたのだろうと、その時の内観している私の姿を内観してみたのです。

その時、その時の気持ちは、「しなければならない」と一生懸命になっていたのですが、今思いだしてみると、心の中に、まだまだ汚ない心が残っていたのがわかりました。なげやりな気持ち、先生に見せなければいけないという、「見せるための内観」があったように思うのです。真実がウソになったようにさえ、感じてしまいました。

本当に、自分を自覚する事が、どれだけむづかしいか、思い知らされました。それで、先生に謝らなければ、と思ったのです。

少しでも私にスキがあれば、邪悪な心が、こっそり入ってくる。私の心は、ザルと同じです。内観をしっかりして、少しずつスキ間をふさいでゆこうと思います。

この少年の、「内観を内観する」という、その道心のきびしさおごそかさ。ただ頭をたれるのみである。

五六年九月二二日　父母への手紙

内観することは、カガミとカガミを向い合わせたようです。それは、どこまでも果てしなく続くからね。一度やり出したら、終りはなくて、何回も何回もすることが大切だということもわかりました。

私も、毎日、朝晩、手を合わせるようになりました。

以前の憎しみが消え、その代り、以前の自分の姿を思い出すと、自分がイヤになってきます。それが人として、あたり前なんですね。やっとわかったようです。

この一年は、私にとって、とても大切な日々だったと、今になって、つくづくそう思います。ありがたいことだと思います。この一年がなかったら、自分は、どうなっていただろうか、とも思います。

五六年一〇月一〇日　父母への手紙

新聞を読んでいて、毎朝、悲惨な事件が目に映ります。父さんは何と思いますか。私は、以前は、「又か。バカだな。」とくらいにしか、思っていなかったのです。しかし今は、新聞を読んで、「どうしたんだろう。自分はほかに、何かできなかったのだろうか。」と、自分に言い聞かせているのです。そのことに気がつきました。

自分は、今まで、いつも第三者としてしか、全てをみていなかった、と。だから、何もかも平気になってやっていたんだと。自分の身の回りのことを、見のがしていたわけです。

「明き盲」、よくいったものです。自分を自覚する、すばらしいことですが、なかなかむつかしいことです。これでもか、これでもか、と、すればするほど、はてしなく出て来ます。負けられないのですよ。一度始めると、これは死ぬまで続けたいですね。

この少年にとって、大原良子の顔つきや言葉が反面教師となった。彼女の態度やことばの中に少年は、ついこの前までのあさましい自分の姿を見てとっている。

毎日の新聞の三面記事ですら、己れの罪を反省する、この上もない材料となっている。

こうして、少年は、ごくありふれた身のまわりのものを見ながら己れを反省している。こんなことは、簡単なことのようで、実は凡俗の人間には、なかなかできることではない。

七月初、少年の愛していた祖父が自殺したと、それが少年に伝えられた。祖父の自殺が少年の姿勢を大きく変えた。

少年はそれから猛烈に内観をはじめた。しかし、当時の内観は、自分の罪や刑が軽くなるための手段だという、はからいのある気持ちが、心の底に動いている反省であった。私からその点を指摘されたとき、彼は素直に軌道を修正していった。

心は揺れ動き、乱れつつも、次第に美しい方向に進みはじめ、毎日のように父や母の見方が変ってきた。

八月五日から一四日までの一〇日間、少年は、朝起きてから寝るまで、ぶっ通しで、母、祖母、祖父、叔母、友人、知人、先生、共犯者、被害者と調べていった。その間、時には挫折感も湧き出したこともあった。そうした時には、彼は目をつぶった。すると、祖父の慈顔が眼前にほうふつと現われ、「頑張れ!」と激励してくれた。

一〇日間の集中内観を済ませ、少年は、ある種の満足感と、心地よい疲労感を味わうことができたという。

「あゝ、恐ろしいことでした。私は、崖のふちを目かくしして歩いていたのと同じでした」と、少年はこの頃嘆息しつつつぶやいていた。

内観を内観しつつおさらいをしていくうち、感謝、愛、思いやり、優しさ、人の心、そして人間、というような、一見簡単な言葉に、深い深い意味を感じはじめた。

それとともに、以前の、醜かった自分の姿が如実にわかり始め、自分の恐ろしさが迫って来るのであった。

私は、内観に入った以後のこの少年の手紙を読んでは、その都度大きな人生の教訓を得るとともに、少年を拝みたい気持ちにさえ、させられた。

九月以降になると、少年は罪の償いについて、猛烈に模索し、内観ノートを丹念に読み返した。読み返してみて、少年は、内観ノートの中に、まだまだ邪心がいっぱい残っていることを発見。反省と見えていたのは、見せかけの反省であった。これをすれば罪が軽くなるかも知れないという、損得勘定の上でのいやしい邪心がノートの中に見え隠れしていたと、M少年は書き、きびしく己をかえりみた。

(9)　不安から平安へ

少年にとって、いちばん大きな課題は、当初は不安を克服することだった。内観を深めるにつれて、第一の課題であった心の不安は薄らぎ、やがて消失した。

しかし、罪の償いという第二の課題は、九月になっても解決できなかった。重苦しいこの大問題が、心のどこかでうづき続けた。

一〇月になって、その恐ろしさが消えた。なぜそれが消えたか。恐ろしさを生みだす因は、心の外にある罪とか罰ではなかった。自分の心の中にわだかまっている「邪心」なのだと気がついたからだ。

その頃までは、「殺人」「放火」という、この四文字の重圧に押しつぶされそうになりつつ、この四文字の中にすさまじい程の恐ろしさ、重くるしさを感じていた。

少年はその観念を突き貫け、底に徹して考えてゆくうち、世間体とか恥とかいった世俗的なもので締め上げられていた「卑屈なこころ」が溶けてなくなり、素直なこころに、謙虚に立ちかえることができた。

彼は、父母への手紙の中で「卑下しないで下さい」と、しばしば述べていた。卑下と謙虚とは、大きな違いである。

少年は、深い省察を通して、いつの間にか謙虚に、しかしつねに本音のみで淡々と語りかけて高ぶらず、押しつけず、肩ひじ張らず、それはまことに、水が高所から低地に向かって流れてゆくというような味わいを持つものであった。

五六年一〇月二三日　(父母宛の手紙)
今、体の中が、熱いエネルギーとでもいうのか、「ウンウン」と、うなり出して来ているようです。
私は、正々堂々と、これから生きていきますよ。卑屈になどなりはしない。そうすることが誰に対してもよいことだと思います。卑屈になれば、憎しみも、悲しみも消えることなく、一段と大きくなってゆきます。
「責任」、やっとその言葉の意味がわかりました。その重さもわかりました。軽々しいことではないですね。

少年は、この半年に近い拘留の中で修得した、厳しい自己否定によって、今や、なんにでも耐えてゆけるだけの力がついたと、喜んでいる。

内観は人に低い姿勢を教える。その姿勢とは、決して卑屈の姿勢ではない。平易にいえば自由な飛躍のために、人がしゃがむ姿勢にほかならない。

かかとを上げ、高く背伸びした姿勢では、自由な飛躍、自由な跳躍の力は生じない。

彼の言葉には、人からの借り物の教義もなければ生半過な人生観も、もはやない。内観の実習の中で獲得した知恵で、その全身が満ち、一生を貫いてゆく飛躍のためのポテンシャルが、こちらにも、ズシーンと伝わって来る思いである。

こうした力は、他から与えられたのでは決して生きては来ない。自らが自分で覚り、自らの杖でもって立ち上がろうとするから与えられるのだ。

五六年一一月二一日

最近うれしいことがありました。それは、母からくる手紙がとても明るく、そして母の気持ちが、とてもよくわかります。何度も何度も読み返します。そうしているうちに、本当に、母がそばにいてくれるように思うのです。

今の、何にでも耐えられる力は、皆んなの愛情からきているように思います。私は幸福者ですね。そう思います。

少年は日増しに、人間として生きてゆく喜びが胸に湧き出すようになった。

一一月に入っても、その気持ちは持続された。それどころか、ますます深まってゆくようにさえ思える。もうその頃は、彼の心は、微動だにすることはなかった。

「ただひたすらに反省の心を育ててゆくだけです。私にとって、そんなことが当たり前のことに変ってゆくのです。」

少年は、自分の生きてゆく道は、内観一筋以外にないと悟った。

一二月に入って、少年にとっての、いわばペーパーによる「人生テスト」が終った。内観ノートを作ってゆくことは、彼にとっては、ペーパーテストだった。サァ今度は、それを、少年刑務所から社会に出て行くまでに、少年刑務所の中で「己れの体に覚え込ませるための予行演習」が始まるのだ。

少年にとってやがて来るであろう懲役の受刑は、予行演習だというのである。ユニークな表現である。

五六年一二月二日

今日、久しぶりに父と母が面会に来てくれました。少しやつれたようですが沈うつな影はみられませんでした。

父は私に、いろいろ話をしてくれました。父の言葉が一言一こと、清らかな水の流れのように、私の心にしみ込んで来ました。

父や母が、私のために、これだけの力を与えてくれたことが、とても嬉しいです。もう迷いません。私は、泣きたいほど嬉しいです。

人の心の優しさに守られるその中で、ふとふり返って見れば、私はとても高い壁を乗り越えてきたように思えるからです。口では現わしにくいです。悪心、邪心の鎖から解放されたような気持ちです。一二月の誕生日(一九歳)に、私は救われました。

やがて私は、少年刑務所におりてゆきます。でも、恐ろしいという気持ちはありません。今まで人間とは、こうあるべきだ、ということを座ったままで悟った私は、本当の社会に出てからこの内観を役立ててゆくために、少年刑務所の中で、実際に予行演習をしてみるつもりです。

今の、このような気持ちが、自然にできて来たこともうれしく思います。

先生、先生には、この一年間、この愚かな私に、「人間」ということを教えて下さいました。「人間」というものは、たった一口で言い尽くせるものではありません。すべてのことが「人間」によって始まっていくのです。

ありがとうございました。

五六年一二月八日　母宛の手紙

もうすぐ判決があります。裁判官には、すべて言いたいことを聞いてもらいました。ですから心は満足しています。

刑に対してのおそれも、ありません。心の乱れなども、不安も、全然ありません。また、それは、判決の時も同じことだと思います。

人間は、自分で自分を知ることから始まり、人間になってゆく。私はすばらしいことだと思います。内観のおかげです。そして私を包んでくださる母さん、叔父さんの手紙を読むと、人の気持ちがすべてわかるのです。嬉しいです。

母さん、内観というのはね、私が思うには、宝の入った金庫の鍵ですよ。それを分って欲しく、また自らもこの際、あらためて心にタタき込んでおくために書いてみました。

内観は、心の鍵。宝の一杯つまっている自分の心のカギ。そのカギを開けるのは自分。自分自身しか、そのカギを使える者はいないことも、わかりました。今日のこの発見を、一生大切にします。それでは母さん、お体大切に。

そして、内観の心、忘るなかれ。

何と独創にみちた、光り輝く言葉であろうか。

M少年における自我の歴史は、おそらくわずか一〇年たらずのものであろう。この人生経験の少ない少年が、これほどまでに深い内観をしたという事例は、私としては聞いたこともないことであった。このような可能性が、非行少年、凶悪犯人と呼ばれるM少年のこころの中に潜んでいたのか。私は被告席に座る被告人Mが、とてつもなく高貴な聖人のごとくに思え、しんそこ、礼拝したい気持ちさえ湧き出した。

母に書き送った前記の手紙の言葉など、まるで不世出の聖人が書き遺したのではないかとおもわれるほどの、深い意味をもつ尊い言葉だ。

その年の初め頃から八月頃までは、少年Mを内観に導入するための指導者であった私は、いつの間にか少年に追い越され、少年から手紙を受取るたびに、頭をたれ、大きな感動をもって反省熟読し、つまらない感想を書き送る、そのようなことをなしうるにすぎなくなった。

この少年の母は、その年の三月頃には、次のような心境をしたため、私宛にくれていた。

先生、私は犯罪者Mという子を育てた悪い母親です。本当に情けないです。死ぬこともできない、暗い毎日をのうのうと生きているのです。

これからどうしたらよいのでしょう。頭の中では、放火、殺人、放火、殺人、という恐ろしい活字が、ただ、ぐるぐる回って、外に何も浮かんでこないのです。

被害者の方には、ほんとうにすまないと、謝っても、謝っても、済むようなことではないし、お金もないし、どうやって誠意を示せばよいか、何もかもわかりません。

どうか見捨てないで、よろしくお願いいたします。

このように母を悲しませ苦しめていたM少年が、その年の暮れ近くには、独自の力で聖僧のように罪をも罰をも乗り越え、静寂そのものの境地へと到達したのである。

父はどうであったろうか。その年の一一月M少年の父は、証言台に立った。

弁護人である私は、少年の生い立ちから順次尋ねていった。父は昭和五六年六月二六日より前のことについては、平然と答えた。

ところが、六月二六日、少年の手紙を受け取った日のことがらを尋ねようとした時、父は突じょ、ウォーッと猛獣のようにほえたと思うと、証言台につっ立ったまま涙を滝のように流し始めた。そしてそれから後は、証言台の父親はひとことの発言もしなかった。私が何を尋ねても、涙でくしゃくしゃになった顔もそのままに、ぼう然と、証言台につっ立ったきりであった。

このような光景は、私にとっても全く始めての経験だった。

息子の新生を知った父親のよろこびの真情の発露として、これ以上雄弁な証言はなかったであろう。「沈黙の饒舌」という言葉とは、まさにこれだと思った。

⑽　岩国少年刑務所で

昭和六〇年六月頃、M君が岩国少年刑務所を仮出所する直前に、私はM君の面会に行った。所長室の隣の会議室に牧師さんのような人が一人来ておられた。私は受刑者との面会は、金網のある小部屋でするものという先入観があったから、M君を牧師さんと思って見ていたのだった。判決を受けて以来三年六カ月近くのうちに、M君の人相がすっかり変わってしまったのだ。

牧師さんに見えた人が、実はM君だったのだ。

所長は、もう一週間程でMは家に帰れるんですけど、そのことは、本人にいわないで下さい。といわれていたので、面会の時には、「もうすぐ出られそうだネ」といった。M君は「はい。そのような気がします」といっていた。

所長さんは、「岩国少年刑務所が創設されて以来、M君ほどマジメにつとめた受刑者はいなかったのではないでしょうか。あれだけのことをやって、三年半も経たないで仮出獄できるというのは、よほどのことです」といわれた。

彼の居住している部屋もその日見学させていただいた。一〇畳程の和室には花も生けてあり、テレビも置かれていた。その他に椅子とテーブルのある一〇畳位の洋間もあった。食器棚も置いてあった。少年刑務所の中に、こんな立派な受刑者の部屋が作ってある。

⑾　M君の出所

それから一週間程でM君が帰って来た。お父さんお母さんとともに、まず私の弁護士事務所にやって来た。「長い間、お便りも差しあげず失礼ばかりでした。先日は、わざわざ岩国まで面会に来て下さって」と、M君は私に礼を述べた。

それから私たちはお花や線香を持って、被害者のお墓参りをした。そしてM君親子は郷里のわが家に帰って行った。

彼はその年の暮近くに就職した。「初めてもらった給料で買ったんです」といって、彼は高価な紅茶セットを買って届けてくれた。

⑿　贖罪金ストップ

昭和六一年の秋、被害者のご親族の方からM君の住所の問い合わせがあった。電車や自動車で行く地図をかい

て教えて差し上げたところ、その方は、すぐM君の家に行かれた。そして
「いま毎月、遺児の育英資金として〇万円ずつ頂いているけれども、M君の存在は私どもにとっては心の慰めでこそあれ、にくしみなど毛頭ありません。毎月こんなお金を頂くのがもったいない。もう送金はやめてほしい。今日はそのことをお願いに上ったのです。どうぞ私どもの心中をお察し下さって、私どもの申し出を聴き届けて下さい」

とおっしゃった。

意外な申し出に、M君親子は私のところへ相談に来た。私はいった。そこまでおっしゃって下さるのだったら、送金はやめておあげなさい。きっと相手のご遺族の方は、お金に代えられない大きな慰めを、M君の内観や証言で頂いたと思っていらっしゃるのですから、と。

M君の父母の方では、遺児の真子さんがお嫁にいく時には、お祝いに着物の一着でも贈らせてもらいたいといっていた。

「恩しゅうの彼方に」ではないが、M君の内観記録は被害者のご遺族にとって、お金には代えられない高価な宝物になったのであった。

放火・殺人という凶悪犯罪を犯した極重悪人と呼ばれるM君は、毎日生まれ変わったように朝早くから夜遅くまで働いている。おそらくM君にあっては、刑は終えても彼の一生が贖罪の日々であろう。しかし彼の心中には卑屈の心はもはやないはずだ。あるのは内観の心のみ。

彼が昭和五六年一二月八日、母親にあてた手紙の文章の一部を、もう一度最後に書いておこう。

母さん、内観というのはね、私が思うには、宝の入った金庫の鍵ですよ。それを分ってほしく、また自らもこの際、あらためて心にタタき込んでおくために書いてみました。

内観は、心の鍵。宝の一杯つまっている自分の心のカギ。そのカギを開けるのは自分。自分自身しか、そのカギを使える者はいないことも、わかりました。

今日のこの発見を、一生大事にします。それではお母さんお体大切に。

そして内観の心、忘るなかれ。

〈著者紹介〉

波多野二三彦（はたの・ふみひこ）

海軍兵学校第76期。☆1955年司法修習終了（第７期）。☆最高裁家庭局に入局。ドイツ，オーストリア，イタリー等諸外国の少年法制を紹介。☆1959年の家庭裁判所創設10周年，「わが国の少年審判の基本理念」をケース研究特別号に寄稿。国連の少年問題会議に出席。1968年弁護士登録（岡山弁護士会）☆日弁連創立30周年，自由と正義特別号に「これからの弁護士」を寄稿。☆森永砒素ミルク事件では，着手の僅か４か月後の1973年12月23日，「全被害児の恒久救済」の約定を入れ，ADRの手法で全面解決の支援。☆1983年㈳岡山いのちの電話創設。☆権利保護保険創設の研究20年。2001年，「弁護士保険制度」誕生に貢献。判例タイムズ1102号に「リーガルカウンセリングのすすめ」寄稿。

現在第二東京弁護士会所属弁護士。

☆主著内観法はなぜ効くか，信山社。第三版発売中。

カウンセリング読本

2003（平成15）年６月15日　初版第１刷発行

著　者　波多野二三彦

発行者　今井貴
　　　　渡辺左近

発行所　信山社出版株式会社

〒113-0033　東京都文京区本郷6-2-9-102
電　話　03（3818）1019
ＦＡＸ　03（3818）0344

Printed in Japan

印刷・製本／東洋印刷・和田製本工業

ISBN4-7972-2258-1　C3032

イジメブックス　イジメの総合的研究

［全6巻 完結］ 各巻本体価格一八〇〇円

1　イジメはなぜ起きるのか　神保信一 編

2　イジメと家族関係　中田洋二郎 編

3　学校はイジメにどう対応するか　宇井治郎 編

4　イジメと子どもの人権　中川明 編

5　イジメは社会問題である　佐藤順一 編

6　世界のイジメ　清永賢二 編